KB201758

한국 다문화사회 속
종교문화 담론

Discourse on Religious Culture
within South Korea's Multicultural Society

이 저서는 2019년 대한민국 교육부와 한국학중앙연구원(한국학 진흥사업단)의
한국학 총서사업지원을 받아 수행된 연구임(AKS-2019-KSS-1230004).

한국학중앙연구원
한국학총서 ④

한국 다문화사회 속 종교문화 담론

Discourse on Religious Culture
within South Korea's Multicultural Society

박종수 지음

한국학술정보

서문

한국 사회는 역사적으로 서로 다른 문화가 교류하면서 만들어진 '다문화사회'였다고 할 수 있는데, 현대적 다문화 담론은 20세기 후반 이후부터 형성되었다. 그리고 한국 사회는 21세기에 들어서, 한국 사회 내부의 다양한 요인과 국제적 흐름에 영향을 받아서 외국인을 정책적으로 수용하게 되면서 '다문화' 사회 담론이 만들어졌다. 시간이 지나면서 유입되는 외국인의 유형도 다변화되기 시작하였다. 예컨대, 결혼이주자를 비롯하여 노동이주자, 유학생, 난민 등이 점차 증가하였다. 이들은 단순히 몸만 옮겨오는 것이 아니라, 자신이 살았던 곳의 문화체계를 전달하며, 한국 사회를 '다문화사회'로 바꾸는 데 직·간접적인 매개자 역할을 하고 있다.

본 연구는 외국인이 한국에 이주하면서 발생하는 다양한 변화 중 종교와 문화의 변화를 탐색하는 것이다. 다시 말해, 한국 사회가 다문화사회로 전환되면서 종교와 문화 담론이 다문화 상황을 어떻게 반영하여 담론을 형성하고 있는지를 살펴보고, 한국 다문화 종교문화 담론을 분석하고 이해할 수 있는 키워드를 발굴하여 제시함으로써, 한국 다문화사회를 입체적으로 이해하려는 목적으로 기획되었다. 이를 위해서 1990년대 이전과 이후, 그리고 2008년 전후를 기점으로 나누어 시기별 다문화 담론이 어떻게 형성되고 변천되었는지 살펴보고자 한다.

그런데 한국 다문화사회를 종교의 시각에서 바라보고 본격적으로 천착하기 시작한 시기는 2009년 이후부터이다. 2024년 현재, 한국 다문화 담론 속에서 종교에 대한 연구는 15년 정도의 짧은 기간 동안 신학과 종교학을 비롯한 여러 학문 분야에서 진행되었다. 한국에서 다문화사회와 종교를 연결한 논의는 2009년 6월호 〈기독교사상〉에서 '다문화시대의 신학'이 특집으로 다루어지면서 논의가 본격화되었다. 이 논문들은 기독교가 다문화주의에 대해 처음부터 수용적이었다는 것을 성서의 내용을 통해 확인해 가며, 한국 사회의 다문화사회에 대한 기독교의 적극적인 대응을 요구하였다. 하지만 이 논문들 다문화사회에 대한 기독교인의 인식의 전환까지 다루었을 뿐, 어떤 영역에서 수용하여 변동하고 있는지를 보여주지 못하였다. 그리고 이후 관련 학위논문들이 나오고, 단행본이 출판되면서 종교의 관점에서 다문화사회를 천착하는 담론이 쌓이고 있다.

본 연구는 크게 3부로 구성되어 있다. 먼저 제1부 제1장에서는 한국 다문화사회 속 종교문화 담론을 개관하기 위해서, 한국 다문화사회의 형성과 쟁점을 다룬다. 그리고 제2장에서는 통사적 관점에서 한국의 다문화사회를 시기적으로 3기로 구분하여, 각각의 시기마다 종교문화 담론이 어떻게 형성되고 변천하였는지를 미디어 담론과 학술 담론 속에서 다문화 종교문화의 내용을 분석한다.

제2부에서는 한국 다문화사회 속 종교문화 담론의 주요 개념과 쟁점을 앞서 살핀 담론의 형성과 변천 과정에서 추출한 키워드를 중심으로 다룬다. 요컨대, 제3장에서는 문화변용, 다문화선교, 차별금지법, 이슬람혐오, 다문화교회, 다문화영화, 다문화박물관, 할랄푸드, 다문화감수성, 정체성, 고정관념, 관용, 종교다원주의, 다문화특구, 상호문화주의, 동화주의 등의 추출된 키워드를 미디어 담론과 학술 담론에서 어떤 사례로 사용되었는지를 다룬다. 그리고 제4장에서는

앞서 살핀 개념들이 한국 다문화사회에서 어떤 쟁점을 낳고 있는지를 제1장에서 살핀 다문화사회의 개괄적 논의를 종교문화 담론의 장에서 발생하는 쟁점을 중심으로 다룬다.

제3부에서는 한국 다문화사회 속 종교문화 담론의 과제와 전망을 다룬다. 이를 위해서 제5장에서는 한국 다문화 종교문화 담론의 과제를 살펴보기 위해서 서구의 사례를 찾아보고, 한국 다문화사회의 과제가 무엇인지 비교한다. 그리고 마지막 제6장에서는 한국 다문화사회 속 종교문화 담론의 특징을 도출하고 전망한다.

본 연구는 한국학중앙연구원의 대형총서기획사업의 지원을 받아서, 한국 다문화 담론의 형성을 네 가지 영역으로 나누어 살피는 시리즈의 네 번째 결과물이다. 본 연구를 통해서 한국 다문화사회에 대한 통합적인 이해와 더불어서 종교문화 쟁점의 문제를 이해하고 해결하는 데 도움이 되길 바란다.

목차

제1부

한국 다문화사회 속 종교문화 담론 개관

제1장

들어가며:
한국 다문화사회의
형성과 쟁점*

* 이 장의 내용은 본인의 박사학위논문의 일부분을 요약 발췌하여 정리하였다. 그리고 이 논문은 『한국 다문화사회와 종교』(한국학술정보, 2019)에 일부분으로 수록되어 있다.

한국 사회는 오래전부터 여러 문화가 교류, 통합되면서 형성된 다문화사회였다. 하지만 최근에 형성된 다문화 담론은 1980년대 말부터 한국 사회에 새롭게 등장하는 이주민으로부터 파생된 내용들이다. 1980년대 말 한국 사회 내부의 다양한 요인과 국제사회 질서의 변화가 복합적으로 빚어낸 새로운 사회현상이 특징적으로 일컬어진 키워드가 '다문화'였다. 근대 시기에는 서구의 선교사를 통해서, 해방 이후에는 미군을 통해서 새로운 문화가 유입되어 사회의 변화를 일으켰다. 산업화 시기에는 통일교(세계평화통일가정연합)의 국제결혼을 통해서 일본 이주여성이 유입되며 종교 쟁점이 형성되었다.

한국 사회는 1990년대 이전까지는 노동력을 송출하는 나라였는데, 1990년대 이후부터는 해외의 노동력이 유입되는 나라로 전환되었다. 이때부터 유입되는 이주민의 유형은 노동자[취업연수생 및 외국인 근로자]가 주를 이루었다. 그리고 시간이 지나면서 도시화에 따른 농어촌 지역의 남초 현상으로 인한 부작용을 해소하기 위해서 지방자치단체가 '농촌총각 장가보내기 운동'에 관심을 갖기 시작하면서 결혼이민자(결혼이주자)가 늘어나기 시작했다. 한국인 남성과 외국인 여성과의 결혼은 통일교의 국제결혼에서도 그 사례가 있었지만, 지방정부 차원에서의 이 운동은 농어촌 지역사회를 도시보다 빠르게 국제화 또는 세계화하는 데 일조하였다.

한국 사회는 (단순)노동자 자격(E9 비자)으로 유입된 외국인에게는 정주의 기회를 주지 않는 반 이민정책을 펴고 있으며, 결혼이민자로 유입된 외국인에게는 국민의 배우자의 자격을 부여하면서 동화주의적 이민정책을 수립하여 현재에 이르고 있다. 그리고 최근에는 국내 대학이 교육재정 운영을 탄력적으로 운영하기 위해서 정원 외로 외국인 유학생을 선발하여, 외국인 유학생의 비중도 꾸준히 늘어나고 있다. 그리고 정부는 제4차 외국인정책기본계획에서도 유학생을 정주화시키는 데 다양한 정책을 도입하고 있다. 한편, 난민의 유입도 한국 사회를 다문화사회로 변화시키는 데 쟁점을 만들어내고 있다.

이와 같이, 한국 사회는 다양한 형태의 외국인이 유입되면서 이전과 다른 문화 변동이 일어나고 있다. 전통적인 의식주의 변화뿐만 아니라, 종교문화의 영역에서도 변화가 나타나고 있다. 지역사회에서 이전에 볼 수 없었던 종교인이 나타나고 그들로 인해서 종교 관련 문화(음식, 공동체, 사원 등)가 생겨나고 있다. 한 마디로, 지역의 종교지형이 변화고 있다. 한국 종교지형이 외국인이 가져온 종교에 의해서 전통적인 종교지형이 점점 변화를 나타내기 시작하였다. 2020년 9월부터 2024년 말 현재까지 대구광역시 북구 대현동에서 쟁점이 되고 있는 이슬람사원 건축 갈등은 지역사회에서 종교지형의 변화에 따른 양상이 앞으로 어떻게 전망될지 가장 선명하게 보여주는 사례이다.

필자는 「다문화사회에 대한 한국종교의 대응」이라는 연구에서, 다문화사회의 형성 주체를 사회적 소수자인 이주민과 종교단체로 설정하여 다루었던 적이 있다. 이들이 서로를 인식하여 대응하는 과정에서 다문화사회의 쟁점들이 만들어지고 다문화현상은 복잡해진다. 상대적으로 이주민이 주체로서 자기 발화를 하지 못하는 현실이 한국의 다문화사회에서 발견된 적도 있었다. 한국 다문화사회 논의의 균형을 유지하려면, 드러나지 않는 소수자의 쟁점이 드러나고 이 쟁점들이 다수자와의 논의 속에서 합의가 되는 담론의 장이 필요하다. 최근의 현실은 이러한 담론의 장이 형성되어가는 과도기적 단계로 파악된다.

필자의 앞선 연구에서는 사회적 소수자인 이주민을 규정하는 외부의 시선이 다양한 듯하지만, 주로 보살핌과 동화 대상에 고정되어 있다는 것에 주목했다. 예컨대, 정부의 시선은 결혼 이주 여성의 경우, 자국민으로의 동화, 이주 노동자의 경우에는 배타적 차원이나 보살핌의 차원에 머물고 있었다. 개신교와 천주교는 이주민을 보편적 인간으로 보지만, 경우에 따라 적대적 대상으로까지 인식하기도 하였다. 불교와 신종교는 이주민을 보편적 인간, 보살핌의 대상, 동화적 대상으로 인식하는 경향이 있었다. 그러나 대체로 한국 다문화사회에서 이주민은 시혜적 또는 동화적 대상으로 인식되면서 주체가 아니라 도움을 받아야 하는 객체로 전락하고 있었다.

이주민에 대한 이러한 외부의 굴절된 시선은 관용 또는 자비라는 베일에 둘러싸여 실제 의도를 은폐하는 동시에, 베푸는 자는 받는 자와 분리되며, 상대적으로 우월한 지위를 얻게 된다. 결국 지배와 종속의 문제까지 정당화될 수 있다. 또한, 종교 단체와의 관계에서 이주민은 종교적으로 구속될 가능성이 높아지고 있다.

사회적 소수자인 이주민의 수가 인구통계학적으로 급증하면서, 한국 종교는 이들을 보편적 인간, 보살핌의 대상으로 인식하다가 점차 종교적 정체성에 위협적 존재로 인식의 자리를 옮기고 있다. 한국 사회에서는 아직 이러한 단계가 사회적으로 표면화되고 있지 않지만, 이러한 인식의 변화가 올 것이라는 것은 정부의 대응을 통해서 충분히 예측 가능하다. 왜냐하면 이주민의 상당수가 동남아시아국가 출신이며, 상당수가 이슬람교도일 수도 있다는 예측이 나오기 때문이다. 실제로 개신교는 이러한 인식을 내재적으로 갖고 있으면서 이슬람 포비아 현상을 유포시키기도 했다.

이러한 적대적 인식은 아직 사회적으로 표면화 되지 않았으며 대체로 감추어져 있을 뿐이다. 필자는 이전의 연구에서 이주민에 대한 한국 종교의 배타적 · 적대적 인식이 가려져 있다고 판단했다. 또한, 이러한 인식을 은폐하기 위해서 전략적으로 다른 차원의 인식과 대응을 부각시키고 있다고 보았다. 한국 종교들은 이러한 인식 유형을 바탕으로 인권 · 복지 · 공동체, 축제 · 이벤트, 선교 · 의례, 교육 등의 영역에서 각각 대응하고 있다. 이주민에 대한 한국 종교의 인식과 대응은 다문화 사회에 대한 쟁점으로 나타나고 있다.

개신교와 천주교에서의 쟁점은 다문화 선교의 방향성에 관한 것이다. 이주 노동자의 인권 보호와 사회적 문제를 해결하기 위해 시작된 '이주노동자 지원센터' 또는 '중국 동포의 집' 등이 초기에 보여줬던 표면적 목적에서 이슬람 포비아 현상과 같은 공격적 선교 지향 형태로 변하고 있다는 점에서 논쟁이 부각되고 있다. 물론 선교 지향적인 정체성을 강하게 갖고 있는 개신교와 천주교로서는 당연한 논리겠지만, 다문화사 회라는 독특한 상황에서 이러한 정체성이 어느 범위와 어떠한 방법까지 허용될 수 있는가 하는 논의를 수반한다.

불교에서 나타나는 쟁점도 이와 유사하다. 이주민 포교를 위해 이들을 어떻게 인식해야 하는가에 대한 인식 근거 마련이 논쟁으로 부각된다. 이는 '인연'이라는 보편적 시각으로 볼 것인가, 자비의 발현이라는 시혜적 대상으로 볼 것인가 하는 인식 근거에 대한 논의로 나타난다. 다문화 사회에 대한 불교의 대응은 복지를 비롯한 축제와 이벤트에 집중되어 있다. 이것이 순수한 자비의 발현으로서 나타난다고 하겠지만, 베푸는 자와 받는 자를 분리시켜 상대적인 우위를 점하면서 포교를 용이하게 할 수 있는 전략으로 사용될 수도 있기에 쟁점으로 부각되고 있다.

신종교에서는 자기 정체성과 관련하여 이주민을 대상화하려는 경향이 사회적 문제로 표면화되고 있다. 신종교의 정체성 자체를 개혁에 두고, 기성 종교보다 뒤늦게 다문화 사회에 대응했던 신종교 자체의 정체성에 대한 위기의식이 제기되는 한편, 통일교는 자체의 교리에 맞춰 이주민을 수단화하고 있다는 혐의를 받고 있다. 통일교는 세계평화통일가정연합으로 정체성을 전환하면서 가정을 더욱 부각시키고 있다. 한국 다문화 사회가 논의되기 이전부터 국제결혼을 통한 다문화 가정을 형성했지만, 자발적 이주에 의한 가정 형성이라기보다 종교적 신념 또는 타의적 강요에 의해 가정이 형성되었다는 점에서 다문화 사회 논의의 또 다른 차원을 형성하고 있다.

현재 다문화사회에 대한 한국 종교의 대응 양상은 다문화 종교교육의 실천으로 나아가고 경향이 있어, 이에 대한 분석과 과제를 살펴보았다. 한국 종교들은 다문화 교육 프로그램 속에서 종교교육 또는 종교의례를 실천하고 있다. 이것은 종교교육이 학교 현장에서 종교에 대한 교육과 신앙 교육 형태로 이분화 되어 나타나는 쟁점과 유사하다. 다문화 종교교육이 신앙 교육 또는 의례의 강요 형태로 실천되고 있는 현 시점에서 다문화 종교교육에 대한 비판적 문제 제기가 필요하며, 제도적인 제어 장치가 마련되어야 한다.

긍정적인 측면에서의 다문화 종교교육은 다문화 교육과 함께 실현될 필요성도 있을 것이다. 개별 신앙 교육을 넘어선, 우리와 이주민의 종교에 대한 비교 · 이해를 바탕으로 한 종교교육을 다문화 종교교육이라고 한다면, 다문화 종교교육은 우리 사회에서 긍정적 역할을 하는 데 기여할 것이기 때문이다. 우리사 회는 역사적으로 다종교 공존 상황이 오래 유지되고 있었지만, 최근 이주민의 증가와 소수자의 권리에 대한 자각으로 이에 대한 도전과 갈등이 심화되고 있다.

필자가 이전 연구에서 설정한 다문화사회의 형성주체 간 관계는 사회적 소수자인 이주민과 종교단체이다. 이들은 각각 서로를 인식하여 대응하는 과정을 통해서 다문화사회의 쟁점들을 만들어내며, 이에 따라 다문화현상은 보다 복잡하게 얽히게 된다. 하지만 이 두 주체 사이에서 이주민이 주체로서 자기발화를 하지 못하는 현실이 한국 다문화사회에서 나타나고 있다. 따라서 논의에서 가려진 소수자의 쟁점을 선명하게 드러낼 수 있는 작업이 필요하다. 이를 위해 본 장에서는 이주민의 등장으로 발생하는 쟁점들을 몇 가지 차원에서 다루게 될 것이다. 우선 다문화사회의 형성배경을 여러 요인으로 분석할 수 있지만,[1] 본고는 다문화사회의 형성배경을 새로운 소수자가 등장함으로써 문화적 다양성이 확대되고 있으며, 내부의 소수자가 자신들의 권리를 자각하면서 문화적 다양성이 증대되고 있다고 보았다.

한국사회가 다문화사회로 전환되는 과정은 서구의 이민사회가 단계적으로 경험했던, 이민 세대들의 정치적 권리, 사회 · 경제적 권리, 문화 · 종교적 권리의 요구과정과는 다른 양상이다. 한국사회는

---

1 킴리카(Kymlicka. Will)는 급진적 다문화주의의 형성배경을 인구통계학적 요인, 소수자의 권리의식 자각, 민주주의의 발전, 자본의 세계화, 평등의식의 고양 등으로 분석한 바 있다.

산업화와 민주화를 압축적으로 경험했던 터라 '다문화화'의 과정도 압축적 또는 복합적으로 나타나고 있다. 그리고 이들 주체들 간의 담론들을 한국사회에서 동시다발적으로 쟁점화 되고 있는데, 그 중 가장 기본적인 쟁점은 인권이다.

다문화사회의 쟁점은 권리와 정체성의 대립 형태로 나타나고 있다고 할 수 있다. 예컨대, 정치적 쟁점에서는 시민권과 국적의 내용으로, 사회 · 경제적 쟁점에서는 평등권과 역차별의 내용으로, 문화 · 종교적 쟁점에서는 자유권과 동화의 내용으로 드러나고 있다.

이주민은 한국사회에 정착하면서 정치적 권리, 사회 · 경제적 권리, 그리고 문화적 권리를 순차적으로, 경우에 따라서는 동시에 획득할 수도 있을 것이다. 그러나 이에 따른 한국 주류사회의 편입에 대한 요구는 대한민국 국민으로서의 정체성에 대한 강요로 나타나고 있다. 현재 정부 주도로 진행되고 있는 다문화정책과 사업들은 이주민을 일방적인 수혜의 대상으로 규정짓는 경향이 짙다. 이러한 정책적 방향은 이주민의 권리를 인정하는 것보다 이들에게 한국인으로서의 정체성을 강요하는 것으로 사회분위기를 조성하고 있다.

종교적 신념과 문화적 틀은 한 사람의 정체성을 이루는 근거가 되며, 그의 인생을 의미 있게 만드는 중요한 지표가 된다. 이 입장에서 보면, 만약 어떤 사람이 한 사회의 소수 집단의 일원이라는 이유만으로 그의 종교적 신념과 문화적 틀을 포기해야 하거나, 다수로부터 무시당하게 되면 그의 삶은 의미를 잃게 될 것이다. 다라서 문화적 우월성에 바탕을 둔 소수 집단에 대한 흡수 동화는 소수 집단에 속한 개인의 삶을 무의미하게 만드는 폭력이라고 할 수 있다. 그렇다면 이들이 주장하는 소수 집단의 문화적 권리는 어떤 이론적 근거에 의해 정당화될 수 있을까? 문화적 집단권리라는 개념은 규범이론의 입장에서도 정당화가 가능할까? 나아가서 소수 집단의 이질적인 문화 때문에 기존의 지배적인 다수문화의 지위나 전통적인 국가정체성이 침식당한다고 우려하는 입장은 과연 타당할까? 소수자의 문화적 권리는 이러한 논쟁을 일으키고 있다.[2]

킴리카에 따르면, 사회적 문화란 그 구성원들에게 인간 활동의 전 영역에 걸쳐서 의미 있는 삶의 방식을 제공하는 문화이다. 이 문화는 영토적으로 집중되어 있고, 언어의 공유에 기반하고 있다. 따라서 개인에게서 선택의 맥락을 제거하는 것, 즉 사회적 문화를 빼앗는 것은 그의 개인적 자율성을 빼앗는 것과 마찬가지이다. 그는 자치와 집단대표, 그리고 다문화의 권리 등, 문화적 특수함을 표현할 수 있도록 사회적 소수에게 부여된 권리가 개인의 자유와 양립할 뿐 아니라, 개인의 자유를 실질적으로 증진시키고 있다고 주장한다.[3] 그러나 이러한 권리를 부여할 때 그는 소수인종과 소수민족을 구분한다. 소수민족은 정복, 식민화, 또는 조약 등에 의해 많은 경우 강제로 더 큰 국가에 병합된 경우로써 소수민족은 자신들이 전체국가 안

2 김남국, 「심의 다문화주의: 문화적 권리와 문화적 생존」, 『한국정치학회보』 30-1, 2005, 88쪽.

3 Kymlicka. Will, *Multicultural Citizenship*(Oxford: Oxford University Press, 1995), pp. 75-106.

에서 구별되는 사회로 남기를 원한다. 그에 반해 소수인종은 자발적 인 이민에 의해 한 나라에서 다른 나라로 이동한 경우로써 소수인종에 속하는 개인들은 주류사회에 통합되기를 원한다는 것이다.

그러므로 킴리카가 보기에 집단의 차이에 근거한 권리들, 즉 자치권이나 거부권, 중앙기구 안에 특별대표를 보장하는 것, 영토나 언어 보호 등의 권리는 소수민족에게 마땅히 부여된다고 한다. 그러나 소수인종에게는 이러한 권리를 부여할 수는 없다. 왜냐하면 소수민족은 자치나 집단대표의 권한을 가질 수 있지만, 소수인종은 그들의 문화적 특수함을 표현할 수 있는 다문화의 권리만을 가질 수 있다는 것이다. 그는 이처럼 인종과 민족에 근거한 집단권리의 인정이 사회적 문화라는 매개를 통해 자유주의의 개인우선 원칙과 양립할 수 있다고 주장한다.[4]

다문화사회에서 사회적 소수집단은 소수 인종 집단과 소수민족 집단으로 구분된다. 소수 인종 집단은 대부분 이민자 집단으로 사회적 · 경제적 안정을 원하지만, 정치적 · 종교적 분리를 원하지는 않는 집단이다. 소수민족 집단은 역사 속에서 다수 민족에게 정복당한 집단으로 정치적 · 문화적 · 종교적 정체성과 권리를 요구하는 집단이다. 여기에서 다루고자 하는 부분은 소수 인종 집단에 관한 내용이다.

한 사회에서 소수 인종 집단은 일정 규모의 공동체를 형성하면

---

4 김남국, 앞의 글, 97-98쪽.

우선 다수 인종 집단과 동등한 사회적 · 경제적 권리와 대우를 요구한다. 이 단계를 넘어서면 이들은 이차로 문화적 · 종교적 정체성 인정을 요구한다. 다문화사회의 갈등이 본격화되는 시기는 문화적 · 종교적 정체성 요구 단계부터라고 말할 수 있다. 초기 이주 당시 강요받았던 다수 민족의 지배 문화 동화주의를 거부하고 집단을 형성하면서 자기 문화와 종교의 정체성과 차이를 공식적으로 인정해줄 것을 요구하는 것이다.

하빌랜드(W. A. Haviland)는 인간의 행위에 한계를 짓고 예측 가능한 방향으로 인도하는 것이 문화라고 말했다.[5] 즉, 문화는 예측 가능한 세계를 설계하려는 기본적 욕구를 가지고, 우리는 이 세계 속에서 주변 상황을 이해하여 문화정책을 수립해야 한다는 의미이다. 따라서 문화는 기본적으로 음식, 주거, 사회적 조화와 안정 등 삶의 모든 활동에 대한 공존과 존중과 화합의 청사진을 마련해야 한다. 이 과정에서 모든 문화가 공존하는 요소는 역사, 종교, 가치관, 사회조직, 언어이다. 이 중 종교는 문화에 강력하고 광범위한 영향을 미치는 요소일 것이다.

다문화사회의 종교 문제는 공존과 화합을 위해 반드시 극복해야 할 중요한 사안이다. 종교 문제를 어떤 방식으로 접근하고 어떤 방향으로 처리하느냐는 다문화 사회의 안정적 운영과 다수 지배 집단의 관용을 판단하는 데 매우 민감한 문제이다. 대부분의 종교는 지

---

5 W. A. Haviland, , *Cultural Anthropology*(Belmont, CA: Wadsworth, 2002), p. 34.

역을 막론하고 조직적 집단을 형성하며 정체성을 유지하고자 한다. 이 과정에서 종교는 문화적 · 신앙적 종교의례를 통해 그 종교의 의미와 적법성을 확립하고 정체성을 유지한다. 따라서 종교는 그 집단의 규모에 관계없이 해당 지역의 관습과 관행에서부터 제도화된 정치와 도덕과 윤리에 이르기까지 인간의 모든 문화적 · 사회적 행위에 영향을 끼친다고 하겠다.[6]

정체성과 짝을 이루는 개념인 다양성 중에, 종교의 다양성은 각각의 종교에 대해서 자신만이 궁극적 진리에 접근하는 유일한 방법이라는 주장을 무시한다. 다양성은 각각의 종교들이 모두 약간의 진리를 담고 있다거나 또는 종교를 믿는 사람이 각기 다른 경로를 택했을 뿐 모두가 똑같은 산을 오르는 것이라고 주장한다. 다양성은 상대주의적 관점과 유사한 새로운 방식의 종교적 관용을 요구한다.[7] 그들은 자신의 종교가 진리라고 고백하더라도, 그것은 여러 가능성 가운데 하나를 선택한 단지 우연한 사건에 지나지 않는다고 인정할 수 있다. 따라서 다양성은 무비판주의 방향으로 흐를 수 있다. 다양성을 갖춘 종교는 다른 사람의 종교적 신념이나 관습의 가치를 부정적으로 판단해서는 안 된다. 다양성의 관점에서 보면 그런 행동은 윤리적인 타락을 의미하고, 편견이나 고정관념에 따라 타인을 판단하는 행위인 것이다.

---

6 사모바, 레리 A. · 리처드 E. 포터, 『문화 간 커뮤니케이션』(정현숙 외 옮김), 커뮤니케이션북스, 2007, 43쪽.

7 피터 우드, 『다양성: 오해와 편견의 역사』(김진석 옮김), 해바라기, 2005, 247쪽.

제2장

한국 다문화사회 속 종교문화 담론의 형성 · 변천 과정

본 장에서는 한국 다문화사회 속 종교문화 담론을 살피기 위해서 미디어에서 생산된 다문화사회 종교문화 기사와 연구자가 생산한 다문화사회 인식과 방향을 함께 다루고자 한다. 다문화사회 종교문화 쟁점을 시기별로 미디어(주로 신문 기사) 자료를 소개하고, 연구자가 다문화사회 종교문화 쟁점을 어떻게 인식하고 있는지 살펴보기 위해서 시기별 연구논문 및 학위논문의 경향을 살펴보고자 한다.

신문 기사의 경우, 포털사이트(www.naver.com) 뉴스 탭에서 1990년 1월 1일부터 2024년 10월 31일까지 '다문화'와 '종교'를 키워드로 검색하여 찾은 자료들을 분석 후, 다문화 종교문화 담론으로 분류될 수 있는 기사들을 소개하였다. 그리고 연구논문 및 학위논문의 경우, 한국학술정보서비스(www.riss.kr)에서 '다문화'와 '종교'를 키워드로 검색한 학술자료를 분석 후, 다문화 종교문화 담론으로 분류할 수 있는 논문들을 소개하였다. 그리고 이 자료들은 제3장에서도 한국 다문화 종교문화 담론의 주요 키워드를 분석하는 데에도 활용되었다.

담론의 시기 구분은 앞서 밝혔듯이, 세 시기로 나누어 살핀다. 첫 번째는 다문화 종교문화 담론이 형성되기 이전의 시기로, 1990년대 중반까지이다. 이 시기에는 다문화 종교문화 담론이 형성되기 이전이기 때문에 관련 내용이 거의 없다. 하지만 본격적인 다문화 종교문화 담론이 만들어지기 이전에도 세계평화통일가정연합(통일교)을 통한 다문화 종교문화 쟁점이 있었기 때문에, 이를 중심으로 소개해 보겠다.

두 번째는 다문화 종교문화 담론이 공론화되는 시기로, 1990년대부터 2007년까지이다. 이 시기에는 산업연수생을 비롯한 외국인 근로자와 결혼이주민, 유학생, 난민 등이 점점 늘어나면서, 관련 제도가 정비되고 법이 만들어지기 시작한 때이다.

세 번째는 다문화 종교문화 담론이 쟁점화되는 시기로, 2008년부터 현재까지이다. 이 시기부터는'외국인정책기본계획'이 수립되면서 중앙정부와 지방정부, 그리고 시민단체 및 유관 기관을 중심으로 다문화 담론이 형성되고 있는데, 종교문화 담론은 주로 종교 관련 단체를 중심으로 형성되고 있다. 그리고 지역사회에서 이주민에 의해 유입된 종교 쟁점이 사회적 갈등으로 드러나면서, 이를 해결하기 위한 노력이 점점 주목되기 시작하여, 담론이 형성되고 있는 시기이다.

이제 한국 다문화사회의 종교문화 담론의 첫 시기부터 살펴보자.

1. 다문화 담론 형성 이전 시기(1990년대 중기까지)

1990년대 중반까지는 다문화 종교문화 담론이 형성되기 전이었다. 이때까지의 다문화현상은 담론이라고 부를 정도의 사회적 쟁점이 드러나지 않았기 때문이었다. 그런데 1988년 서울국제올림픽을 기점으로 한국사회에 외국인의 체류가 다양해지면서, 이후 노동이주자가 입국하게 되었다. 이들은 유럽이나 미국, 또는 일본이나 싱가포르 등으로 이주했던 당시 국제노동시장의 경향에서 한국을 노동시장으로서 선택하여 왔던 사람들이었다. 그런데 한국사회는 이들을 수용하고 사회의 한 구성원으로서 받아들일 준비가 덜 되어있던 시기였다. 이에 따라서 다양한 사회적 문제와 갈등이 나타나기 시작하였고, 이러한 내용들이 다문화 담론의 주요 내용이 되었다. 그래서 이 시기에는 종교 담론보다는 이주사회에서 초창기에 대두되는 경제적 쟁점들이 주요 쟁점으로 나타났다고 볼 수 있다. 1990년대 중반까지의 언론과 논문에 드러났던 주요한 내용들을 살펴보면 다음과 같다.

1) 미디어 담론 속 다문화 종교문화

이 시기 다문화와 종교 관련 키워드가 노출된 기사는 거의 없었다. 다만, 각 종교 지도자들이 신년사를 발표하면서 당시의 시대적 인식을 다종교와 다문화, 다민족을 연결하기 시작했다는 기사가 있었다. 그리고 통일교의 경우, 다문화라는 키워드 이전에 국제결혼 또는 국제합동결혼식이 언론에 등장하면서, 종교계의 다문화 담론이 형성되는 기반이 형성되었다. 이와 관련된 기사들은 대부분 〈연합뉴스〉에서 다루었는데, 제목을 소개하면 다음과 같다.

1992.6.19.「세계 최대규모의 국제합동결혼식 개최」

1992.8.22.「통일교 국제 결혼식으로 항공권 바닥」

1992.8.24.「통일교 행사로 올림픽대로 극심한 교통체증」

1992.8.25.「통일교 3만쌍 국제합동결혼식 거행」

1995.8.15.「통일교 행사로 8월 호텔객실 동나」

1995.8.19.「통일교 제2회 세계누화체육대전 열어」

1995.8.22.「사상최대의 합동결혼식 25일 열려」

1995.8.25.「세찬 비속에 국제합동결혼식」

1996.4.30.「통일교, 3백60만쌍 합동결혼식 추진」

1997.3.12.「통일교, 3백60만쌍 축복식 앞두고 대규모 국내행사」

1997.5.19.「통일교, 43년만에 명칭변경..가정구원시대 선언」

1997.11.29.「워싱턴서 3천9백60만쌍 합동결혼식」

위의 기사들은 대부분 통일교가 국제합동결혼식(축복식)을 개최한다는 소식을 통일교의 교세 확장 측면과 사회적 여파(교통대란과 숙박시설 품귀현상 등) 등을 소개하는 것이 대부분이었다. 통일교를 통해서 국제결혼이 생겨나고 있지만, 국제결혼을 통해서 한국 사회가 다문화사회로 전환되고, 그에 따른 종교문화 쟁점이 어떻게 나타날지에 대한 전망은 아직까지 기사화되지 않았다.

2) 학술 담론 속 다문화 종교문화

이 시기 형성된 다문화 담론 중 종교문화 관련 학술 담론에는 개신교가 먼저 관심을 드러냈다. 『기독교교육논총』창간호에서 "다문화적인 기독교교육의 개념적 배경 연구"라는 논문이 처음 발표되면서, 개신교의 교육적 측면에서 다문화사회 및 다문화 상황을 어떻게 이해하고 대처하는가에 대한 문제의식이 생겨나기 시작하였다.

2. 다문화 담론의 공론화 시기(~2007년까지)

1990년 후반부터 재한외국인정책기본계획이 수립되기 전까지는 다문화 종교문화 담론의 공론화가 시작되던 시기이다. 이 시기에는 종교문화와 관련된 다문화 담론이 두드러지지는 않았다. 왜냐하면 이 시기 다문화 담론에서 중요했던 쟁점은 이주민들의 경제적, 인권적 실태에 대한 고발과 처우 개선에 관한 연구가 보다 시급했기 때문이다. 이 시기에는 종교 쟁점보다는 문화라는 거시적인 쟁점이 주목되기 시작한 때라고 할 수 있다.

1) 미디어 담론 속 다문화 종교문화

이 시기에는 한국 사회의 현실을 다종교, 다문화사회로 규정짓는 담론들이 만들어지면서, 다종교와 다문화는 하나의 수식어로 사용되기 시작하였다. 그리고 세계화라는 개념 속에서 다종교 다문화 개념이 사용되곤 하였다. 미국과 캐나다, 호주 등의 서구 다인종 다문화사회를 인용하면서 한국 사회에 대한 변화 등을 전망하는 기사가 등장하기 시작하였다.

특히, 이 시기에는 서구의 다문화정책의 성공과 실패 사례를 소개하면서, 한국의 다문화정책 어떠한 방향성을 지향해야 하는가에 대한 문제의식들이 생겨나기 시작했다. 종교의 경우, 서구에서 이슬람교와 관련된 쟁점이 소개되면서, 2001년 9.11사건 이후의 이슬람 혐오와 관련된 기사들도 많이 생성되었다. 이와 관련된 기사의 제목들을 소개하면 다음과 같다.

2001.6.25. 「KNCC, 다문화속의 에큐메니컬 타종교와 더불어살기 연구」(국민일보)

2003.1.2. 「새로운 도전을 시작할 때」(한겨레21)

2003.8.6. 「국제이해교육--지구촌의 내일 향해 '무지개' 쏜다」(경향신문)

2003.9.9. 「제2의 9.11테러 없어야 한다」(문화일보)

2003.10.10. 「종교예술제 11일 팡파르」(한겨레)

2003.12.3. 「혼혈인 차별 철폐」(한겨레)

2003.12.24. 「'Mixed-blood children'whips up storm '혼혈아' 표현은 인권 침해」(코리아헤럴드)

2004.6.27. 「국제이해교육은 평화를 가르치는 것」(한겨레)

2004.7.12. 「차별 지운 아이들 "세계는 하나"」(한겨레)

2004.7.19.「영국백인 10명중 9명 "소수인종 친구 없다」(한겨레)

2004.7.30.「미국은 어디로 가나, 어제와 오늘 그리고 내일의 모습은」(문화일보)

2004.7.30.「美 정체성 흔드는 신문명 충돌의 경고」(세계일보)

2004.8.5.「'부르카' 써야 하나 벗어야 하나?」(오마이뉴스)

2004.10.25.「박천응 목사, '반한분자 규정'에 항의 단식농성 중」(노컷뉴스)

2004.11.15.「Murder tool'sestended blade」(세계일보)

2004.11.23.「'유럽 多문화주의'의 허구」(세계일보)

2004.12.16.「30년 한지붕...독일화 거부하는 무슬림들」(오마이뉴스)

2004.12.22.「獨, 이슬람문화에 대한 관용 "그만"?」(주간동아)

2004.12.31.「유럽은 이슬람을 안을 수 있는가」(한겨레21)

2005.3.30.「서울광장서 외국인노동자 문화축제 열려」(연합뉴스)

2005.4.25.「B.C., A.D. 표기 변경 진행중」(연합뉴스)

2005.7.26.「테러로 불거진 '문화 충돌'...유럽, 무슬림과의 동거 고민」(국민일보)

2005.8.2.「"남편 구타 시댁 구박 생지옥 참아야 하나"」(부사일보)

2005.8.9.「[인권선진국으로 가는 길](4) 이주노동자도 다같은 노동자(독일)」(서울신문)

2005.8.25.「칼 린드버그 "지속가능한 발전 열쇠는 교육"」(경향신문)

2005.10.11.「영국과 무슬림 이민자들」(한겨레21)

2005.10.11.「종교 다원주의 허와 실...'포용' 내세워 성경의 진리 부정」(국민일보)

2005.10.28. 「'불법체류 외국인아동 합법화' 요구」(연합뉴스)
2005.11.8. 「유럽 곳곳 무슬림 불만 증폭」(문화일보)
2005.11.8. 「이민 2,3세 소외감 심각한 영국」(연합뉴스)
2005.11.9. 「유럽속의 '무슬림 천국' 스웨덴」(문화일보)
2005.11.23. 「이슬람 전래 50주년 국제학술대회」(연합뉴스)
2005..12.6. 「톨레랑스, 유럽의 새빨간 거짓말」(한겨레21)
2005.12.13. 「호주로 번진 인종갈등, 끝은 어디인가」(국민일보)
2005.12.16. 「가뜩이나 거슬렸는데...이참에 떠나라?」(오마이뉴스)
2005.12.20. 「이슬람 성직자 대상 영국화 시험 계획 철회」(연합뉴스)
2005.12.21. 「현실로 다가온 다민족 · 다문화 시대」(서울신문)
2005.12.22. 「[외국인 1%시대] "이슬람 제대로 알자" 주말이면 100여 명 聖院 찾아」(서울신문)
2006.2.3. 「서구-이슬람 가치충돌과 다문화사회의 과제」(연합뉴스)
2006.2.3. 「'마호메트 만화' 대립, 유럽 '이슬람 편견'에 가치관 전쟁」(경향신문)
2006.2.6. 「'마호메트 풍자' 파문, 자유-종교 충돌」(SBS뉴스)
2006.2.7. 「[격화되는 무하마드 만평 반발] 배경 분석...종교적 신념 vs 표현의 자유 '문명충돌'」(국민일보)
2006.2.7. 「유럽 언론의 두 가지 중대한 실수」(오마이뉴스)
2006.2.17. 「마호메트 만화사건의 겉과 속」(한겨레)
2006.2.24. 「우리 안의 부끄러운 모습」(경향신문)
2006.3.1. 「'톨레랑스 정신' 메말라가는 佛」(서울신문)
2006.3.6. 「종교 입김에 흔들리는 미국교과서」(내일신문)

2006.3.11. 「코시안(Korean-Asian) 더 이상 이방인 아니다」(문화일보)

2006.3.16. 「佛, 계몽주의 회귀하나...다문화 · 세계화 압박 등 진통」(국민일보)

2006.3.17. 「표현의 자유와 종교의 자유」(동아일보)

2006.4.4. 「〈피부색 쇄국주의 깨자〉 "언제 쫓겨날지..."코리안드림은 신기루」(문화일보)

2006.4.10. 「외국의 '공존' 사례」(문화일보)

2006.4.10. 「'다름'은 다만 '다름'으로 인정을」(문화일보)

2006.4.19. 「안산에 외국인근로자 대상 방송국 설립」(서울신문)

2006.4.24. 「獨 '기독교가치관 교육' 거센 역풍」(동아일보)

2006.4.24. 「관용과 배타의 이중주」(국민일보)

2006.5.13. 「"어머니! 걱정 마세요. 잘 살게요"」(오마이뉴스)

2006.5.15. 「호주서 병원 비치용 성경 놓고 논란」(연합뉴스)

2006.6.7. 「이젠 '다민족, 다문화 국가'..통합 정책지원 빈약」(연합뉴스)

2006.7.13. 「세계화시대 문화다양성 어떻게 증진하나」(연합뉴스)

2006.8.17. 「차별받는 이민 2 · 3세대 '자생적 테러범'으로」(서울신문)

2006.9.4. 「영국 사회는 테러리스트 양성소」(내일신문)

2006.9.7. 「동성애 · 낙태 · 사형제 놓고 사분오열...하나된 유럽 '정체성 흔들'」(국민일보)

2006.9.15. 「EU '민족 넘어 공존' 가르친다」(한겨레)

2006.9.26. 「미국 · EU 등 선진국 이민 규제 강화 왜?」(세계일보)

2006.9.29. 「'백호주의' 망령은 현재진행형인가?」(오마이뉴스)

2006.10.12. 「'아랍 학교' 개교 놓고 伊밀라노 시끌」(연합뉴스)

2006.10.19.「"무슬림 여성 베일 착용"에 전 유럽이 시끌」(세계일보)

2006.10.23.「이주노동자와 기독인」(국민일보)

2006.10.24.「유럽, 이슬람여성 '옷 벗기기' 확산」(내일신문)

2006. 11.10.「[오늘의 동아시아](16) 동아시아 여성이주와 한국사회」(경향신문)

2006.11.28.「동남아 이슬람교 과격해진다」(세계일보)

2006.12.7.「달라도 같이, 인권아 놀자!」(오마이뉴스)

2006.12.15.「국제결혼 · 이주노동자 등 자녀교육 '多문화 국제학교' 세운다」(경향신문)

2006.12.15.「[인류학자가 보는 세상](21) 막국수와 '식탁위의 다문화주의'」(경향신문)

2006.12.18.「"혼혈인 반짝 관심 넘어 글로벌리더 육성"」

2006.12.31.「[우리 안의 타인들] 혼혈인-외국인만도 못한 멸시」(경향신문)

2007.1.1.「[희망을 이야기하다]'과열 사회' 아우를 인물 보고싶다」(동아일보)

2007.1.5.「'이슬람 쓰나미'를 경고하는 나치의 망령」(프레시안)

2007.1.13.「지구촌 문명 · 종교 충돌」(서울신문)

2007.1.19.「포천, 국제교류센터 짓는다」(서울신문)

2007.3.3.「유럽이 백인사회라고? 100년 뒷면 무슬림이 다수 될 수도」(동아일보)

2007.3.12.「감리회, 국제결혼 가정 지원센터 추진」(국민일보)

2007.4.9.「음식 통해 세계 각국 문화 배운다」(세계일보)

2007.4.16.「多인종시대의 가정문화를 생각한다」(문화일보)

2007.4.24.「'한국 속의 버지니아'」(동아일보)

2007.5.31.「말레이시아 법원 "개종은 권한 밖"」(경향신문)

2007.7.11.「한국인의 문화차별」(내일신문)

2007.7.24.「'선교활동 문제 공론화' 언론 시각차」(미디어오늘)

2007.7.31.「아프가니스탄의 눈물과 투쟁」(연합뉴스)

2007.8.5.「그룹 '퀸' 프레디 머큐리의 고향이 아프리카?」(오마이뉴스)

2007.8.22.「'차별' 없는 나라가 선진국인다」(문화일보)

2007.8.26.「다인종 · 다문화사회...선교방법도 바꾸자」(국민일보)

2007.8.29.「다인종 · 다문화 공생사회로 가는 길」(서울신문)

2007.8.30.「[피랍자 추가 석방] 〈좌담〉 '선교마케팅' 개선을」(서울신문)

2007.8.31.「[피랍 한국인 석방 그 이후] 배타적 · 정복주의적 '마구잡이 선교' 이젠 반성을...」(헤럴드경제)

2007.8.31.「아프간 피랍 사태 해결 이후」(세계일보)

2007.9.2.「多문화 · 多종교 속 한국인」(한국경제)

2007.10.16.「"종교의 힘으로 평화세상 가꿔가요"」(연합뉴스)

2007.10.17.「종교간 대화 · 화해마당 줄잇는다」(현국경제)

2007.10.20.「'다문화'는 부르짖는 게 아니다」(한겨레)

2007.11.6.「多문화 · 多인종 사회」(국민일보)

2007.11.21.「국경 없는 한국 "텔미(Tell me) 다문화"」(노컷뉴스)

2007.12.2.「무슬림, 기독교 개종때 ㅋ크리스천 생활양식 가장 큰 영향」(국민일보)

2007.12.4.「달서구에 '외국인 특화거리'」(매일신문)

2007.12.14. 「자비는 베풀어도, 권리는 인정 못 해?」(프레시안)

2007.12.24. 「'아프간 피랍' 뼈아픈 성찰...'섬김'을 돌아보다」(문화일보)

이 시기의 대표적인 기사 제목은 "서구-이슬람 가치충돌과 다문화사회의 과제"(연합뉴스, 2006.2.3.), "'마호메트 만화' 대립, 유럽 '이슬람 편견'에 가치관 전쟁"(경향신문, 2006.2.3.), "표현의 자유와 종교의 자유"(동아일보, 2006.3.17.), "獨 '기독교가치관 교육' 거센 역풍"(동아일보, 2006.4.24.), "차별받는 이민 2 · 3세 '자생적 테러범'으로"(서울신문, 2006.8.17.), "'무슬림 여성 베일 착용'에 전 유럽이 시끌"(세계일보, 2006.10.19.), "동남아 이슬람교 과격해진다"(세계일보, 2006.11.29), "'이슬람 쓰나미'를 경고하는 나치의 망령"(프레시안, 2007.1.5.) 등이다.

개신교와 관련된 다문화 담론은 한국 사회 내 이주민 선교와 관련된 기사들이 주로 소개되었다. 이주노동자의 처우 개선을 위해 개별 개신교회의 노력이 인권 차원에서 소개되는 한편, 이주민 선교라는 새로운 형태의 선교 전략이 나타나기도 하였다.

2) 학술 담론 속 다문화 종교문화

이 시기에 논문으로 소개된 다문화 종교문화 담론은 주로 해외의 사례 연구가 주를 이루었다. 『선교신학』6집에 소개된 "미국의 다문화주의, 대중종교, 시민종교의 이해"(노윤식), 『釋林』36집에 발표된 "9.11 태러사태와 그 후 1년: 이슬람과 종교갈등"(이희수), 『민족

연구』11호의 "다문화주의의 현장: SINGAPORE: 상호주의 공존질서의 선택"(박지원), 『國際政治論叢』44-4호에 실린 "영국과 프랑스에서 정치와 종교: 루시디 사건과 헤드스카프 논쟁을 중심으로"(김남국), 『한국정치학회보』39-1호에 발표된 "심의 다문화주의: 문화적 권리와 문화적 생존"(김남국), 『國際政治論叢』45-4호에 실린 "다문화 시대의 시민: 한국사회에 대한 시론"(김남국), 『教育課程硏究』24-4호에 실린 "미국 다문화 교육과 교육과정"(장인실), 『사회와철학』12호에 발표된 "다문화적 소수자 문제에서 한국의 특수성"(박병섭), 『국제지역연구』9-4호에 실린 "말레이시아 힌두교의 종교적 쇄신: 샤이바 싯단타와 신 힌두교"(이재숙), 『비교문화연구』13-1호에 게재된 "종교와 음식을 통한 도시공간의 문화적 네트워크: 이태원 지역 이슬람 음식점들의 사례"(송도영) 등이 소개되었다.

그리고 학위논문도 이 시기에 다수가 발표되었다. '한국의 다문화 가정에 대한 기독교교육적 접근'(장로회신학대 석사학위논문), '국내 이주노동자 자녀들을 위한 다문화 종교교육 가능성 연구'(연세대 석사학위논문) 등이 발표되었다.

이 시기에 발표된 다문화 종교문화 관련 석사 및 박사학위논문을 소개하면 다음과 같다.

김남국, Deliberative Multiculturalism in Britain : Beyond Liberal and Republican Citizenship Discourse and Practice, UNIVERSITY OF CHICAGO, doctoral, 2002.

정진웅, 「말레이시아 선교전략: 인종과 종교 갈등을 통한 틈새 접근 방법론」, 성결대 신학대학원, 석사학위논문, 2006.
국충국, 「지구화시대 농민선교 방안에 대한 연구: '대한성공회 둔포교회'를 중심으로」, 성공회대 신학대학원, 석사학위논문, 2007.
마사끼 우찌다, 「한국 다문화가정 자녀교육의 전망에 관한 연구」, 선문대 신학대학원, 석사학위논문, 2007
곽원섭, 「이주민 통합 전략의 국가 간 다양성 비교: 프랑스와 스웨덴을 중심으로」, 한양대 대학원, 석사학위논문, 2007.
이종우, 「한국 화교의 현지화에 관한 연구: 부산 거주 화교를 중심으로」, 동아대 동북아국제대학원, 박사학위논문, 2007.
임성택, 「'성시화운동'에 대한 연구와 전망」, 총신대 신학대학원, 석사학위논문, 2007.
유영은, 「결혼이주여성의 생활문화적응에 관한 사례연구와 지원방안: 경기도 북부지역을 중심으로」, 명지대 사회복지대학원, 석사학위논문, 2007.
이종민, 「국내 이주노동자 자녀들을 위한 다문화 종교교육 가능성 연구」, 연세대 교육대학원, 석사학위논문, 2007.

한편, 다문화 종교문화 담론으로 분류될 수 있는 학술논문을 소개하면 아래와 같다.

Paul G. Gilmer, 「다문화 내에서의 한국과 미국의 종교표현」, 인문학연구 30-2, 충남대 인문과학연구소, 2003.

Suk-Hwan Choi, Ecclesia in Asia und die Mission in Korea, 가톨릭신학 6, 한국가톨릭신학학회, 2005.
조은하, 「개신교 종립학교의 종교교과서 분석」, 종교교육학연구 22, 한국종교교육학회, 2006.
문명식, 「러시아 민족정체성의 확립 과정에서의 정교와 이슬람」,중소연구 29-4, 한양대 아태지역연구센터, 2006.
윤선희, 김연희, 「결혼이주여성의 출산에 관한 연구-경북지역을 심으로」, 현대사회와 다문화 6-2, 대구대 다문화사회정책연구소, 2006.
김영옥, 「새로운 '시민들'의 등장과 다문화주의 논의」, 아시아여성연구 46-2, 숙명여대 아시아여성연구, 2007.
김석진, 「다민족 다종교 다문화사회의 길목에 선 한국-한중일 가족문화의 비교 연구」, 청소년과 효문화 9, 한국청소년효문화학회, 2007.
김영옥, 「한국의 여성결혼이민자와 '다문화가족': 다문화주의 논의를 중심으로」, 아시아여성연구 46-2, 숙명여대 아시아여성연구원, 2007.

3. 다문화 담론의 쟁점화 시기(2008년 이후)

재한 외국인정책 기본계획이 수립되면서 다문화담론 속에 종교와 관련된 쟁점들이 부각되기 시작했다. 종교 관련 학술단체들이 시의성을 고려하여 '다문화와 종교(교육)'이라는 주제로 학술대회를 개최하기 시작하였고, 관련 연구가 본격화되기 시작하였다.

2007년에 한국사회에서 거주하는 외국인(체류외국인)의 수가 100만 명을 넘어서자, 정부는 국내 거주 외국인에 대한 대책을 논의하기 시작하였고, 동년 7월에 〈재한외국인처우기본법〉을 비로소 제정하였다. 이 법과 동시에 「외국인정책기본계획」이 수립되어, 5년 단위로 제1차(2008-2012), 제2차(2013-2017), 제3차(2018-2022)를 거쳐, 현재는 제4차(2023-2027) 기본계획이 수립되어 매년 세부적인 내용이 실행되고 있다. 외국인정책(immigration polcy)이라고 함은 다양하게 해석될 수 있겠지만, 기본적으로는 외국인정책기본계획을 바탕으로 설계되는 정책을 의미한다. 따라서 외국인정책의 흐름은 외국인정책기본계획을 통해서 파악할 수도 있다.

제1차 외국인정책기본계획은 "외국인과 함께하는 세계 인류국가"라는 비전을 설정하고, 적극적인 개방을 통한 국가경쟁력의 강화, 질 높은 사회통합, 질서 있는 이민정책 구현, 외국인 인권의 옹호라는 정책 목표를 설정하였다. 제2차 외국인정책기본계획은 "세계인과 더불어 성장하는 활기찬 대한민국"이란 비전을 설정하고, 정책목표의 틀을 '개방, 통합, 인권, 안전, 협력'으로 만들어, 경제활성화 지원과 인재유치, 대한민국의 공동가치가 존중되는 사회통합, 차별방지와 문화다양성 존중, 국민과 외국인이 안전한 사회구현, 국제사회와의 공동발전을 내세웠다. 제3차 외국인전책기본계획도 제2차에서 만들었던 다섯 가지의 틀로 국민이 공감하는 질서있는 개방[개방], 이민자의 자립과 참여로 통합되는 사회[통합], 인권과 다양성이 존중되는 정의로운 사회[인권], 국민과 이민자가 함께 만들어가는 안전한 사회[안전], 협력에 바탕한 미래 지향적 거버넌스[협력]를 내세웠다.

2024년 11월 현재는 2023년부터 제4차 외국인정책기본계획이 마련되어, "국민과 이민자가 함께 도약하는 미래지향적 글로벌 선도국가"라는 비전이 설정되었다. 그런데 제2-3차에서 유지되었던 다섯 가지 틀 중에서 '개방'이 '경제'로 바뀌어, 정책 목표를 '개방, 안전, 통합, 인권, 협력/인프라'로 설정되어, 이민을 활용한 경제와 지역 발전 촉진[경제], 안전하고 질서있는 사회 구현[안전], 국민과 이민자가 함께하는 사회통합[통합], 이민자의 인권가치를 존중하는 사회 실현[인권], 글로벌 스탠더드에 부합하는 이민행정 기반 구축[협력/인프라]을 내세우고 있다.

제4차 외국인정책기본계획에서부터 '이민행정'이란 용어를 사용하면서 본격적으로 이민정책을 추진 중에 있다. 한국 사회는 저출산 고령화의 여파로 인구구조가 급속하게 변하면서, 교육과 문화, 경제, 정치, 국방 등에서 큰 변화가 나타나고 있다.

다문화사회에서는 다인종, 다민족 상황을 고려하는데, 다종교 상황도 고려해야 한다. 왜냐하면, 종교는 개인과 집단의 정체성을 담보하는 데 중요한 역할을 하기 때문이다. 한국 사회는 다문화사회로 전환되면서 다종교 상황도 이전보다 훨씬 더 복잡하게 형성될 전망이다. 따라서 종교의 다양성에 기초한 다문화교육이 제3차 외국인 정책 기본계획에 반영되었어야 하는 아쉬움이 있다.

현재까지의 한국 외국인정책에는 외국인의 종교의 자유와 관련된 명시적 내용은 보이지 않는다. 다만, '문화다양성 관련 프로그램의 활성화'를 위해서 전국의 지역문화 공공기관과 협력하여 문화다양성 주간행사 운영, 문화다양성의 가치 확산을 위한 홍보 및 캠페인 실시 등의 추진 전략에서 나타나듯이, 문화다양성의 큰 틀 내에서 종교차별(혐오) 금지, 종교의 자유 등과 관련된 가치의 홍보를 계획하고 있다. 그리고 '문화다양성 교육 프로그램의 확산'과 '상호 문화이해 활동 촉진' 등을 통해서 상호 문화에 대한 이해의 틀 속에서 종교의 이해를 도모할 여지가 있다.

외국인의 종교, 특히 이슬람교에 대한 혐오가 객관적 근거 없이 특정 종교의 편향된 시각에서 확대 재생산되는 상황에서 종교의 자유에 관한 논의와 이에 대한 교육이 요청되고 있다. 따라서 한국 외국인정책 기본계획에서 담보되지 않고 있는 종교의 자유 논의를 문화다양성 교육의 측면에서 다룰 필요가 제기되고 있다.

이 시기에 다문화 종교문화 담론을 분류될 수 있는 신문기사를 소개하면 다음과 같다.

1) 미디어 담론 속 다문화 종교문화

2008.1.7. 「英성공회 주교 "무슬림지역에 非무슬림 출입하면 공격당해"」(연합뉴스)

2008.1.7. 「'성공신화' 두바이, 서울과 다른 점은」(연합뉴스)

2008.1.15. 「이민정책 패러다임을 바꾸자」(세계일보)

2008.1.26. 「"외국인 며느리 도와 함께 살아갑시다"」(매일신문)

2008.2.13. 「증오범죄, 인권 불모 지대에서 자란다」(프레시안)

2008.2.18. 「'인종격리 제도'에 빠져드는 英」(세계일보)

2008.2.22. 「57개국 문화 어우러지는 안산 원곡동」(내일신문)

2008.2.27. 「영국 다문화주의 "우리 맞게 가고 있나"」(내일신문)

2008.4.3. 「[다민족 다문화 사회] 해외에서 배운다(12) 호주」(매일신문)

2008.4.17. 「유럽사회 이민정책 "고민 되네"」(세계일보)

2008.5.1. 「[다민족 다문화사회] 해외에서 배운다(16) 독일」(매일신문)

2008.8.7. 「이슬람 만화 '슈퍼히어로'들 종교갈등해결사 되나」(서울신문)

2008.8.11. 「"李정부 종교편향 종식" 성난 佛心 하나로 뭉친다」(경향신문)

2008.8.30. 「아프간을 잊지 말라」(문화일보)

2008.9.3. 「'다문화 사회' 속 신앙과 선교를 공론의 장으로」(크리스천투데이)

2008.9.4. 「타종교 · 세상과의 소통 위한 강좌 빗장 푸는 개신교」(한겨레)

2008.9.11. 「"장식품처럼 이주민 진열하는 '한국식 다문화'는 안 됩니다"」(경향신문)

2008.9.11. 「"다문화가정 지원을 위해 불교단체가 앞장서다"」(정책브리핑)

2008.9.24. 「다종교 갈등 해법 모색 학술대회 개최」(뉴시스)

2008.10.4. 「구미 금오산서 '컬러풀아시안축제' 열린다」(연합뉴스)

2008.10.14. 「[이슬람이 오고 있다](1) 다종교 다문화 사회, 이슬람 문화 러시」(국민일보)

2008..11.7. 「'작은 국제도시' 안산시의 실험」(한겨레)

2008.11.7. 「'글로벌 피스 페스티벌 2008 한국' 막 오르다」(세계일보)

2008.11.9. 「한국의 이주 여성 47% "이혼 원한다"」(경향신문)

2008.11.16. 「안산시, '외국인 인권조례'첫 추진」(한겨레)

2008.11.17. 「[이슬람이 오고 있다] 기독인 38.8% "이슬람을 선교대상으로..."」(국민일보)

2008.11.17. 「국민 87% "이슬람 잘 몰라"」(국민일보)

2008.11.20. 「[중동 칼럼] 무슬림 과격 세력 증가와 이슬람 다와 센터」(크리스천투데이)

2008.11.23. 「"다른 종교 존중하지만 무조건적 관용은 안돼"」(국민일보)

2008.11.24. 「[이슬람이 오고 있다](7) 무슬림 수렁에 빠진 유럽을 가다」(국민일보)

2008.11.27. 「[한국의 미래-위기를 희망으로] "무슬림과 섞이기 싫다" 공존 꺼리는 유럽」(서울신문)

2008.12.1. 「"좌우 대립없는 다문화 단체 만들겠다"...한국다문화센터 출범」(뉴시스)

200812.4. 「인천 중동문화원 1년만에 문닫다니...아랍국가들 화났다」

(한겨레)

2008.12.5. 「“단일민족은 허구의 신화일 뿐”」(세계일보)

2008.12.10. 「인천시 중동문화원 폐쇄로 외교 마찰 우려」(연합뉴스)

2008.12.16. 「국제결혼 실태조사...한국인 배우자 만족도 더 크다」(뉴시스)

2009.1.8. 「“중동문화원 다시 문연다”」(YTN)

2009.1.23. 「이슬람 할퀴는 ‘종교적 색안경’」(한겨레)

2009.2.5. 「[달라도 다함께/함께 사는 법](2) 서울의 ‘외국인 지도’」(동아일보)

2009.2.10. 「‘동아시아 정체성 찾기’ 脫 한 · 중 · 일이 출발점」(문화일보)

2009.3.2. 「동남아 편견 벗어야 ‘다문화’ 정착」(동아일보)

2009.3.2. 「대학 새내기된 스리랑카 승려」(연합뉴스)

2009.3.4. 「구미1대, 외국인 승려 입학 화제」(경북일보)

2009.3.8. 「안산시, 외국인 인권증진조례 제정」(연합뉴스)

2009.3.12. 「“힘내세요” 아버지를 껴안는 종교계」(경향신문)

2009.3.13. 「“지도를 펴고 동그라미를 그리다보면...”」(프레시안)

2009.3.14. 「저마다 있는 자리에서 빛을 내면, 그게 곧 포교」(중앙SUNDAY)

2009.3.19. 「“한국인 친정엄마 생겼어요”」(문화일보)

2009.3.22. 「동국대, 2010학년도 수시 1차 ‘다문화 가정자녀 전형’ 신설」(서울경제)

2009.3.31. 「[수도권/달라도 다함께] 안산시 전국 첫 ‘외국인 인권조례’ 시행」(동아일보)

2009.4.1.「"종교가 사회갈등 해소하는 다리돼야"」(서울신문)

2009.4.2.「박남수 "종교인간의 갈등이 한국사회 평화 깬다"」(경향신문)

2009.4.8.「[조현이만난사람] 하는 떠받든 동네 넉넉한 부처의 달이 떴다」(한겨레)

2009.4.11.「[영성과 깨침의 보금자리 종교 건축을 보다](2) 이슬람부산성원」(부산일보)

2009.4.27.「[달라도 다함께] 불교-가톨릭, 다문화가정 위해 손잡다」(동아일보)

2009.5.1.「'인종차별 철폐회의', 무기력한 희비극」(한겨레)

2009.5.7.「기독교-이슬람 학자간 대화의 장 마련...한국선교신학회, 6월 13일 이슬람 포럼」(국민일보)

2009.5.13.「두실역엔 '아랍출구'가 있다」(부산일보)

2009.5.15.「56개국 6만여 외국인 '작은 아시아' 안산 '다문화마을특구' 지정」(뉴시스)

2009.5.20.「세계 각국 고유 음식과 전통 공연 한자리에」(아시아경제)

2009.5.20.「[조현이만난사람] "기독교 신자가 절에 가 밥 먹어도 문제 안돼"」(한겨레)

2009.6.28.「[새로운 공화국을 꿈꾸며](11) 근본주의를 넘어 다문화 사회로(하)」(경향신문)

2009.8.13.「이주자 선교 엑스포 공동회장 유해근 목사」(국민일보)

2009.8.20.「"무슬림 절기인 라마단에 기도해야 하는 이유"」(크리스천투데이)

2009.8.25.「〈외국인 100만〉(3) 국민인식 개선 필요」(연합뉴스)

2009.8.25.「'문화예술로 종교화합'-종교문화축제」(연합뉴스)

2009.8.26.「[공간의 역사](7) 서울 종로구 혜화동성당」(동아일보)

2009.9.8.「다문화가정 정책의 근본 전환을 위한 3대 제안」(프레시안)

2009.9.9.「[박홍규 칼럼] 서로 다른 것이 아름답다」(경향신문)

2009.9.16.「정체성 인정하는 사회 되길」(여성신문)

2009.9.18.「제5차 ASEM 종교간 대화 '서울회의' 개최」(천지일보)

2009.9.19.「"종교자유 부정은 인간정신의 말살"」(천지일보)

2009.9.23.「[달라도 다함께/다문화 해외서 배운다](2) 유럽-일본의 이민자 보호」(동아일보)

2009.9.23.「다문화 호주 사회에서 한국이 배울 점」(연합뉴스)

2009.9.29.「'차별'받기도 전에 '배제'된 난민 신청자 2336명」(오마이뉴스)

2009.9.30.「〈다문화 가정의 추석나기〉 6년차 필리핀댁 "이젠 차례상 척척...명절 겁 안나요"」(문화일보)

2009.9.30.「이국서 맞는 추석명절, 다문화 축제 다채」(BBS NEWS)

2009.9.30.「인종차별금지법 첫 공청회...찬성 고성 오가」(오마이뉴스)

2009.10.2.「'재범분노'님께 '이주 2세대 문학'을 권함」(한겨레21)

2009.10.4.「"이기주의 벗고 양심과 순리의 세계 만들자"」(세계일보)

2009.10.4.「[열린사회 글로벌코리아] 다문화 교육의 場 싱가포르 박물관」(경인일보)

2009.10.5.「인종 · 종교 차이 떠나 모든 이들에게 그리스도의 사랑을...GMS, NGO '해피나우' 출범」(국민일보)

2009.10.8.「'인종차별적 발언'은 '인종 폭력 범죄'의 전조」(오마이뉴스)

2009.10.10. 「불통하는 기독교 벗어나기...인문학적 신학담론 모색」(크리스천투데이)

2009.10.14. 「[달라도 다함께/다문화 해외서 배운다](5) 종교갈등 해소 어떻게」(동아일보)

1009.10.18. 「통일교 합동 결혼식을 보는 세계의 시선」(중앙SUNDAY)

2009.11.5. 「한국종교연합, 상생 위한 '다문화 캠프' 마련」(천지일보)

1009.11.12. 「다문화 시대, 종교의 역할을」(연합뉴스)

2009.11.15. 「민족, 너는 누구냐」(한겨레)

2009.11.18. 「파키스탄 출신 아킬 칸 목사 눈에 비친 '한국의 문화 충돌'」(경향신문)

2009.11.18. 「"다문화 공존에 종교인들 앞장서야"」(연합뉴스)

2009.11.18. 「"불교, 은둔 · 호국 벗어나 '사회성' 찾자"」(경향신문)

2009.11.19. 「다문화 가정 내 문화소통, 불교가 도움될 수 있을까?」(제주의 소리)

2009.12.4. 「100만 이주민 시대, 전향적 이주노동 정책을」(한겨레21)

2009.12.9. 「"종교가 하나되다"」(미디어스)

2009.12.13. 「이주민의 날 기념 다채로운 행사」(연합뉴스)

2009.12.16. 「이주민 선교 모범적인 두 교회 사례」(국민일보)

2009.12.17. 「"이주민 선교 이렇게" 한 국가 출신에 초점, 문화 적응 교육 우선...경기 광주 세상의빛선교교회 · 경북 상주교회」(국민일보)

2009.12.19. 「정체성은 운명이 아니라 선택의 문제」(부산일보)

2009.12.22. 「감리교, 이주노동자들과 "메리 크리스마스~"」(국민일보)

2009.12.29. 「'이주민이라고 차별받지 않도록'제정법 첫 발의」(노컷

뉴스)
2010.1.2. 「"'용광로'가 아니라 '비빔밥'이 정답이다"」(프레시안)
2010.1.14. 「軍, 다문화출신 입영예정자 동반입대 추진」(연합뉴스)
2010.1.15. 「국제 난민, 미아 만드는 코리아」(시사IN)
2010.2.13. 「[다문화에 사는 사람들] 부산 다문화 대안학교 '아시아공동체학교' 지원 정산 스님」(동아일보)
2010.2.16. 「다문화적 시야가 창의력의 원천」(경향신문)
2010.2.19. 「한국으로 스며든 톨레랑스 제로 독트린」(시사IN)
2010.2.22. 「'느슨한 무슬림' 종교보다 친구로 다가가야...BTM 2010 서울 포럼 다각적인 선교 방안 소개」(국민일보)
2010.2.23. 「삼겹살과 소주 중심의 회식문화...인국인 소외감 가중시켜」(경향신문)
2010.2.23. 「국내 첫 개청 천안 외국인전담 교도소 가보니」(세계일보)
2010.2.28. 「우리사회 다문화지수 100점 만점에 몇 점?」(정책브리핑)
2010.3.2. 「[종교기획] 이제는 '교리비교'로 올바른 종교의 길 제시할 터」(천지일보)
2010.4.5. 「당신도 무슬림에 대한 편견이 있나요」(경향신문)
2010.4.6. 「시사기획: '무슬림, 우리 곁의 이방인'」(KBS)
2010.4.1. 「〈다문화와 소통합시다〉(1) 무슬림과 돼지고기」(연합뉴스)
2010.4.18. 「〈다문화와 소통합시다〉(2) 절하는 법도 달라」(연합 뉴스)
2010.4.20. 「'이제는 디아스포라 선교사 시대'」(크리스천투데이)
2010.5.4. 「한국 무슬림 정착에 종교커뮤니티가 중요한 역할」(크리스천투데이)

2010.5.16. 「〈다문화와 소통합시다〉(6) 히잡은 문화다양성」(연합뉴스)

2010.5.20. 「부처님오신날, 다문화 · 다종교를 이해하다」(내일신문)

2020.5.20. 「무원스님 "외국인 정착 돕는 게 보살수행"」(매일경제)

2010.5.26. 「원불교 한울안운동 10돌」(한겨레)

2010.6.4. 「원불교 (사)한울안운동 "공익활동, 종교의 '벽' 넘자"」(천지일보)

2010.6.6. 「〈다문화와 소통합시다〉(9) 다양한 인사법」(연합뉴스)

2010.6.21. 「[당신들과 우리들의 대한민국](10 '국제인권의 잣대' 난민」(서울신문)

2010.6.25. 「한국판 '게토' 그 열악한 삶이 공간」(경향신문)

2020.6.30. 「"한국, 종교의 시대 맞았지만 권력 · 물질에 얽매여 10년 뒤엔 '텅 빈 교회' 될 수도"」(서울신문)

2010.7.15. 「'다름'을 이해하는 8살짜리 아이들, 어른보다 낫다」(오마이뉴스)

2010.7.18. 「〈다문화와 소통합시다〉(끝) "배려가 핵심"」(연합뉴스)

2010.7.26. 「[대한민국, 공존을 향해/1부](5) 세계가 주목하는 '종교공존 모범 코리아'」(동아일보)

2010.7.26. 「"절집도 시대를 따라야 합니다"...은해사 돈관 스님」(매일신문)

2010.8.2. 「세계교회의 새로운 흐름은...가정 · 오순절 · 다문화」(국민일보)

2010.8.15. 「100만 기독교인 '생명, 희망, 평화를 이루자'」(노컷뉴스)

2010.8.19. 「[무슬림을 위한 30일 기도] 노르웨이의 무슬림(9)」(크리스천투데이)

2010.8.25.「“종교 교류 앞장서 사회 통합 이루자”」(천지일보)

2010.9.3.「히잡 논란 뒤에 감춰진 진실」(한겨레21)

2010.10.19.「‘反 이슬람’ 선동 글 온라인에 무분별 유포」(연합뉴스)

2010.10.22.「안동 ‘종교타운’ 소통 · 화합 모델」(천지일보)

2010.10.24.「대학교에 채식 뷔페 오픈...캠퍼스에 다문화 바람」(SBS)

2010.10.28.「“종교야 놀자”..안산서 종교인 전통놀이 한마당」(연합뉴스)

2010.10.29.「[윤승용의 시대조명] 종교다원주의의 보편화는 요원한가」(천지일보)

2010.11.2.「사단법인 경기다문화사랑연합 창립대회」(연합뉴스)

2010.11.2.「불교종단협 “종교평와 윤리법 제정해야”」(경향신문)

2010.11.18.「다문화사회 종교의 의미 · 역할 · 위상은?」(경향신문)

2010.12.5.「〈서울속의 다문화거리〉(4) 이태원동」(연합뉴스)

2010.12.10.「사찰서 전국 첫 성탄절 미사 · 예배」(연합뉴스)

2010.12.10.「통일교 이주여성 “원불교 교무님이 도와주셨죠”」(천지일보)

2010.12.13.「종교언론인 ‘다문화시대 종교 여갈’심포지엄」(BBS NEWS)

2010.12.20.「종교지도자協 “다종교사회 증오범죄법 만들자”」(연합뉴스)

2010.12.22.「7대 종단 지도자들 “동성애차별금지법 적극 반대”」(크리스천투데이)

2010.12.23.「조계종 총무원장, 이슬람교 중앙회 방문」(연합뉴스)

2010.12.24.「“종교간 존중 있어야 다문화 상생”」(서울신문)

2010.12.25.「경북 경산 사찰서 ‘성탄절 축하 행사’」(연합뉴스)

2011.2.23. 「[수쿠크 면세 논란] 넘치는 '중동자금' 유입 기회...개신교 반발에 무산 위기」(천지일보)

2011.3.1.「[테마진다] 선진국은 이슬람자금 유치전 치열한데...」(매일경제)

2011.3.26. 「남의 종교도 소중하다」(중앙SUNDAY)

2011.4.14. 「명동성당 5월 한달간 'Together with U' 문화축제」(스포츠조선)

2011.5.9. 「이웃 종교와 함께하는 부처님오신날」(연합뉴스)

2011.5.17. 「"이슬람, 아는 만큼 복음의 길 보인다"...예장 통합 '이슬람 및 수쿠크법 바로 알기'세미나」(국민일보)

2011.5.24. 「"다른 종교에 개방적 태도 가져야"」(연합뉴스)

2011.5.26. 「"일관된 다문화정책 위해 이민청 필요"」(연합뉴스)

2011.6.1. 「종교과목 공통교과서 마련」(천지일보)

2011.6.14. 「"다문화가족 지원센터 운영 '다종교' 배려제도 실설해야"」(경인일보)

2011.6.30. 「국내 거주 외국인을 위한 영화 축제」(세계일보)

2011.7.25. 「점전 극우 · 나치문화에 익숙...관용 · 개방의 유럽은 끝났다」(경향신문)

2011.7.26. 「[노르웨이 연쇄 테어] "한국도 저꼴 날것"...국내 외국인혐오단체 막말 '위험수위'」(동아일보)

2011.7.26. 「당신의 '제노포비아Xenophobia: 외국인 혐오증)'는 '제로' 입니까」(서울신문)

2011.7.26. 「"인종 · 출신국 등 찹별받았다"...5년만에 갑절」(연합뉴스)

2011.7.27.「"한국, 다문화주의 포용 · 선도해야 '제2 노르웨이 비극' 막을 수 있어"」(세계일보)
2011.7.27.「한국도 '종교 극단주의 폭력' 안전지대 아니다」(한겨레)
2011.8.14.「"한국도 참여형 다문화정책 펼쳐야"」(한겨레)
2011.8.14.「무슬림단체 "다문화 사회 무슬림의 관용도 중요"」(연합뉴스)
2011.8.23.「"종교가 국민의 걱정거리 됐다"」(연합뉴스)
2011.8.23.「불교계 "이웃 종교와의 공존을 위한 평화 선언"」(프레시안)
2011.8.23.「"공적 지위 이용해 믿음 전해서는 안 된다"」(오마이뉴스)
2011.9.4.「〈다문화 현장사람〉(3) 다문화사찰 주지 무원스님」(연합뉴스)
2011.10.15.「[사설] 우즈베트 귀화여성 목욕탕서 내쫓은 몰상식」(매일경제)
2011.10.25.「"한국인들은 종교의 내용버다 형식 중시"」(경향신문)
2011.10.25.「외국 종교지도자들에게도 한국 '개종문제' 화제」(천지일보)
2011.12.10.「고마운 종재인 이주외국인들, 차별하지 맙시다」(크리스천투데이)
2011.12.12.「이슬람 유학생 聖所된 서울대 기숙사」(아시아경제)
2011.12.16.「다문화사회 문턱 넘은 한국...관용의 미덕 보여야」(한국경제)
2011.12.19.「불교계, '성탄절 축하합니다'」(BBS NEWS)
2012.1.15.「국민 절반 "외국인이 한국인 일자리 위협"...이민자에 경계심」(경향신문)
2012.2.8.「"한국형 이슬람 선교전략 사례 적극 개발해 나가자"」(크리

스천투데이)

2012.2.22.「선교장으로 전락한 대안학교」(법보신문)

2012.2.22.「[나는 소수자다] 소수 종교인들-'하레 크리슈나!' 힌두교를 아시나요?」(주간경향)

2012.3.7.「글로벌 다문화 시대, '종교'를 알아야 산다」(프레시안)

2012.4.18.「"한국인, 다문화 공존에 '막연히' 부정적"」(서울경제)

2012.4.23.「농촌주민, 다문화가정에 우호적」(농민신문)

2012.5.22.「천태종 '부처님 오신 날' 다종교 · 다문화 행사」(연합뉴스)

2012.6.22.「"다문화 사역, 온정주의보다 구조적 개선 노력해야"」(크리스처투데이)

2012.8.2.「불교계도 '다문화 가정'애 관심 가져야」(불교신문)

2012.8.20.「라다단 종교 기념축제에 이슬람 부산성원도 북적」(부산일보)

2012.8.24.「종교, 다문화를 품다...다문화, 한국을 품다」(정책브리핑)

2012.9.13.「기독교 · 불교 · 천주교 등 7대 종교간 화합의 한마당」(크리스천투데이)

2012.9.27.「대승불교의 한국 남방 소승불교 소리없이 확산」(영남일보)

2012.10.7.「"바다에 가면 짠맛은 동일..종교도 마찬가지"」(연합뉴스)

2012.11.2.「종교 갈등 예방위해 '증오범죄방지법'제정돼야」(불교신문)

2012.11.3.「다문화가정 종교문화캠프 오는 10~11일 개최」(천지일보)

2013.1.16.「자승 총무원장, 종교인 과세에 "소득 있으면 세금 낸다"」(경향신문)

2013.5.7.「[여전히 서러운 다문화 자녀들](하) 인종차별 방지 장치가 없다」(동아일보)

2013.5.8. 「삼광사, 부처님오신날 다문화 · 다종교 행사」(BBS NEWS)
2013.6.25. 「[국가 시스템 개조하자] 한국도 다문화 갈등 전초 단계 진입」(서울경제)
2013.8.5. 「차별없는 사회를 위하여...」(경인일보)
2013.8.7. 「한국종교연합, 다문화가정 청소년 종교문화캠프」(천지일보)
2013.8.14. 「불교사회연구소, 이주민 지원정책 강화해야」(BBS NEWS)
2013.8.16. 「이주민에 대한 인식, 불교계 '낙제점'」(법보신문)
2013.9.10. 「불교계 이주민지원센터 건립 절실하다」(법보신문)
2013.9.13. 「7대 종단 14일 서울 처예광장서 종교문화축제」(서울신문)
2013.10.29. 「수원시, 제1회 영통도서관 다문화영화제 내달 1일 개막」(뉴시스)
2013.11.15. 「"多佛教 시대, 한국불교가 나가야 할 길은..."」(불교신문)
2013.12.30. 「이주여성들 "'다문화'에 차별의 뜻 있나요?"」(연합뉴스)
2014.1.7. 「농촌 주민 4명 중 3명 다문화형 식생활 선호」(중부매일)
2014.2.3. 「인천에 뿌리내린 '色다른 문화'」(경인일보)
2014.2.17. 「〈차별을 넘어 존중으로〉(1) 말실수? 언어폭력!」(연합뉴스)
2014.2.17. 「〈차별을 넘어 존중으로〉(3) 인식 개선 어떻게 하나(끝) 」(연합뉴스)
2014.2.20. 「서울 거주 외국인 40만명-시민, 갈등해소 공동체 사업 벌인다」(뉴시스)
2014.3.10. 「선문대 '다문화 평화' 창조적 리더 양성캠프 열어」(뉴시스)
2014.3.24. 「귀화한 사람을 애국심이 없다고 비난할 수 있나요?」(한겨레)

2014.4.25.「[가톨릭 쉼터] 한국에서 이주민으로 살아가기-이양래 · 조산 씨 부부」(가톨릭신문)

2014.6.14.「"무슬림=테러집단? 이슬람교는 생명 사랑하는 종교랍니다"」(매일신문)

2014.6.18.「종단협 종교문화체험행사 개최」(BBS-TV뉴스)

2014.6.27.「수원교구 이주사목위, 다문화 아카데미」(가톨릭신문)

2014.8.14.「〈교황방한〉 교황 한국 도착...공항서도 '더 낮은 곳으로'」(연합뉴스)

2014.9.11.「'인종차별' 남의 나라 얘기? 한국은 괜찮고?」(국민일보)

2014.9.14.「'제18회 대한민국종교문화축제', 청계광장서 개최」(크리스천투데이)

2014.9.20.「"종교는 정치행위 주체, 한국현실서 정교분리 불가능"」(연합뉴스)

2014.10.2.「"다문화병사 1000명 시대"...다돌림?」(노컷뉴스)

2014.10.7.「다문화 사회의 적, 인종차별」(노컷뉴스)

2014.10.27.「차별금지법 제정 더 이상 미룰 수 없다」(불교신문)

2014.10.30.「국제결혼 · 인터넷 채팅...이슬람, 한국여성 집중 포교」(국민일보)

2014.12.18.「〈이주민 150만 시대의 그늘〉(1) 아직 먼 이주여성 인권」(연합뉴스)

2014.12.18.「갈수록 심해지는 '증오 표현', 법적 책임 논의해 보자」(법률신문)

2014.12.19.「의정부교구 이주사목위, 제5회 '종교자유인권상' 수상」(가

톨릭신문)

2014.12.22.「인종차별은 범죄라는 사회인식 필요하다」(법보신문)

2014.12,22,「'차별 없는 세상' 20년 원력, 불교복지의 역사가 되다」(법보신문)

2014.12.27.「도심 속 이슬람사원 · 미얀마 법당...커뮤니티 형성 보폭 넓혀」(영남일보)

2015.1.8.「다문화 마을 공동체사업 참가자 모집」(경기신문)

2015.1.9.「[프랑스 언론사 최악테러] 反이슬람 민족주의 vs 벼랑끝 테러...'배고픈 유럽'의 악순환」(서울신문)

2015.1.10.「유럽서 고조되는 '문명의 충돌'서 배워야할 교훈」(매일경제)

2015.1.11.「그리스도인 일치주간 담화문 "다른 이의 가치 존중해야"」(연합뉴스)

2015.1.11.「서방과 이슬람권의 갈등 그리고 한국」(매일경제)

2015.1.12.「한국 사회와 불안한 공존, '2015 한국의 무슬림들'」(헤럴드경제)

2015.1.12.「일반인들 "아랍계 보면 왠지..."」(헤럴드경제)

2015.1.13.「메르켈 "이슬람도 독일의 일부"...포용세력 반이슬람시위 압도」(뉴스1)

2015.1.15.「[가톨릭신문-한국가톨릭사목연구소 특별기획] '가정사목과 복음화'(2) 변화하는 가정-위기와 도전」(가톨릭신문)

2015.1.16.「TBC 썰전, "프랑스 테러, 이민정책 실패도 원인...한국도 참고해야"」(초이스경제)

2015.1.16.「김희중 대주교 "나그네에게 두 손 내밀어 환대해야"」(가톨

릭평화방송 · 평화신문)

2015.1.20.「IS, 우리 청소년을 테러리스트로 만들 셈인가」(국민일보)

2015.1.20.「사회가 테러범들을 극단으로 내몰지 않았나」(부산일보)

2015.1.21.「테러범을 키운 것은 프랑스 자신이다」(한겨레)

2015.1.21.「다문화시대, 초대받지 않은 손님들」(울산매일신문)

2015.1.22.「김 군과 펜팔 했던 '하산'의 정체, IS 간부?」(YTN)

2015.1.22.「김군의 IS 가담...한국도 톨레랑스 정착시켜야」(뉴시스)

2015.1.22.「극우혐오세력의 발호와 인종주의 그리고 대한민국의 '진짜' 자살」(미디어스)

2015.1.24.「불편한 시선, 불안한 공존...한국에 무슬림 20만」(한국일보)

2015.2.4.「'이슬람근본주의'와 '관용의 타락한 사용법'에 대해」(한겨레)

2015.2.5.「칼 찬 '이슬람계' 남자가 내가 탄 지하철 탄다면?」(한겨레)

2015.2.13.「"다른 문화와 종교를 존중하는 교육을 체계적으로 실시해야"」(동아일보)

2015.2.14.「"종교간 상호 존중이 다문화 사회 성공열쇠"」(동아일보)

2015.2.17.「'2만쌍 축복 결혼' 세계 194개국서 동시 진행...평화의 제전 만든다」(세계일보)

20152.17.「한국형 인종주의의 특징」(한겨레)

2015.2.22.「한 마음 다문화가정교육평화축제」(뉴시스)

2015.2.22.「가정연합, 네팔 제2조교 되려나...모델국가」(뉴시스)

2015.2.22.「대학생 10명 중 6명, '인종 다양성'에 긍정적」(뉴스토마토)

2015.3.1.「다문화사회의 정책방향, 이제 융화로!」(중부일보)

2015.3.2.「기독교인은 왜 이슬람을 알아야 하는가?」(크리스천투데이)

2015.3.4. 「한국갤럽, 한국인의 종교 실태 인식 · 의식 조사분석한 '한국인의 종교' 발간」(국민일보)

2015.3.6. 「'할랄식품' 중동진출 기대…"정부, 적극적 · 구체적 대책 추진해야"」(아주경제)

2015.3.8. 「다문화 융합국가의 필요성」(경상일보)

2015.3.9. 「'부산 할랄미역' 18억 무슬림 밥상 오른다」(서울경제)

2015.3.10. 「다문화 가정의 자녀들은 행복한가」(경기일보)

2015.3.27. 「"다문화 공존 바람직"…3년전 36%, 올해는?」(연합뉴스)

2015.4.2. 「'할랄식품' 준비 없이 분위기만 띄워…수출국 곳곳서 암초」(서울신문)

2015.4.14. 「이슬람 근본주의의 득세와 중동 선교(1) 이슬람이 다가온다」(한국기독공보)

2015.4.21. 「[이 땅의 한국인, 그리고 이주민](4) 문화이주센터 '아시아의 등대'(끝)」(가톨릭평화방송 · 평화신문)

2015.4.22. 「천주교 수원교구, 이민의날 기념 다문화 축제」(경인일보)

2015.5.5. 「다문화 가로막는 헌법 위 국민정서법…중국 동포 내몬다」(메트로신문)

2015.5.12. 「미국 기독교 근본주의자들과 한국 보수 개신교는 '닮은꼴'?」(한겨레)

2015.5.14. 「이 남녀들, 다문화 아닌가?…권진우 사진전 '한국인'」(뉴시스)

2015.5.14. 「기도실에서 할랄푸드까지…대학들 "웰컴, 무슬림"」(한겨레)

2015.5.21. 「인종차별, 과연 우리는 떳떳한가」(오마이뉴스)

2015.5.27. 「"다문화라는 말 속에 우리와 너희 가르는 편견 담겨선 안

돼"」(한국경제)
2015.5.30. 「"아펜젤러 · 언더우드의 연합 · 교육 · 안목 · 토착화 배우자"」(크리스천투데이)
2015.6.10. 「"공무원은 종교떠나 국민에게 봉사하는 마음 가져야"」(불교신문)
2015.6.14. 「정체성과 애국심」(한겨레)
2015.6.14. 「"한국 이슬람화 막으려면, 다음 세대 선교 전념해야"」(크리스천투데이)
2015.6.23. 「선문대, 이주근로자와 친구맺지 'M-Buddy' 운영」(아시아투데이)
2015.6.29. 「다문화포교-전주 참좋은 우리절」(법보신문)
2015.7.10. 「"난민 조례 만들면 우범 지대 된다? 편견일 뿐"」(프레시안)
2015.7.30. 「'할랄' 음식 열풍이라는데...먹거리 소수자들의 고충」(헤럴드경제)
2015.8.9. 「외국인 차별금지법 도인 시급」(경인일보)
2015.8.21. 「'혐오할 자유' 보장하는 미국? 멋모르는 소리!」(한겨레21)
2015.9.10. 「어떤 혐오표현을 제한할 것인가」(한겨레21)
2015.9.18. 「이주민, 다문화 가정 위한 '문화사랑방' 문 열어」(BBS NEWS)
2015.9.22. 「미얀마 난민 수용, 다문화 선진국으로」(서울신문)
2015.9.22. 「대구죽전초, '다문화시채' 이슬람권 맞춤형 급식」(뉴시스)
2015.10.1. 「여기가 정말 한국 맞아?」(한경비즈니스)
2015.10.13. 「'4%의 자격'...이주민영화제 열린다」(문화일보)

2015.10.14.「세계 종교문화출제 개최...국내 4大종단 함께 참여」(문화일보)

2015.10.18.「이슬람 친구 위해 "돼지고기→콩" 대체」(대구신문)

2015.10.20.「경남을 '문화다양성 1번지'로 만들자」(경남일보)

2015.10.23.「촘촘한 차별의 그물...'졸부적 인종주의' 넘어서려면」(교수신문)

2015.11.15.「파리 테러...전문가들 "한국도 결코 안전하지 않다"」(아시아투데이)

2015.11.18.「'무슬림을 혐오하라', 그것은 IS를 돕는 길이다」(오마이뉴스)

2015.11.19.「국내 거주 무슬림 "난 나쁜 사람 아니에요"」(매일신문)

2015.11.19.「"국내 IS 동조지 14명"...韓, 테러 위협 현실화」(YTN)

2015.11.20.「다문화 사회, 피할 수 없다면 즐기자!」(프레시안)

2015.11.20.「"히잡만 둘러도 IS 취급, 너무 힘들다"」(미디어오늘)

2015.11.22.「"IS는 무슬림이 아니다" 편견과의 싸움」(경인일보)

2015.11.26.「"사회적 불평등 · 절망감...IS 젊은이들의 테러 이유부터 살펴야"」(서울신문)

2015.12.4.「한국을 떠나면 나도 소수자」(한겨레21)

2015.12.21.「〈反다문하 경고음〉(3) 혐오를 넘어 화합으로(끝)」(연합뉴스)

2015.12.23.「"예수도 이주민...부품 아닌 인간으로 대해야지요"」(연합뉴스)

2016.1.1.「한국, 일본과 독일 어느 나라를 따를 건가」(프레시안)

2016.1.15. 「'순수 한국인은 역사 속으로 사라질 것' 이자스민 의원 인터뷰에 부글부글」(국민일보)

2016.1.20. 「이주민과 선주민 공존하는 세상 만들기 10년」(가톨릭평화방송 · 평화신문)

2016.2.12. 「'할랄푸드, 이슬람이 온다', '동성애에 관한 불편한 진실'」(크리스천투데이)

2016.2.13. 「"한국 경제, 난민 수용해야 산다"」(프레시안)

2016.3.1. 「다문화 · 사회소수자 이해가 테러 예방 지름길」(보안뉴스)

2016.3.17. 「[이민자 200만시대 명암] 어눌한 말투 · 다른 피부색 때문에...외국인들 "차별받고 있다"」(헤럴드경제)

2016.3.21. 「인종차별 색안경을 벗자」(한겨레)

2016.3.25. 「국군 내에서도 이슬람 확산 불가피...대응 전략 모색해야」(크리스천투데이)

2016.4.10. 「"무슬림 30만 명 거주, 테러 위험 국가 된다?"」(프레시안)

2016.4.23. 「당신은 '세계 시민'입니까?」(프레시안)

2016.5.10. 「"기만적인 한국 법무부" 국제인권기구의 쓴소리」(오마이뉴스)

2016.5.13. 「아차차, 무심코 썼는데 비하표현이었구나」(한겨레)

2016.7.20. 「[이주민 200만명 시대 〈하〉] '사회선교' 관점서 인프라 구축 나서야」(국민일보)

2016.7.23. 「[기교 100주년 맞은 원불교 한은숙 교정원장] "여성이 개벽해야 우리 사회가 건강해져요"」(여성신문)

2016.7.27. 「77명 죽인 광신자, 왜 한국을 롤모델 삼았나」(오마이뉴스)

2016.8.6. 「고령화 · 다문화 · 디지털...세계 선교 이슈 7가지」(크리스천투데이)
2016.8.17. 「그리스도인과 무슬림 공존 가능, 증명하자」(가톨릭평화방송 · 평화신문)
2016.9.4. 「"이슬람의 성장 보며 우리의 타락 회개해야"」(크리스천투데이)
2016.9.6. 「모든 종교의 교집합은 생명평화밥상」(세계일보)
2016.9.20. 「세계종교축제 '원불교 교무밴드-기독교 판소리' 이색 공연」(연합뉴스)
2016.9.23. 「한국처럼 긴잠도 높은 나라, 열성종교인 많아」(문화일보)
2016.9.28. 「다문화, 이주노동 콘트롤타워 이민청 필요해」(YTN)
2016.10.3. 「불교계에 부는 다문화 바람」(충북일보)
2016.10.12. 「불자 이주민 향한 관심 다시 확산되길」(법보신문)
2016.11.4. 「다문화 시대, 종교를 이해하자」(불교공뉴스)
2016.11.9. 「미국 복음주의 교회가 트럼프를 선택한 이유는?」(국민일보)
2016.12.11. 「기독교인들, '다원주의' 거부할 것인가? 활용할 것인가?」(크리스천투데이)
2016.12.13. 「"차별과 증오범죄, 처벌해야 한다"」(불교신문)
2016.12.17. 「"반복된 종교차별 막기 위해 헌법부터 개정해야"」(법보신문)
2017.1.5. 「종교 설자리 더 이상 없나..."위기를 기회로"」(불교신문)
2017.1.10. 「차별금지법 제정 강조해왔지만...10년째 표류」(불교신문)
2017.2.2. 「"청년에게 이슬람학을 권한다"」(프레시안)

2017.2.17. 「대선 주자들, 성소수자 · '차별금지법' 관련 발언 변천사」(경향신문)

2017.2.20. 「안동에 종교인 화합 위한 '종교타운'」(경북매일신문)

2017.2.21. 「대한민국, 샤리아국 또는 무슬림 국가 되지 않으려면」(크리스천투데이)

2017.2.27. 「이주민 200만 시대, 포교 로드맵이 필요하다」(법보신문)

2017.3.6. 「그럼에도 차별금지법 제정해야 하는 이유」(뉴스앤조이)

2017.3.7. 「무슬림 혐오 뚫고 '할랄 음식' 세계화...美 매출만 23조 1300억원」(서울신문)

2017.3.20. 「이주민 불교공동체 보고서 발간」(BTN불교TV)

2017..4.6. 「이슬람교 무서운 기세로 팽창..."21세기말 기독교 제친다"」(국민일보)

2017.4.8. 「"내 믿음 위해 타인의 자유 박탈할 권리 없다"」(뉴스앤조이)

2017.4.15. 「"대선 후보들, 동성애 차별금지법 제정 않겠다고 약속하라"」(국민일보)

2017.4.20. 「주요 대선 후보의 '차별금지법 제정'에 대한 입장」(크리스천투데이)

2017.4.20. 「보수 개신교 '동성애 반대' 장단에 장단 맞추는 정당들」(뉴스앤조이)

2017.4.20. 「"동성애와 이슬람은 무조건 저지해야"」(노컷뉴스)

2017.4.28. 「[부처님오신날] "다른 이의 낯선 모습도 끌어안아야"」(동아일보)

2017.4.29. 「"차기 정부의 균형 있는 종교정책 절대 필요"」(세계일보)

2017.5.7. 「반동성애 · 반이슬람 · 반공으로 임하는 하나님나라」(뉴스앤조이)
2017.5.14. 「[심층기획] 종교적 배타성 · 편견 강해...'할랄사업' 유치도 걸림돌」(세계일보)
2017.5.31. 「[다문화칼럼함께하는세상] 다문화 축제, 지방 특색 맞게 거듭나야」(세계일보)
2017.6.1. 「인권위 "직장 내 특정 종교활동 강요는 고용차별"」(경향신문)
2017.6.15. 「[S리포트-이슬람을 다시 본다] 종교 · 인종 편견 버리고 한국내 '무슬림 공동에'와 교류 늘려야」(서울경제)
2017.6.15. 「[S리포트-이슬람을 다시 본다] "이슬람교도 정직하고 폭력적이지 않아"」(서울경제)
2017.6.23. 「화계사, 다종교사회 종교 대화의 장」(BTN불교TV)
2017.7.13. 「재외동포와 '재한동포'」(경기신문)
2017.8.29. 「헌법의 기본권 주체 '국민→사람'으로 확대 · 망명권 신설되면 "과격 무슬림 대거 유입 부작용 우려"」(국민일보)
2017.8.29. 「"이슬람, 종교 아닌 인종으로 규정해 '이슬람 비판=인종차별' 프레임 세워"」(크리스천투데이)
2017.9.6. 「다문화칼럼함께하는세상] 다문화의 최대 장벽은 평향적 인식」(세계일보)
2017.9.22. 「서울 이주민 포교 중심지로 발돋움」(현대불교신문)
2017.10.1. 「결혼을 했을 뿐인데, 나는 소수자가 됐다」(한겨레)
2017.10.14. 「[내 곁의 이방인] 피부색에 색안경, 톨레랑스 없는 한국」(한국일보)

2017.10.14. 「[내 곁의 이방인] "단일민족 신화는 미신일 뿐...한국에 사는 사람이 한국인"」(한국일보)

2017.10.14. 「[내 곁의 이방인] "외국인과 밥 한번 먹고 대화하면 선입견 없애는 데 큰 도움"」(한국일보)

2017.10.15. 「"이슬람 세력 증가? 외국인들 위해 교회 문 활짝 열어야"」(크리스찬투데이)

2017.10.26. 「"다문화는 시대적 흐름...그들을 안아주는 노력 필요"」(불교신문)

2017.10.31. 「대구지역 거주 이주민 절반이상이 "차별 받은 경험있다"」(BBS NEWS)

2017.11.5. 「다문화와 다종교 상황에 돌입한 한국 사회에 중요한 '예방주사'」(크리스천투데이)

2017.11.16. 「"국내 선교지 '외국인 집중거주지역'에 선교사 파송해야"」(크리스천투데이)

2017.12.12. 「"이주노동자의 부정적 한국 경험 언젠가 부메랑 될 수도"」(한겨레)

2017.12.14. 「스님 · 교무 · 신부 · 목사, "인종차별금지 법제화" 한 목소리」(법보신문)

2017.12.15. 「검찰청에 모인 테러 전문가들..."한국도 테러 대비해야"」(연합뉴스)

2017.12.23. 「[모이] 해피 할리데이(Happy Holidays)!」(오마이뉴스)

2017.12.25. 「트럼프가 '해피 홀리데이' 대신 '메리 크리스마스' 외치는 까닭」(한겨레)

2017.12.25. 「"모든 사람을 도덕으로 평가하는 나라, 그곳은 한국"」(한국일보)

2018.1.3. 「'나' 집착 놓고 '우리'로 함께 사는 세상 구현하는 첫 걸음」(법보신문)

2018.2.11. 「['대한민국 문화다양성'(상) 다문화 No, 문화다양성 Yes] 다문화 '구분짓기' 되레 편견의 시작」(경인일보)

2018.2.27. 「"성소수자 차별은 헌법 정신에 위배, 헌법은 인권 수호 계약서"」(오마이뉴스)

2018.4.24. 「'하늘의 별따기' 난민 인정률, 높여야」(가톨릭평화방송 · 평화신문)

2018.4.25. 「한일 그리스도교, 이주민사목 함께 고민」(가톨릭뉴스 지금여기)

2018.5.11. 「"한국도 곧 이민국가...이주민 감싸 안아야"」(동아일보)

2018.5.18. 「"국내 난민 급증, 유협의 다문화정책 실패 교훈 삼아야"」(크리스천투데이)

2018.5.20. 「"사람이 축복" 제22회 제주다민족문화제 개최」(삼다일보)

2018.6.14. 「네팔 출신 조선대 학생 경찰공채 합격..."한국에서 경찰 꿈 이뤄"」(연합뉴스)

2018.6.20. 「"제주 예멘 난민 상대로 한 혐오 · 공포 조장, 반성경적"」(뉴스앤조이)

2018.6.21. 「인권과 안보...난민을 바라보는 서로 다른 시각」(매일경제)

2018.6.23. 「무슬림 남편과 25년 산 페미니스트, '난민 혐오'를 말하다」(오마이뉴스)

2018.6.24. 「"한국말밖에 할 줄 모르는 아이들./..돌아가면 죽음 뿐"」(한겨레)

2018.6.24. 「"국가인권정책 기본계획, 즉각 또는 대폭 수정해야"」(크리스천투데이)

2018.6.26. 「난민 논한, 결혼 · 노동 이주민 혐오로 확산되면 안 돼」(서울신문)

2018.6.29. 「타민족 타종교 인정하는 인간애 발휘할 때다」(경상매일신문)

2018.6.30. 「한국인, 포용성 지수는 25개국 중 18위인데...무슬림 포용은 24위」(중앙SUNDAY)

2018.7.3. 「조계종, 잇따른 훼불 행위 강력 규탄」(세계일보)

2018.7.5. 「[홍세화 칼럼] 이 혐오감정은 어디서 비롯됐을까?」(한겨레)

2018.7.6. 「"서구 기독교 몰락이 이슬람 탓? 새빨간 거짓"」(뉴스앤조이)

2018.7.6. 「에멘 난민 사태...'이슬람'과 '인도주의' 사이에서」(크리스천투데이)

2018.7.8. 「독일 난민수용에 비추어 본 우리의 자화상」(오마이뉴스)

2018.7.9. 「중동 A선교사 "무슬림 들어오면 이슬람 게토 형성"」(크리스천투데이)

2018.7.10. 「KCCK "죽음의 바다 건너온 난민들 거부해선 안돼"」(천지일보)

2018.7.10. 「[금강칼럼] "우리는 모두 외국인이다" 그리고 "우리도 난민이었다"」(금강일보)

2018.7.12. 「[박완규칼럼[난민, 모르니 두려운 것이다」(세계일보)

2018.7.17. 「‘저희는 범죄자가 아니에요’...스리랑카 마하위하라 사원 아산 이전 제동」(BBS NEWS)
2018.7.20. 「[사람들] “차별없는 사회 물려주고 싶다” ‘다문화1세대’ 나랑토야 씨」(연합뉴스)
2018.7.20. 「“한국, 개항기에 서구 인종주의 수용해 지금도 인종차별”」(연합뉴스)
2018.7.23. 「제주 불교계, 예멘 난민 돕기 나섰다」(BBS NEWS)
2018.7.31. 「‘예멘 난민’을 품어라」(삼다일보)
2018.8.7. 「신구약 성경은 ‘다문화’ 지지지한 기독교 교육 콘텐츠」(크리스천투데이)
2018.8.21. 「“이주민 · 외국인 소재 방송 늘었지만...‘타자와’ 여전”」(PD저널)
2018.8.22. 「다가오는 다문화 사회 속 ‘기독교 사상’의 역할」(크리스천투데이)
2018.8.22. 「“기독교 복지법인 직원들의 종교색 지우려는 건 종교탄압”」(크리스천투데이)
2018.9.10. 「[혐오를 혐오한다](4) 갈등에서 범죄로...누적된 감정, 언젠간 터진다」(뉴시스)
2018.9.10. 「타인의 낯선 얼굴을 환대해야 한다는 실존적 책임윤리」(교수신문)
2018.9.16. 「다문화 20대 청년들은 다 어디로 갔을까」(경향신문)
2018.9.16. 「예멘인 23명 국내 체류 허가 결정, 차분한 제주도 · 복잡한 수도권」(경기일보)

2018.10.9.「진주서 '경남학생인권조례' 찬반 집회 동시에 열려」(경남도민일보)
2018.10.30.「이슬람 문화 강좌가 '종교 편향'이라며 또 전화 폭탄」(뉴스앤조이)
2018.11.5.「"난민사역, 선교의 좋은 기회 될 수 있어"」(국민일보)
2018.12.3.「다문화 극단 10년, '샐러드'의 도전」(YTN)
2018.12.11.「이미자 배타와 혐오는 우리를 안전하게 만들까?」(가톨릭뉴스 지금여기)
2018.12.15.「조선을 찾은 무슬림, 그들 없었으면 어쩔 뻔」(오마이뉴스)
2018.12.16.「[다문화와혐오](1) 난민 늘어 제주서 여성변사사건 늘었다고?」(연합뉴스)
2018.12.16.「[다문화와혐오](3) "우리도 외국에 많이 나가산다. 입장 바꿔 생각"」(연합뉴스)
2018.12.23.「[2018년이 남긴 과제] 외국인 혐오 "내재된 인종차별 직시 · 극복해야"」(메트로신문)
2018.12.26.「차별금지법 제정, 종교의 자유를 위해서도 필요」(오마이뉴스)
2018.12.28.「국민 10명중 6명 "혐오에서 안전하지 못해"..."근데 난 혐오표현 안 써요"」(세계일보)
2018.12.29.「혐오 먹고 크는 '갈등 공화국'...죄의식도 사라져간다[특집기획]」(세계일보)
2019..1.3.「[문화관광24시] "한국은 동 · 서양종교가 같은 세력 유지하는 세계 유일의 나라"」(아주경제)

2019.1.28. 「'그들'이라 불렀던 이주민, 이젠 '우리'다[다시 쓰는 인구론]」(경향신문)

2019.31. 「"혐오가 돈이 되고 표가 되지 않게, 시민 목소리 커져야"」(한국일보)

2019.2.9. 「안산 붓다가야사 주지 동국 스님 "다문화 이주민들 한국 오면 개종 많이 해...불교도 적극 나서야할 때"」(BBS NEWS)

2019.2.16. 「물고 뜯는 '진격의 혐오'...돈벌이 · 표 구걸에 악용」(중앙SUNDAY)

2019.3.19. 「"이주노동자 · 다문화가정 포교에 관심을"」(현대불교신문)

2019.3.26. 「[우리 시대의 마이너리티] 한국인 무슬림 "테러 일삼는 나쁜 종교? 그저 평범한 종교"」(한국일보)

2019.4.17. 「겉으로는 '종교 배제', 속으로는 '기독교재단'」(인천투데이)

2019.4.22. 「"세금 빼앗아가는 난민" 혐오집회에 "모욕죄 고소할 것"」(오마이뉴스)

2019.4.24. 「4차 산업시대 불교교육 "종교 초월한 인성교육에 힘써야"」(불교신문)

2019.5.7. 「변화하는 세상 속 교회는 어떻게 선교해야 하나」(뉴스앤조이)

2019.5.10. 「서구 비산동에 이슬람 사원 들어선다...종교 다원화시대 '신호탄'」(매일신문)

2019.5.20. 「무슬림 학생 1만명 시대...기도공간 만드는 대학들」(서울신문)

2019.5.23. 「[2050년의 경고] '30년 뒤 한국은 분노 등에 업은 거리정치의 일상화'」(중앙일보)

2019.5.31. 「다문화 · 다종교사회에서 종교간 대화가 필요한 이유」(가톨

럭프레스)
2019.6.10.「'이방인' 정체성 그대로 죽을 수 있게」(한겨레21)
2019.6.14.「"외국인노동자 혐오, 가짜뉴스만 바로잡아도 줄어들 것"」(한국일보)
2019.6.19.「'난민 기자'가 예멘 난민을 취재하다」(시사IN)
2019.6.24.「[기획] 이웃종교(4) 종교간 대화와 선교 방법은?」(가톨릭평화방송 · 평화신문)
2019.6.25.「차별어로 변질한 '다문화'」(경인일보)
2019.6.27.「외국인 인권보호법 제정 역지사지로 생각해야」(경인일보)
2019.7.7.「기독교 대학에 생긴 이슬람 기도실...할랄 메뉴도 등장」(채널A)
2019.7.16.「"무슬림들만 이 땅에서 '기도처'를 요구한다"」(크리스천투데이)
2019.8.1.「"소녀상에 침뱉은 범인은 혼혈"이란 거짓말들, 어떻게 할까?」(프레시안)
2019.8.12.「광주 이슬람 출신 일부 초등생, 할랄식품 없어 점심 걸러」(뉴시스)
2019.8.27.「혐오표현이 일상화...성인 · 청소년 3명 중 2명이 '경험'」(경향신문)
2019.8.29.「돈 벌러 온 외국인 아닌 제2의 조국 구성원으로 살고 싶죠」(경남매일신문)
2019.9.11.「대구서 이슬람 성인 후세인 일가 추모행사」(영남일보)
2019.9.26.「"한국, 사실은 안 괜찮았어요"...인권위, 7대 종단과 혐오 대응 모색」(경향신문)

2019.9.30.「부울경지역 '탈북이주민 인권 보장'위한 시민단체 출범」(프레시안)

2019.10.1.「"인권 · 평등 가치 견인해야 할 종교계, 오히려 거꾸로 당기고 있어...포괄적 차별금지법 제정 힘써 달라"」(뉴스앤조이)

2019.10.14.「한국의 무기가 예멘인들을 죽음으로 몰아넣고 있다」(오마이뉴스)

2019.10.21.「"기독교 교리만 분명히 알아도, 성도의 이슬람 개종 없을 것"」(크리스천투데이)

2019.10.28.「난민, 이주민 문제, 교회는 무엇을 해야 하나」(가톨릭뉴스 지금여기)

2019.11.1.「제천시민이 직접 '상호문화도시' 만들자」(단비뉴스)

2019.11.13.「[한국 천주교와 이웃 종교](21) 그리스도인은 무슬림을 어떻게 대해야 하나요」(가톨릭평화방송 · 평화신문)

2019.11.15.「미국 기독교 역사는 한국교회가 성찰해야할 거울이다」(국민일보)

2019.11.22.「2천년 전통 가톨릭국 伊도 변화...종교의식 배제된 결혼 절반 넘어」(연합뉴스)

2019.11.26.「'이주민 혐오', 정당화할 어떠한 이유도 없다」(오마이뉴스)

2019.11.27.「'선량한 차별주의자'가 지배하는 세상」(시사IN)

2019.11.27.「[한국 천주교와 이웃 종교(23) 모든 종교 진리의 가르침은 같은가요」(가톨릭평화방송 · 평화신문)

2019.11.28.「채식 선택권, 취향인가 신념인가」(전북일보)

2019.12.1.「"우리는 불교로 하나"...'한국다문화불교연합회' 창립」(BBS

NEWS)
2019.12.2. 「상식적인 사회를 향한 첫걸음 "차별금지법은 모두를 위한 법"」(서울신문)
2019.12.4. 「차별금지법 제정, 고양이 목에 방울 달기?」(가톨릭평화방송 · 평화신문)
2019.12.12. 「"종교 · 해외여행 경험 60대 이상 노인, 다문화 거부감 낮다"」(연합뉴스)
2019.12.18. 「[2019 사회사목 결산] 노동자와 이주민 위해 연대하고 지구 살리기는 계속」(가톨릭평화방송 · 평화신문)
2019.12.19. 「이주민 출연 예능 속 '사소하지 않은 차별'」(미디어오늘)
2019.12.19. 「'문화 다양성 조례'도 동성애 · 이슬람 조장?..."이미 다양한 사회, 인정하고 함께 살자는 것"」(뉴스앤조이)
2019.12.20. 「난민은 통제 아닌 보호 대상」(경남도민일보)
2019.12.27. 「사실 기반하지 않은 난민에 대한 편견 넘쳐나는 유튜브」(미디어오늘)
2020.1.2. 「[새해 특집-다문화가 우리다] 몽골 간단사 서울 포교당」(법보신문)
2020.1.2. 「[새해 특집-다문화가 우리다] 재한중머인연대」(법보신문)
2020.1.2. 「[새해 특집-다문화가 우리다] 한국 속 이주민불교, 흐름과 전망」(법보신문)
2020.1.2. 「[새해 특집-다문화가 우리다] 군포 캄보디아 불교센터」(법보신문)
2020.1.2. 「[새해 특집-다문화가 우리다] 아산 스리랑카 마하위하라 사

원」(법보신문)
2020.1.2.「[새해 특집-다문화가 우리다] 서울네팔법당 텍첸사」(법보신문)
2020.1.2.「[새해 특집-다문화가 우리다] 다불연 창립 의미와 역할」(법보신문)
2020.1.14.「[어떻게 생각하십니다] 학교 '채식의 날'…"영양 균형" sv "잔반만 증가"」(전북일보)
2020.1.23.「돌아오는 선교사 증가…국내 이주민 대산 새 전략 세워야」(국민일보)
2020.1.27.「우리는 왜 '톨레랑스'를 가르쳐야 하는가?」(기호일보)
2020.1.28.「나만의 상처를 모두의 과제로 풀어갈 '차별금지법'[가장 보통의 차별]」(경향신문)
2020.1.30.「코로나 바이러스, 희생양 그리고 한국사회」(오마이뉴스)
2020.2.3.「다문화교육 동화주의 벗어나야」(인천일보)
2020.2.13.「안산시, 국내 최초 아시아 두 번재 상호문화도시 지정 확정」(경기일보)
2020.2.13.「"문화적 차이 배려 · 존중하는 軍 다양한 시도 고무적"」(국방일보)
2020.2.27.「기하성, '순복음 이주민다문화선교위원회' 창립한다」(국민일보)
2020.2.29.「"걸리면 죽는다" 대구 외국인들 코로나 가짜뉴스에 속앓이」(한국일보)
2020.3.28.「예배 강행은 신의 뜻? 신은 그렇게 옹졸하지 않을 겁니다[한동일의 라틴어 수업 2020(4)」(경향신문)

2020.4.13.「[부여다문화] 종교의 풍경마저 바꿔놓은 코로나」9중도일보)

2020.4.27.「"사회적 거리두기는 同體大悲의 실천입니다"」(동아일보)

2020.4.28.「"미래 교회, 만남과 소통, 접촉 방식 전환이 과제"」(가톨릭뉴스 지금여기)

2020.4.29.「[다문화칼럼함께하는세상] '외국인 주민' 차별한 재난지원금」(세계일보)

2020.5.17.「[개신교와 차별금지법(3)] "내가, 내 가족이 차별당할 수도 있다. 하지만 차별금지법이 있다면..."」(뉴스앤조이)

2020.5.19.「오만과 무지 속에 춤추는 '혐오 표현'」(한겨레)

2020.6.5.「"용산구 '할랄음식 문화거리' 지정 시도에 경악"」(크리스천투데이)

2020.6.17.「"혐오 조장하는 개신교, 참담하다" 어느 목사의 일갈」(오마이뉴스)

2020.6.7.「4대 종단 이주 · 인권협의회, 인종차별금지 법제화 촉구」(법보신문)

2020.6.19.「"가짜 난민 양산하는 난민법 즉각 폐지하라"」(크리스천투데이)

2020.6.30.「"차별금지법, 반사회적 집단엔 '특혜' 다수 국민엔 '처벌'"」(크리스천투데이)

2020.7.2.「한국교회 '차별금지법' 제정 막아내 성경적 가치 수호해야」(국민일보)

2020.7.9.「차별 만연한 일상 촘촘한 금지조례 필요」(경남도민일보)

2020.7.20.「"코로나 사태 극복 각 종교의 지혜 공유"」(동아일보)

2020.7.20.「'코로나 이후 종교문화생활 어떻게 변화될까'」(한겨레)

2020.7.25. 「"차별금지법이 기본권 침해? 허깨비 만들어 두들겨"」(뉴스앤조이)

2020.8.2. 「'코로나19' 명절 처음 맞는 국내 이슬람교도는 어떻게 지냈을까」(연합뉴스)

2020.8.5. 「내년부터 '채식 급식 선택제' 시범 도입」(인천일보)

2020.8.11. 「"차별당하는 이들 곁에 있지 않았던 교회들, 입은 닫고 피해자 · 소수자 보는 눈과 들을 귀 크게 열길"」(뉴스앤조이)

2020.9.4. 「이주민에게도 포괄적 차별금지법이 필요해」(뉴스앤조이)

2020.9.8. 「"차별금지법 제정은 인종차별 인식하는 출발점 될 것"」(뉴스앤조이)

2020.9.14. 「개신교, 포괄적 차별금지법 대안을 고민해 보자」(한국일보)

2020.9.15. 「부산 거주 외국인이 펼치는 '비정상회담'」(경남매일신문)

2020.9.20. 「[차별금지법] 차별이 감염병을 더 위험하게 한다」(한겨레21)

2020.10.21. 「[한국의 이슬람교](2) "무슬림은 테러리스트" vs "평화 추구하는 종교"」(연합뉴스)

2020.12.1. 「"종교 관련 차별금지법, 기독교 대 끊겠다는 의도"」(크리스천투데이)

2020.12.2. 「"포괄적 차별금지법, 종교적 목적 지닌 난민 유입 촉발할 수도"」(국민일보)

2020.12.11. 「정부간행물 '다문화 차별' 점검하는 '모니터링단' 꾸려진다」(한겨레)

2021.2.2. 「[해로운 신앙(5)] "종교 중독은 이단에서만 나타나는 현상

아냐...의심의 여지없는 신앙은 위험"」(뉴스앤조이)

2021.2.18.「대구참여연대 "북구청, 이슬람사원 공사 중단 철회해야"」(뉴시스)

2021.2.23.「대구에 이슬람사원 신축 반대 '시끌'...청와대 청원까지」(뉴시스)

2021.2.23.「"무섭다" 주민들 편견에 막힌 '이슬람 사원'」(경향신문)

2021.3.3.「[이슈 컷] 교회 · 절이라도 이랬을까...이슬람사원을 향한 불편한 시선들」(연합뉴스)

2021.3.14.「첬태종 삼룡사 주지 무원스님 취임..."다문화 힐링 행복도량으로"」(BBS NEWS)

2021.3.21.「아시아계 혐오범죄 분노하며 한국 내 인종차별에는 눈감고 있다」(프레시안)

2021.2.23.「대구 이슬람 사원 건립 반대 주민들과 이슬람 교인들 24일 첫 공식 대화자리...북구청 주선」(영남일보)

2021.3.24.「대구 북구 이슬람사원 건립 반대 주민들 집회 "허가 내준 북구청 규탄"」(영남일보)

2021.3.25.「"무슬림 학생 받을 때 뭐했나" 경북대로 번진 이슬람사원 반대」(매일신문)

2021.4.13.「공생을 너머, 상생으로...상호문화도시 전환 준비하는 안산시」(한겨레)

2021.4.13.「"라마단 기간, 무슬림을 위해 기도합시다"」(노컷뉴스)

2021.4.14.「[뉴스하이킥] "인종차별, 한국도 예외 아냐, 혐오 범죄 이제는 국내 체류 이주민들 인권 챙길 때"」(MBC)

2021.4.17.「지자체가 손 놓은 이슬람 사원, 고스란히 쌓이는 대현동의 갈등」(오마이뉴스)

2021.4.29.「이슬람사원 건립 논란 계속...대구 시민단체 "공사 재개해야"」(뉴스1)

2021.4.29.「대구시 인권 · 시민사회단체, 이슬람사원 공사 중지 규탄」(프레시안)

2021.4.29.「"건축 자금 불법 모금" vs "다문화 무시"...이슬람 사원 갈등 재점화」(매일신문)

2021.4.29.「"종교적 자유 존중" vs "이슬람은 테러리스트"」(일요신문)

2021.4.29.「대구 '이슬람 사원' 공사 중단..."종교 · 문화 차별없는 해결을"」(평화뉴스)

2021.4.30.「숙지지 않은 대구 이슬람사원 갈등...해법 없나」(한국일보)

2021.4.30.「대구 북구 이슬람 사원 공사 찬반 갈등 심화...공사 중단 · 고발까지」(노컷뉴스)

2021.5.17.「대구시, 집단감염 발생 이슬람 예배소 폐쇄 등 대책마련 부심」(뉴시스)

2021.5.17.「대구시, 달성군 이슬람예배소發 코로나 확산 차단 '총력'」(대경일보)

2021.5.19.「[다문화칼럼함께하는세상] 코로나와 차별은 치명적 질병이다」(세계일보)

2021.5.28.「"차별 반대하면서도 차별금지법은 두려워하는 아이러니"」(오마이뉴스)

2021.6.10.「이슬람사원 문제 해결 사회적 협의체 구성 제안」(대구신문)

2021.6.14.「대구 이슬람 사원 건립 갈등, 북구의회로 번져...구정질문 제한 논란」(노컷뉴스)

2021.7.13.「"차별금지법의 또 다른 이름 '문화다양성법'에 속지 말아야"」(크리스천투데이)

2021.8.14.「한국의 무슬림, 공략해야 할 '시장'이거나 퇴출해야 할 '혐오 요소'거나」(프레시안)

2021.8.19.「불교계 차별 폐지 노력 기독교계 벽에 또 막혀」(법보신문)

2021.8.22.「'코로나 블루' 치유 위한 종교 프로그램 공모」(부산MBC)

2021.9.14.「대구 이슬람 사원 8개월째 갈등만...무슬림 "신앙" vs 주민"역차별"」(한국일보)

2021.11.25.「'다문화사회와 원불교의 역할' 세미나」(조선일보)

2021.11.29.「문체부가 앞장서 특정종교 캐럴 활성화 캠페인 추진 '논란'」(불교신문)

2021.12.1.「대구 이슬람사원, 공사중지 처분 취소 편결에도 '평행선'...전문가 "해법은 대화뿐"」(영남일보)

2022.2.4.「"공동체 위로할 종교 정신문화 활동 공모"」(부산일보)

2022.2.8.「아프간 특별기여자 울산 동구 정착...지역민 반대 여론」(경상일보)

2022.2.8.「[난민법 10년](2) 한국인으로 커가는 난민 아이들..."자립할 여건 마련해줘야"」(연합뉴스)

2022.3.2.「"보수 도시에서 모스크 분쟁"...NYT, 대구 이슬람사원 갈등 보도」(뉴스1)

2022.3.2.「대구 이슬람사원 공사 중단 1년째...주민들 "필사적으로 막을

것”」(뉴스1)

2022.3.19.「“우리 동네에 이슬람 시설 절대 안 돼”..잇따르는 갈등 해법은」(연합뉴스)

2022.3.22.「‘동성애 · 이슬람 옹호?’ 인천시 문화다양성 조례 상정‘보류’」(중부일보)

2022.3.30.「코로나19 팬데믹으로 이주민과 교류 단절...다문화 수용성에 영향 미쳤다」(경향신문)

2022.4.7.「“천태종, 소외 계층 · 다문화 가정에 ‘찾아가는 불교’ 거듭날 것”」(서울신문)

2022.4.8.「“차별금지법은 두려운 법 아냐, 소소한 변화 일으킬 것”」(오마이뉴스)

2022.4.15.「이슬람, 공존이 아니라 동화 정책 필요해」(크리스천투데이)

2022.5.9.「[사설] ‘다문화 갑질’ 의혹 인사를 종교다문화비서관에 기용하다니」(경향신문)

2022.5.12.「‘다문화 존중’ 없는 다문화비서관...‘반지성주의 비판’ 尹의 자기모순?」(세계일보)

2022.6.3.「불법체류자 누나의 죽음...거장이 말하고 싶었던 ‘처참한 비극’」(오마이뉴스)

2022.6.9.「“민족종교협의회 불문율은 ‘교리 얘기 안 하기’입니다”」(조선일보)

2022.6.9.「김령하 신임 민족종교협의회장 “우린 사이비가 아닙니다”」(연합뉴스)

2022.6.9.「“일제가 민족정신 말살하려 민족종교를 ‘사이비’로 몰아”」

(서울경제)
2022.6.9. 「김대중 대통령과 차별금지법」(오마이뉴스)
2022.6.10. 「[시론] 대통령실 종교 · 다문화 비서관이 해야 할 일」(중앙일보)
2022.7.12. 「아베 저격범과 통일교 연관성, 일본 내 혐한 빌미 될 수 없다」(서울신문)
2022.7.14. 「"천년고찰에서 즐기는 추억의 영화와 음악"...제2회 화엄사 모기장 영화 음악회」(BBS NEWS)
2022.7.17. 「[논산 다문화] "다른 나라 문화 소개해요"」(중도일보)
2022.7.17. 「"멀쩡한 애들이 동성애자래?"...1인 시위, 날것의 혐오와 맞닥뜨렸다」(서울신문)
2022.7.20. 「다문화불교연합회장 담마끼띠 스님 "한국사회 내 다문화 갈등 예방 중요...이주민 간 이해와 교류 협력 강화할 것"」(BBS NEWS)
2022.7.25. 「"정의감 때문에", "동료 지키려고" 평범한 혐오는 그렇게 시작된다」(서울신문)
20022.7.26. 「"내 편 아니면 모두 틀렸더"...기울어진 공감 · 자기확신, 혐오가 된다[정중하고, 세련된 혐오사회]」(서울신문)
2022.8.4. 「"제가 태어난 나라는요" 12개국 일일 선생님이 알려주는 다문화」(충청투데이)
2022.8.5. 「"고기가 최고"란 아이들도 "채식급식 맛있어요"」(한겨레21)
2022.8.11. 「여성엔 화풀이, 다문화엔 욕설...공포 · 편견에 쫓겨 신고도 못한다[정중하고, 세련된 혐오사회]」(서울신문)

2022.8.11.「1년하고도 5개월 지났는데...'갈등'만 남은 대구 이슬람 사원」(경향신문)
2022.8.11.「공사중단 1년 반...혐오표현 없지만 혐오는 여전했다」(경향신문)
2022.8.22.「[현장 카메라] 이슬람 사원 신축 갈등...판결도 못 막는 불안」(채널A)
2024.8.24.「[광주 고려인마을 우크라이나 난민보고서](6) 선주민-이주민 상생」(남도일보)
2022.8.25.「이민자 기획 4) 이민자는 외국인 학교로?..."다문화 교실 긍정적"」(울산MBC)
2022.8.29.「대구 이슬람 사원 공사 재개 시도..."공원 조성 공약은?"」(크리스천투데이)
2022.9.1.「다문화 체험으로 배운다, 다함께 '다담캠프'」(KTV국민방송)
2022.9.8.「인구위기...지방 소멸, 종교 생존 위태」(원불교신문)
2022.9.8.「대통령실 종교다문화→사회공감비서관으로...여전히 공석」(가톨릭평화방송 · 평화신문)
2022.9.12.「"풍족함 넘치는 네팔의 추석 '다사인 축제' 기다려요"」(제주매일)
2022.9.15.「[교육 돌아보기] 생존의 길, 문화 다양성」(경향신문)
2022.9.16.「[일상에서 찾는 철학의 역설] '관용' 권하는 사회, 무조건 참는 게 능사일까」(매일경제)
2022.9.19.「대구 이슬람사원 갈등, 평화적 해결 모색」(대구신문)
2022.9.28.「다문화사회, 딴 나라 이야기가 아니에요」(서울경제)

2022.10.19.「[누리지 못하는 권리-이주민 참정권의 현주소(4) "'그들'이 아닌 '우리'로 대할 때 사회갈등 완화되고 국가경쟁력 높아질 것"」(중부일보)

2022.10.23.「15개국 24만명 모여 "국경 넘어, 문화 다양성 지구촌 실감"」(오마이뉴스)

2022.10.25.「로마제국 흔든 기독교의 힘은 개방성...이방인 끌어안아라」(국민일보)

2022.10.30.「[이태원 참사] 美 일부학교, '핼러윈 간소화' 추세...찬반 논쟁 진행중」

2022.11.8.「이태원, 그 고통의 신정론과 애도의 정치」(한겨레)

2022.11.17.「이태원이 '제2의 고향'인 외국인들에게 '이태원 참가'가 남긴 트라우마」(BBC)

2022.11.28.「대구 이슬람사원 앞 돼지머리...유학생들 '인권치매' 국가인권위 진정」(평화뉴스)

2022.11.29.「전국 55개 모스크 중 18채 독립형 건문...울산은 다문화 교육 통해 지역민과 소통」(영남일보)

2022.11..30.「이주민 3명 중 2명 무종교..."신앙 갖는다면 개신교" 1위」(국민일보)

2022.11.30.「"이주민에 의한 이주민 선교가 더욱 효과적이다"」(한국기독공보)

2022.11.30.「이주민들 "종교시설이 주는 편의 미비", 사교 모임 넘어 적극적 지원 필요해」(CTS)

2022.12.1.「동두천 · 파주의 아프리카타운을 아시나요」(뉴스핌)

2022.12.3.「"이주민 선교, 삶의 자리 전반 돌보는 통전적 선교 필요"」(노컷뉴스)

2022.12.5.「다문화와 비다문화 학생 다 같이 익히고 함께 선보였다! 대구 다다익선 프로젝트 '눈길'」(매일신문)

2022.12.12.「'종교 호감조' 저조 무겁게 받아들여야」(법보신문)

2022.12.14.「"250만 이주민 시대, 구체적 이슬람 선교 전략 있어야"」(크리스천투데이)

2022.12.15.「넘쳐나는 이태원 참사 2차 가해, 대응엔 한계」(내일신문)

2022.12.16.「시대 흐름 역행한 한국도로공사의 '메리 크리스마스' 마케팅」(법보신문)

2022.12.18.「대구이슬람사원 앞 '통돼지 바비큐' 어떻게 생각하십니까」(아시아경제)

2022.12.24.「[논썰] 짜고 치는 이태원 망언, 대반전 노리는 혐오 정치」(한겨레)

2022.12.26.「[쇼맥] '이슬람포비아' 확산...대화와 상생 절실」(KBS)

2022.12.28.「EU도 '크리스마스' 용어 자제하는데 한국 지자체들은」(법보신문)

2022.12.30.「기독교 축소, 이슬람은 늘려...세계사 교과서도 위험」(국민일보)

2023.1.2.「대구 이슬람사원보다 '돼지머리 시위'가 더 위험하다」(한겨레)

2023.1.10.「"2025년 다문화 장병 1만 5000명...식습관 등 다양성 인정해야 전투력 발휘"」(서울신문)

2023.1.16.「[대구 이슬람 사원 갈등 2년] 종교 · 다문화전문가가 본 해

결방안은?」(매일신문)

2023.1.16. 「[까마기자의 톡 까놓고] '이슬람 사원' 건축 갈등...재산권인가? 종교의 자유인가?」(영남일보)

2023.1.26. 「국립민속박물관, 다문화 이주민 생활문화 보고서 발간」(뉴시스)

2023.2.1. 「천태종 무원 스님 "명락사에 다문화센터 건립"」(동아일보)

2023.2.2. 「이태원 모스크, 부산 속 러시아..우리 안의 다문화 보기」(헤럴드경제)

2023.2.2. 「정치인 이태원 참사 2차가해 발언, 언론은 어떻게 전했나[이태원참사_기록]」(오마이뉴스)

2023.2.14. 「[미션 톡!] 대구 이슬람사원 건축 반대 시위 이렇게까지...」(국민일보)

2023.2.23. 「민교협 "대현동 이슬람 사원 문제, 경북대가 나서야"」(대구MBC)

2023.2.23. 「이슬람사원 앞 돼지국밥 잔치? 경북대 주변에서 본 기이한 풍경[아이들은 나의 스승]」(오마이뉴스)

2023.2.25. 「"한국 다문화 사회라더니, 이슬람 포용만 강요?"(크리스천투데이)

2023.3.4. 「불교 포교해야 '성소수자 차별' 사라진다」(BTN불교TV)

2023.3.8. 「울산으로 간 아프간 특별기여자의 1년, 그곳에 미래가 있었다」(시사IN)

2023.3.19. 「"차별금지법 제정하라"...서울역에 모인 이주 노동자들」(이데일리)

2023.3.21. 「대구 대현동 이슬람 사원 건립과 대한민국 다문화주의 '인권'」(크리스천투데이)

2023.3.23. 「"대구 북구 대현동 주택가 이슬람 사원 건축 철회하라"」(크리스천투데이)

2023.3.26. 「경북대 인문대교수 "무슬림 대상, 인권 · 종교 침해하는 반지성적 혐오 차별 멈춰라"」(일요신문)

2023.3.27. 「대현동 이슬람 사원 건축, '문화적 다양성'으로 주민 의사 짓밟아」(크리스천투데이)

2023.4.16. 「"증오 해법은 가진 자가 과도한 혜택 내려놓는 것이죠"」(한겨레)

2023.4.19. 「대구시립합창단 '성가대' 행적 묻히고 편향방지 조례만 맹공」(법보신문)

2023.4.27. 「대구시, 시립합창단 '성가대' 활동 막을 자문위 해산 결정」(법보신문)

2023.5.9. 「'교내에 기도실 운영'...대구 이슬람사원 3년 갈등 해법될까」(뉴스1)

2023.5.18. 「[다문화칼럼함께하는세상] 뿌리깊은 차별 · 편견 치유할 '통합백신' 필요」(세계일보)

2023.5.28. 「[김지학의 미리미리] 한국의 트럼프와 추종자들은 다양성이 위험하다고 말한다」(미디어오늘)

2023.6.21. 「[김월회의 행로난] 다민족 시대에 대학이 내놓을 답」(경향신문)

2023.8.10. 「외신도 주목했던 돼지머리 사태...본질을 왜곡했다[대담한

대화]」(오마이뉴스)
2023.8.21. 「종교학의 쓸모」(한겨레)
2023.9.1. 「"대구, 이슬람 선교 기지 되나...5% 넘는 것 경계해야"」(크리스천투데이)
2023.10.17. 「종교갈등 양상 짙어지는 대현동 이슬람 사원 반대 운동」(뉴스민)
2023.10.18. 「"대구 대현동 이슬람 사원 반대가 혐오? 본질 오해"」(크리스천투데이)
2023.10.18. 「"무분별한 이슬람 친화 정책, 핵폭탄 떠안는 것"」(크리스천투데이)
2023.10.22. 「사흘간 다문화에 물든 창원...'맘프' 22일 폐막」(경남도민일보)
2023.10.24. 「일부 종교단체 반발에 '전남도민 인권헌장' 선포 무산」(경향신문)
2023.10.27. 「한국, 내년부터 '다인종 국가'」(한국경제)
2023.10.28. 「'정 많은' 한국, 난민 인정은 꼴찌..."낯선 존재에 경계심...이해 · 소통 필요"」(한겨레)
2023.11.6. 「"50년전 美 이민자 차별의 잔상, 韓 사회와 오버랩"」(서울경제)
2023.11.20. 「이민자는 노동력이 아니라 사람이다[박대승의 소수관점](33)」(주간경향)
2023.11.20. 「한국종교인연대, '다문화시대 종교의 역할' 평화포럼...종교의 비전과 정신을 연계한 종교의 역할 제시」(문화뉴스)

2023.11.28. 「"다국적 수용자에게 종교 자유 배려해야"...인권위 진정」(KBS)

2023.12.12. 「'사회적 합의' 부족하다는 차별금지법, 정작 '합의' 안 되는 이유는?[인권학의 프론티어]」(프레시안)

2023.12.13. 「"한국교회 타락이 이슬람 부른 것 아닌가 돌아봐야"」(크리스천투데이)

2023.12.20. 「3년째 멈춘 대구 이슬람 사원 건축 현자, 배후엔 극우 개신교가 있다」(뉴스앤조이)

2023.12.21. 「"이민청? 신중 기해야...나라 망할 정책 써서는 안 돼"」(크리스천투데이)

2023.12.23. 「"한국 망했다" 소리 안 들으려면...매년 외국인 30만명씩 받아야 산다[나기자의 데이터로 세상읽기]」(매일경제)

2024.1.1. 「"대구시는 할랄식품 밸리 조성을 즉시 철회하라!"」(양산신문)

2024.1.9. 「"부처 · 예수 · 공자 만나면 '내 종교만 구원' 다툴까요?"」(문화일보)

2024.1.27. 「수년내 다문화 장병이 5% 되는데 軍 인식은 낙제점」(노컷뉴스)

2024.2.11. 「국방연구원 "6년 뒤 입영 장병 5% 다문화가정 출신"」(YTN)

2024.2.26. 「이슬람 국가서 돼지 요리가 '국가 전통 음식'? 논란 커지는 말레이시아」(한국일보)

2024.3.26. 「"이주민에 대한 환대는 사랑 그 자체"」(가톨릭뉴스 지금여기)

2024.3.26. 「종교문해력, 맹목적 믿음서 벗어나는 토대」(법보신문)

2024.4.19. 「"다문화운도, 저출산 · 청년실업 해결 기여"」(세계일보)

2024.4.22. 「안산시, 캄보디아 설날 행사 '송크란' 축제 지원...다문화 이해와 화합 도모」(인천일보)

2024.4.23. 「'이슬람사원' 건립 사회적 논란 울산서도 재연되나?」(울산매일신문)

2024.4.24. 「참사랑의 서약 60개국 2,100쌍 '2024 효정 천주축복식' 성료」(매일일보)

2024.4.27. 「KWMA, "다문화 사회, 디아스포라 통한 선교 나서야"」(노컷뉴스)

2024.4.28. 「절 · 교회는 되는데 이슬람 사원은 왜 안 돼?...챗GPT의 대답은[AI문답]」(세계일보)

2024.4.30. 「학부모단체 "대구시 다문화교육진흥조례 개정 반대"」(매일신문)

2024.5.1. 「돼지고기 대신 '콩고기'...전국 최초 '포용 급식'」(KBS)

2024.5.11. 「가정연합의 국제합동결혼식이 다시 주목받는 이유」(주간조선)

2024.5.14. 「가스총 겨누고, 틱톡에 체포영상 올리고...이주민을 '사냥하듯' 노렸다」(한겨레21)

2024.5.15. 「[우리 곁의 외국인](4) 한국 생활 29년 할랄마트 사장님, 정착 비결은 "넵, 알겠습니다"」(조선비즈)

2024.5.16. 「"외국 이주민 편하게 드나들 수 있는 교회, 학교 밖 소통의 장으로 중요한 역할 가능"」(국민일보)

2024.5.20.「"20명 중 1명 외국인 · 이민자"...21일 '문화다양성 주간' 개막」(연합뉴스)
2024.5.23.「아산시, 일본 하마마쓰 통해 '상호문화도시' 청사진 그린다」(시사뉴스24)
2024.5.23.「'부처핸섬' 국내선 드거운데..말레이 · 싱가포르 '발칵'?」(MBC)
2024.5.31.「"이민정책, 이주민을 사람으로 보는 것에서 시작해야"」(한겨레21)
2024.6.20.「"현 세계사 교과서, '이슬람 사회 구현' 추구하는 꼴"」(크리스천투데이)
2024.6.21.「트럼프의 '남쪽 이민자' 공포 마케팅: 대현동을 보라」(슬로뉴스)
2024.6.24.「외국인 유학생 통계가 캠퍼스 선교에 주는 5가지 통찰」(크리스천투데이)
2024.6.24.「"외국인 유학생 20만 시대...기독교대학 역할 절실"」(국민일보)
2024.8.4.「은퇴선교사, 이주민의 교사로...이주민 그늘된 교회」(국민일보)
2024.8.6.「유형별 맞춤 사역으로 '샐러드볼' 사회 이루자」(국민일보)
2024.9.2.「이주민 유입 "종교 · 문화 차이 우려"...종교문제 어떻게 바라볼까」(국민일보)
2024.9.3.「"이주민 향한 수평적 시선이 사회적 갈등 예방"」(국민일보)
2024.9.8.「"종교적 · 문화적 특성 배려...다문화 친구에 행복한 급식을"」

(경인일보)

2024.10.29.「“시민사회 일부인 종교, 배우는 자세 필요하다”」(가톨릭 뉴스 지금여기)

2024.10.29.「국내 아랍 무슬림의 다문화 가정 문제」(재외동포신문)

위의 기사들은 한국 사회 내에 외국인의 유입이 점차 늘어나면서 선주민과 이주민이 어떻게 지내야 하는가에 대한 사회적 요구가 제기되고, 이에 대한 종교계와 시민사회, 국가가 어떻게 대응하고 있는지를 담론으로 만들어지는 과정을 보여주고 있다.

다음은 이러한 사회적 요구가 학술적 담론으로 만들어지는 과정을 학위논문(석사학위 및 박사학위)과 학술논문으로 나누어 살펴보겠다.

2) 학술 담론 속 다문화 종교문화

가) 학위논문

한정우,「안산시 원곡동 이주민의 영역화 과정」, 한국교원대 교육대학원, 석사학위논문, 2008.

한재은,「다문화시대의 민족주의와 사회과 교육」, 한국교원대 교육대학원, 석사학위논문, 2008.

박윤신,「다문화시대의 문화정체성 표현에 관한 연구: 올림픽 포스 중심으로」, 중앙대 대학원, 석사학위논문, 2008.

전유정,「차이 패러다임과 디아스포라 서사전략: E.S. 와즈다마를 비롯한 터키계 독일 작가 연구」, 숙명여대 대학원, 석사학위논문, 2008.
성석환, 「다원주의 사회에서 기독교의 문화변혁에 대한 해석학적 연구: 리차드 니버의 '변혁적 문화관과 현대 삼위일체 신학을 중심으로」, 장로회신학대 대학원, 박사학위논문, 2008.
반승현, 「사회적 지지에 따른 국제결혼이주여성의 문화적응 유형: 중국 · 필리핀 · 베트남 여성을 중심으로」, 경기대 사회복지대학원, 석사학위논문, 2008.
장흔성, 「경북지역 결혼이주여성의 생활 문화에 관한 연구」, 대구가톨릭대, 석사학위논문, 2008.
김동찬, 「디아스포라 선교 연구: 헬라파 유대 기독교인파 수마트라 바락 기독교인의 경계 넘는 선교의 비교」, 장로회신학대 대학원, 박사학위논문, 2008.
김태훈, 「유치원의 다문화가족 지원프로그램에 대한 학부모의 인식: 울산광역시를 중심으로」, 동국대, 석사학위논문, 2008.
정천석, 「국제결혼 이주여성의 적응 유형에 관한 질적비교연구」, 백석대, 박사학위논문, 2008.
김범석, 「타자중심주의로 본 존 웨슬리의 영성교육」, 아세아연합신학대학교 대학원, 석사학위논문, 2009.
남선혜, 「전래동화를 이용한 집단미술치료가 다문화 가정 자녀의 문화적응에 미치는 영향」, 동국대, 석사학위논문, 2009.
이슬기, 「다문화가정 자녀교육의 종교교육적 접근」, 연세대 교육대학원, 석사학위논문, 2009.

이혜동, 「삼위일체적 이주민 사역 신학: 코리코레시스에 의한 디아코니와 코이노니아 실천의 교회사적 고찰과 한국이주민사역에의 적용」, 총신대 신학대학원, 석사학위논문, 2009.

이재문, 「공생공영공의주의로 본 다문화 가정 기본법 제정을 위한 연구」, 선문대 신학전문대학원, 석사학위논문, 2009.

김기환, 「다문화가족 지원프로그램 운영실태에 관한 연구: 울산광역시 다문화가족지원센터를 중심으로」, 울산대, 석사학위논문, 2009.

최은정, 「국제결혼 이민자의 생활실태 및 지원방안 연구: 강원도 원주시를 중심으로」, 상지대, 석사학위논문, 2009.

정보미, 「다문화가정을 위한 기독교교육적 고찰: 결혼이주가정을 중심으로」, 목원대 신학대학원, 2009.

정찬영, 「호주와 한국의 다문화 축제 콘텐츠 비교 분석」, 인하대 대학원, 석사학위논문, 2009.

용효중, 「결혼이민여성의 문화적응 및 가족관계 스트레스, 사회적 지지가 아동기 자녀의 정신건강에 미치는 영향에 관한 연구」, 가톨릭대 대학원, 석사학위논문, 2009.

조한숙, 「농촌노인과 외국인며느리의 고부관계만족도 및 문화적응 스트레스에 관한 연구」, 한서대 대학원, 석사학위논문, 2009.

홍정미, 「다문화 가정 자녀의 학교생활 적응에 영향을 미치는 생태체계 변인」, 숙명여대, 박사학위논문, 2009.

박순희, 「다문화가족 자녀의 적응유연성 연구」, 동신대, 박사학위논문, 2009.

차원일, 「헌법상 문화국가원리에 관한 연구: 종교의 자유 보장을 중심으로」, 연세대 대학원, 석사학위논문, 2009.
박화명, 「농촌지역 국제결혼 이주여성의 사회활동에 관한 연구: 나주를 중심으로」, 동신대, 석사학위논문, 2009.
김금자, 「다문화가족의 자녀교육에 관한 문화기술적 연구: 한국-베트남 결혼이민자가족을 중심으로」, 평택대, 박사학위논문, 2009.
최춘식, 「다문화 목회사역 전략과 정책에 대한 연구: 기독교한국침례회 국내선교회 사역 중심으로」, 백석대, 박사학위논문, 2009.
임경숙, 「초등 사회교과서에 나타난 다문화교육 관련 내용 분석: 자문화중심주의와 문화상대주의를 중심으로」, 진주교육대 교육대학원, 석사학위논문, 2009.
정환희, 「다문화 시대의 기독교교육의 과제와 전망」, 한신대 대학원, 석사학위논문, 2009.
유정식, 「안산시 원곡동 외국이주민의 증가와 종교 공간의 형성」, 고려대 교육대학원, 석사학위논문, 2009.
김정혜, 「국제결혼이주여성의 삶의 만족도에 관한 연구」, 서울시립대, 석사학위논문, 2009.
장준희, 「다문화가정 이주여성의 한국 사회문화 적응에 관한 연구: 경기도 하남시를 중심으로」, 명지대 사회복지대학원, 석사학위논문, 2009.
김미진, 「베트남 결혼이민자여성의 가족레질리언스에 관한 질적 연구: 울산광역시를 중심으로」, 울산대학교, 석사학위논문, 2010.
심효윤, 「재한몽골인 에스니시티와 몽골축제 연구: 서울 광진구 나담(Naadam) 축제를 중심으로」, 중앙대 대학원, 석사학위논문,

2010.
김은숙, 「횡성군 다문화가정 여성결혼이민자의 생활실태에 관한 연구」, 상지대 사회복지정책대학원, 석사학위논문, 2010.
김경례, 「결혼이주여성의 결혼만족도가 임파워먼트에 미치는 영향 연구」, 성결대 일반대학원, 석사학위논문, 2010.
김준환, 「한국 내 이주무슬림의 종교와 문화번역: 파키스탄 이주노동자를 중심으로」, 서강대 일반대학원, 석사학위논문, 2010.
박준환, 「외국인근로자 선교 현황 고찰: 천안외국인교회를 중심으로」, 협성대 신학대학원, 석사학위논문, 2010.
남혜진, 「결혼이민자의 생활실태 및 복지욕구에 관한 연구」, 대구대 대학원, 석사학위논문, 2010.
장인철, 「국내에 거주하는 이주노동자를 역파송하는 선교에 관한 연구」, 안양대 신학대학원, 석사학위논문, 2010.
유지현, 「다문화가정 초등학생의 학교생활에 관한 사례연구」, 경남대 교육대학원, 석사학위논문, 2010.
정성미, 「결혼이주여성의 자조모임과 정체성에 관한 연구」, 전북대 대학원, 석사학위논문, 2010.
김순이, 「다문화가정 부부갈등요인에 관한 연구: 경기도 안산시 결혼이민여성을 중심으로」, 고려대 정책대학원, 석사학위논문, 2010.
두시투, 「이주노동자의 여가생활과 그 제약 요인: 경기도 도시 지역의 베트남이주노동자를 중심으로」, 한국학중앙연구원, 석사학위논문, 2010.
이환회, 「한국사회의 다문화가정을 위한 기독교 선교방향연구」, 숭실대,

석사학위논문, 2010.
곽희주, 「공동체 형성을 통한 다문화 가족을 세우는 목회사역에 관한 연구」, 장로회신학대 목회전문대학원, 박사학위논문, 2010.
이무영, 「다문화가족 한국 남성 배우자의 문화적응 스트레스, 의사소통 능력, 사회적 지지가 결혼만족도에 미치는 영향에 관한 연구」, 성균관대 일반대학원, 박사학위논문, 2010.
허은역, 「국내 무슬림 이주노동자 선교를 위한 '움마(ummah)'의 분석과 선교전략」, 백석대, 박사학위논문, 2010.
서옥희, 「다문화가정 여성의 결혼만족도 영향 요인에 관한 연구」, 조선대, 석사학위논문, 2010.
채춘매, 「한국과 중국의 다문화교육 정책 비교 연구」, 한국학중앙연구원 한국학대학원, 석사학위논문, 2010.
한미숙, 「종교간 대화에 관한 신학적 소고: 시대적 맥락에 따른 연구」, 서강대, 석사학위논문, 2010.
정미경, 「다문화사회를 향한 한국기독교 이주민선교의 방향과 과제」, 성결대, 박사학위논문, 2010.
백수은, 「거주지역별 비형식적 다문화 경험정도와 문화간 감수성: 서울지역 초등학생들을 사례로」, 서울교육대 교육대학원, 석사학위논문, 2011.
이승은, 「이주노동자 문화선교를 위한 기독교무용의 인식과 활용가능성」, 명지대 사회교육대학원, 석사학위논문, 2011.
오현선, 「충남지역 다문화가정 청소년의 생활만족도에 관한 연구: 문화적응 스트레스와 사회적 지지 중심으로」, 호서대 일반대학원, 석사학위논문, 2011.
장다솔, 「한국 대학생을 위한 이슬람 종교문화교육의 가능성」, 계명대, 석사학위논문, 2011.
이종삼, 「웨슬리의 사회복지 목회와 다문화에 관한 연구」, 협성대 신학대학원, 석사학위논문, 2011.
김경주, 「한국사회에서 이주민에 대한 교회의 대응: 다문화 교회의 형성을 중심으로」, 서강대 대학원, 석사학위논문, 2011.
박종수, 「다문화사회에 대한 한국종교의 대응: 다문화종교교육의 관점에서」, 한국학중앙연구원 한국학대학원, 박사학위논문, 2011.
조선영, 「지리교과에서의 이슬람 관련 내용의 평가와 재구성」, 이화여대 교육대학원, 석사학위논문, 2011.
박성애, 「국제결혼이주여성 시어머니가 지각하는 문화적응 스트레스 영향요인」, 경성대 일반대학원, 석사학위논문, 2011.
박나래, 「다문화 가정의 신앙 확립을 위한 기독교 교육적 접근」, 총신대 대학원, 석사학위논문, 2011.
김미연, 「'축복결혼' 이주여성의 종교적 실천과 적응: 강원도 A군의 통일교 일본 여성을 중심으로」, 강원대 대학원, 석사학위논문, 2011.
이영희, 「국제결혼 이주여성 삶의 만족도 연구: 강원도 철원지역을 중심으로」, 대구대, 석사학위논문, 2012.
이항범, 「다문화가정 이주여성의 결혼 및 삶의 만족도에 영향을 미치는 요인에 관한 연구」, 건국대 행정대학원, 석사학위논문, 2012.
함진옥, 「전라북도 거주 결혼이주여성의 결혼만족도 영향요인 연구」,

원광대 일반대학원, 석사학위논문, 2012.
신동희, 「다문화가족 시어머니의 외국인며느리와의 관계와 문화적응스트레스가 삶의 만족도에 미치는 영향」, 한서대 대학원, 석사학위논문, 2012.
민정하, 「공공신학에 기초한 다문화기독교통일교육 연구」, 장로회신학대 대학원, 석사학위논문, 2012.
김경민, 「외국인 밀집지역의 입지특성과 주민의식에 관한 연구: 서울시를 중심으로」, 한양대 대학원, 석사학위논문, 2012.
구하라, 「미국과 한국의 대학 교양교육가정에 반영된 문화적 다양성에 대한 연구, 1950-2010: 서울대학교와 하버드대학교의 사례를 중심으로」, 한양대 대학원, 석사학위논문, 2012.
이상희, 「평화교육을 지향하는 종교교육에 관한 연구: 한국의 다문화화를 중심으로」, 연세대 교육대학원, 석사학위논문, 2012.
김지현, 「여성결혼이민자의 사회적 관계망, 사회적 지지와 스트레스에 관한 연구」, 이화여대 대학원, 석사학위논문, 2012.
홍장선, 「다문화 구성원의 문화접변에 관한 연구: 미디어 이용되 태도를 중심으로」, 한국외국어대 대학원, 박사학위논문, 2012.
박성호, 「인본주의에 기초한 한국형 다문화정책 모형의 모색」, 성균관대, 박사학위논문, 2012.
성계화, 「다문화가정 남편의 결혼생활만족도에 영향을 미치는 요인」, 대구한의대, 박사학위논문, 2012.
구재복, 「다문화 · 다인종 사회에서 인종갈등을 극복하기 위한 기독교윤리의 제언」, 한신대 신학대학원, 석사학위논문, 2012.

정수애, 「결혼이주여성 평생교육프로그램 운영실태와 개선방안」, 순천대 대학원, 석사학위논문, 2012.

안윤지, 「국제결혼가정 이주청소년들의 언어 문화적응교육에 대한 실태 탐색」, 동아대 대학원, 석사학위논문, 2012.

이지영, 「다문화가정 어머니의 문화적응스트레스와 부모스트레스가 자녀의 부적응에 미치는 영향: 가족 기능의 조절효과를 중심으로」, 숙명여대, 박사학위논문, 2012.

이은아, 「도시 결혼이주여성의 경제적 위치와 모성의 확장적 구성/재구성에 관한 연구」, 이화여대 대학원, 박사학위논문, 2012.

서민우, 「현대 한국의 다문화 정치: 경기도 안산을 중심으로」, 한국학중앙연구원 한국학대학원, 박사학위논문, 2012.

김유경, 「다문화구성원의 경제적 특성과 소비형태에 관한 연구: 안산시를 중심으로」, 한양대 이노베이션대학원, 석사학위논문, 2012.

최경순, 「다문화 선교공동체로서의 교회를 위한 기독교교육과정 연구」, 장로회신학대 대학원, 박사학위논문, 2012.

윤선희, 「국내에서 외국인근로자를 대상으로 한 효과적인 한국교회의 선교사역 고찰: 네팔 · 스리랑카 이주 근로자 위주의 연구」, 총신대 선교대학원, 석사학위논문, 2012.

김민정, 「국내 이주민의 현실과 기독교 윤리적 책임에 관한 연구」, 이화여대 대학원, 석사학위논문, 2012.

양다진, 「성인지성의 조절효과를 통해 본 결혼이주여성의 결혼만족연구」, 성균관대, 박사학위논문, 2012.

김명준, 「결혼이주여성의 문화적응유형에 따른 삶의 질에 관한 연구」,

경기대, 석사학위논문, 2012.

전윤주, 「결혼이주여성의 여가제약 협상과정에 관한 근거 이론적 분석」, 연세대 교육대학원, 석사학위논문, 2012.

하선영, 「김해시 결혼여성이민자의 결혼생활만족도에 관한 연구」, 인제대, 석사학위논문, 2012.

이정미, 「문화적 다양성과 기독교교육」, 한신대 일반대학원, 석사학위논문, 2012.

최금녀, 「국제결혼 한 한국남편의 문화적 유능성에 영향을 미치는 요인에 관한 연구」, 숭실대, 석사학위논문, 2012.

안일홍, 「다문화가정 결혼이주여성의 삶의 만족도에 영향을 미치는 요인: 충남지역을 중심으로」, 충남대 행정대학원, 석사학위논문, 2013.

신유경, 「다문화지원단체의 형성과정과 역할변화: 안산시 원곡동을 사례로」, 서울대 환경대학원, 석사학위논문, 2013.

김수림, 「다문화가정 한국 남성 배우자의 부부갈등과 사회적지지가 결혼만족도에 미치는 영향에 관한 연구」, 백선대 보건복지대학원, 석사학위논문, 2013.

김새봄, 「농어촌 결혼이주여성의 삶의 질 결정요인 분석」, 서울대 대학원, 석사학위논문, 2013.

이은재, 「에큐메니칼 신학의 타종교 이해: 에큐메니칼 문서를 중심으로」, 장로회신학대 신학대학원, 석사학위논문, 2013.

고광영, 「한국 유입 무슬림 상황과 무슬림 선교전략」, 한일장신대 대학원, 석사학위논문, 2013.

이전진, 「결혼이주여성 여가활동의 공급 및 수요 특성 분석: 문화예술 활동을 중심으로」, 숙명여대 대학원, 석사학위논문, 2013.
김선헌, 「선교학 관점에서 바라본 가콜릭 다문화 학교의 인성교육 재고」, 수원가톨릭대 대학원, 석사학위논문, 2013.
금혜령, 「청소년의 자기효능감과 다문화적 경험이 다문화 수용성에 미치는 영향」, 고려대 교육대학원, 석사학위논문, 2013.
송현정, 「상호문화교육콘텐츠 개발방안 연구: 프랑스 사례를 중심으로」, 한국외국어대 대학원, 석사학위논문, 2013.
장은경, 「다문화가정남편의 부부갈등 경험에 대한 질적사례 연구」, 한북대 지식복지대학원, 석사학위논문, 2013.
유택열, 「원불교 다문화가족지원사업 프로그램의 문제점과 개선방안에 관한 연구」, 원광대 행정대학원, 석사학위논문, 2013.
김화수, 「다문화가정 자녀의자아정체성과 이중문화 수용태도가 학교적응에 미치는 영향」, 영남대 행정대학원, 석사학위논문, 2013.
장신규, 「다문화 사회속의 차별과 폭력극복을 위한 종교교육의 역할에 관한 연구: 타자철학과 화해신학을 중심으로」, 연세대 교육대학원, 석사학위논문, 2013.
최권용, 「사례연구를 통한 지역교회 이주민목회 방안에 관한 연구」, 총신대 목회신학전문대학원, 박사학위논문, 2013.
안수진, 「결혼이주여성에 대한 이해와 기독교교육의 방향」, 한신대 대학원, 석사학위논문, 2013.
김은정, 「결혼이주여성의 여가활동이 문화적응에 미치는 영향 연구: 언어 능숙도와 사용도에 따른 조절 효과를 중심으로」, 세종대 대학원, 박사학위논문, 2013.
장혜지,「다문화가정 아동을 위한 기독교교육」, 목원대 신학대학원, 석사학위논문, 2013.
박영민,「이주민 선교에 대한 연구: 나섬공동체를 중심으로」, 장로회신학대 세계선교대학원, 석사학위논문, 2013.
김가영,「통합적 요리활동을 통한 다문화 수용성 함양」, 진주교육대, 석사학위논문, 2014.
이은성,「다문화 사회의 인식과 다문화 선교: 상주교회를 중심으로 한 다문화 선교」, 한남대 학제신학대학원, 석사학위논문, 2014.
고미숙,「결혼이주여성의 문화적응 스트레스가 남편과의 만족도에 미치는 영향」, 선문대 사회복지대학원, 석사학위논문, 2014.
고형석,「한국 다문화 사회의 '공존(共存)'을 위한 종교교육 방향 제안: 파커 팔머의 진리공동체 교육이론을 중심으로」, 연세대 교육대학원, 석사학위논문, 2014.
조남구,「이주자 종교공동체의 사회자본: 수원 베트남가톨릭공동체 사례를 중심으로」, 서울시립대 일반대학원, 석사학위논문, 2014.
김성영,「한국 개신교 목사의 다문화교육 인식에 관한 통합적 연구」, 인하대 대학원, 박사학위논문, 2014.
정홍모,「다문화주의에 대한 신학적 · 성서적 연구와 한국교회의 다문화주의 재인식」, 감리교신학대, 석사학위논문, 2014.
강재성,「한국 다문화 사회에 대한 기독교 윤리학적 고찰」장로회신학대 대학원, 석사학위논문, 2014.
피에지예바 페루자,「우즈베키스탄 출신 결혼이주여성의 사회적응에 관한 연구」, 한국학중앙연구원 한국학대학원, 석사학위논문, 2014.
이명재,「한국 사회 다문화 가정 문제해결을 위한 목회적 대안」, 한영신학대, 박사학위논문, 2014.
최경희,「국내 여성결혼이민자의 문화적응, 사회적지지, 사회활동참여가 삶의 만족도에 미치는 영향」, 서울기독대, 박사학위논문, 2014.
김용운,「한국형 다문화주의의 정책시행에 나타난 갈등양상 연구: 국제결혼 해체과정의 내국인 남성 배우자를 중심으로」, 선문대, 석사학위논문, 2015.
이선우,「'종교학' 교과의 특수교육 교과과정 적용방안 연구」, 용인대, 석사학위논문, 2015.
송기호,「'국민이 되기 위한 자격' 인식과 영향요인에 관한 연구: OECD 11개국 국가를 중심으로」, 성공회대 일반대학ㄷ원, 석사학위논문, 2015.
서해밀,「창세신화를 활용한 다문화 문식성 신장 방안 연구」, 서울교육대 교육전문대학원, 석사학위논문, 2015.
이상지,「이주민관련 종교NGO들의 지역사회 내 역학관계 연구: 천주교, 개신교, 불교단체를 중심으로」, 서강대 대학원, 석사학위논문, 2015.
박정하,「결혼이주여성의 문화적응스트레스가 이혼의도에 미치는 영향: 가족관계스트레스 및 심리적 안녕감의 매개효과를 중심으로」, 백석대, 박사학위논문, 2015.

윤미소, 「한국인 학생과 코슬름(Koslim: 한국 이주 무슬림 1.5세 &2세) 학생의 상호문화에 대한 다문화 수용성 연구」, 한국외국어대 교육대학원, 석사학위논문, 2015.

안소현, 「한국의 결혼이민정책에 관한 연구: 동남아 여성결혼이민자를 중심으로」, 충북대, 박사학위논문, 2015.

유진선, 「다문화 사회에서의 차별 해소를 위한 기독교적 노력: 메튜 폭스의 창조영성을 중심으로」, 연세대 교육대학원, 석사학위논문, 2015.

권일, 「안산지역 교회사연구: 아름다운 성빛교회를 중심으로」, 한남대학제신학대학원, 석사학위논문, 2015.

임찬양, 「현대사회에서의 정교분리 문제와 학교」, 서강대 교육대학원, 석사학위논문, 2015.

이성은, 「한국 개신교의 다문화 인식 대응에 대한 비판적 고찰」, 한국외국어대 국제지역대학원, 석사학위논문, 2015.

염지애, 「다문화사회에서의 종교의 자유에 관한 비교법적 연구」, 고려대 대학원, 석사학위논문, 2015.

김미향, 「다문화가정의 고부관계 만족도가 시어머니의 정신건강에 미치는 영향」, 대구한의대 대학원, 박사학위논문, 2015.

이화선, 「결혼이주여성의 에이전시와 다문화담론: 재현과 경험의 간극을 중심으로」, 고려대, 박사학위논문, 2015.

문성화, 「다문화사회에서 관용(tolerance)의 확대적용 방안 연구: 제주지역을 중심으로」, 제주대 행정대학원, 석사학위논문, 2015.

신희경, 「고등학생의 다문화수용성에 관한 조사연구」, 경인교육대, 석사학위논문, 2015.
김원열,「다문화 시대의 한국교회 인식 전환을 통한 교회 성장 방안 연구」, 총신대 선교대학원, 석사학위논문, 2015.
김혜정,「다문화 가정을 위한 기독교 교육적 접근」, 총신대 일반대학원, 석사학위논문, 2015.
심혜은,「다문화가정 지역정착 방안에 관한 고찰: 서산시를 중심으로」, 공주대 대학원, 석사학위논문, 2015.
한기석,「한국 다문화가정의 신학형성과 목회실천 방안에 관한 연구」, 안양대, 박사학위논문, 2016.
레이영짱,「상호문화주의 관점에서 본 베트남의 문화다양성교육에 대한 연구」, 인하대 대학원, 석사학위논문, 2016.
최영순,「다문화이민여성의 결혼만족도 영향요인에 관한 연구: 종교생활 조절효과를 중심으로」, 조선대, 석사학위논문, 2016.
이민자,「여성결혼이민자들의 사회적 자본이 삶의 질에 미치는 영향」, 가천대 행정대학원, 석사학위논문, 2016.
이동우,「경주시의 문화다양성 증진을 위한 프로그램 연구」, 영남대, 석사학위논문, 2016.
하태연,「다문화가정의 포교방안 연구: 불교국가 이주민과 그 자녀를 중심으로」, 동구대, 석사학위논문, 2016.
임이재,「결혼이주여성의 사회활동 참여에 관한 연구」, 중앙대 행정대학원, 석사학위논문, 2016.
최경자,「다문화사회와 한국인의 제노포비아 현상에 관한 연구」, 중앙대 행정대학원, 석사학위논문, 2016.

윤은영, 「다문화가정 아동의 부모-자녀관계가 문화적응에 미치는 영향: 영적안녕감과 자아탄력성의 매개효과를 중심으로」, 숙명여대 대학원, 박사학위논문, 2016.
최정인, 「울산광역시 중국결혼 이주여성의 역경과 가족 레질리언스에 관한 질적 연구」, 울산대 대학원, 석사학위논문, 2016.
리신, 「중국 쓰촨성 티베트족 민간무용의 전승양상과 종교 · 사상성 연구」, 경상대, 박사학위논문, 2016.
강성진, 「이주노동자의 음주 영향요인」, 대구대, 석사학위논문, 2016.
이형노, 「한국과 캄보디아 속담 비교를 통한 상호문화교육 요소 연구」, 한구외국어대 교육대학원, 석사학위논문, 2016.
이주희, 「다문화 교육과정 모형을 기반으로 한 다문화적 인성 프로그램 개발에 관한 연구」, 청주교육대 교육대학원, 석사학위논문, 2016.
김창현, 「다문화 시대의 상호문화주의와 교회 공동체」, 대구가톨릭대, 석사학위논문, 2016.
신대현, 「여성이주노동자의 인권보호를 위한 교회와 사회의 역할에 대한 제언」, 대구가톨릭대, 석사학위논문, 2016.
최진호, 「21세기 중국적 상황화 선교신학 모색」, 장로회신학대, 박사학위논문, 2016.
정자영, 「아랍어권 유학생이 한국문화 적응과정에서 경험한 어려움과 도움 요인: 개념도 방법을 중심으로」, 광운대 대학원, 석사학위논문, 2016.
박란이, 「결혼이주여성의 인권보호를 위한 기독교사회복지 역할 연

구: 폭력피해 이주여성을 중심으로」, 서울장신대, 박사학위논문. 2016.

다와어르즈, 울찌함,「결혼이주여성의 사회적 지지가 결혼만족도에 미치는 영향에 관한 연구: 천안, 공주, 세종시 중심으로」, 공주대 대학원, 석사학위논문, 2017.

Nguyen, Ngoc Phong,「베트남 이미여성 교육목회: 상주교회를 중심으로」, 영남신학대, 석사학위논문, 2017.

이케다 마치코,「다문화가정의 이중언어 사용과 신앙생활과의 관계」, 선문대, 석사학위논문, 2017.

김부경,「국가의 다문화정책이 학교 교육에 대한 이주배경 공동체의 신념에 미치는 영향 분석」, 한양대 대학원, 박사학위논문, 2017.

변은석,「다면적 이슬람 선교 전략에 대한 한국교회 대처방안」, 총신대 선교대학원, 석사학위논문, 2017.

황경아,「미디어 담론을 통해 본 다문화의 역설: 언론의 반(反)다문화 정서에 대한 재현방식을 중심으로」, 경희대 대학원, 박사학위논문, 2017.

전은기,「탈영토화된 식민성의 공간에서 재영토화된 다문화 관고아 소비 공간으로: 서울시 이태원 관광특구 지역을 중심으로」, 중앙대 대학원, 석사학위논문, 2017.

신지연,「농촌지역 결혼이주여성의 자아존중감과 사회적지지가 문화적응에 미치는 영향 연구」, 대전대 경영행정 · 사회복지대학원, 석사학위논문, 2017.

Ika, Kusumawati,「한국과 인도네시아 인성 교과 교육과 생활문화 비교

연구: 두 나라의 교육과정 비교를 중심으로」, 진주교육대, 석사학위논문, 2017.

상염, 「〈단군신화〉를 활용한 다문화교육 방안 연구: 중국인 결혼이주여성을 대상으로」, 세명대 대학원, 석사학위논문, 2017.

하승현, 「지역 내 외국인 유입이 사회적 신뢰에 미치는 영향」, 서울대 대학원, 박사학위논문, 2017.

임정미, 「다문화 가정 어머니의 양육태도가 자녀의 자아정체감에 미치는 영향」, 경기대 행정 · 사회복지대학원, 석사학위논문, 2017.

임태욱, 「다문화군대에 대비한 병영환경 조성방안 연구」, 한성대 국방과학대학원, 석사학위논문, 2017.

Nguyen, Thi Nhu Ngoc, 「한국 내 베트남 이주자 종교 공동체의 역할: 원오도장(Đạo Trường Viên Ngộ)을 중심으로」, 한국외국어대 국제지역대학원, 석사학위논문, 2017.

오미정, 「사회적 관점취득을 적용한 문화 다양성 수업방안」, 청주교육대, 석사학위논문, 2017.

김동주, 「광주 광산구 거주 고려인의 실태 및 정착방안」, 광주교육대, 석사학위논문, 2017.

박우, 「재한 "조선족" 집거지 사업가에 대한 사회학적 연구: 시민(권)적 지위와 계급적 지위의 상호작용을 중심으로」, 서울대 대학원, 박사학위논문, 2017.

웅지인, 「한국의 태국 불교사원을 통해 본 초국가주의」, 한국외국어대, 박사학위논문, 2017

김분남, 「성경적 효의 관점에 따른 다문화사회 수용성 연구」, 성상효대학원대학교, 박사학위논문, 2017.

최효인, 「다문화가정 청소년의 학교생활적응에서 보호요인의 효과: 자아존중감, 사회적지지, 종교생활 및 다문화교육」, 단국대 일반대학원, 박사학위논문, 2017.

홍미순, 「근거이론에 기반한 초등교사의 이슬람아동에 대한 교육경험 연구」, 경인교육대 교육전문대학원, 석사학위논문, 2017.

장윤선, 「불교문화를 활용한 콘텐츠 개발 방안 연구」, 동방문화대학원대학교, 박사학위논문, 2017.

김도완, 「대림동 다문화 공동체를 위한 선교센터 계획」, 건국대 건축전문대학원, 석사학위논문, 2017.

권희연, 「세계시민교육에 있어 문화예술의 활용방안에 관한 연구」, 추계예술대 문화예술경영대학원, 석사학위논문, 2017.

신정훈, 「베트남 결혼이주여성을 위한 놀이예배의 모형 연구」, 목원대 신학대학원, 석사학위논문, 2017.

박현서, 「Food globalization and culture war : The case of the halal food complex in South Korea」, 이화여대 대학원, 석사학위논문, 2017.

홍은경, 「종교적 경계에서의 소통: 나아만 설화를 중심으로」, 계명대 대학원, 석사학위논문, 2018.

김명옥, 「세계평화통일가정연합 한 · 일 다문화가정의 부부갈등 개선 연구」, 선문대 신학전문대학원, 박사학위논문, 2018.

김미라, 「국내 이주 노동자들을 위한 효과적인 선교전략 연구: 경상북도 칠곡군 지역내 이주 노동자 중심으로」, 총신대 선교대학원, 석사학위논문, 2018.

김솔, 「결혼이주여성의 지역사회 소속감에 미치는 영향 연구: 서비스 접근성과 사회적 접근성을 중심으로」, 인하대 대학원, 박사학위논문, 2018.
정선주, 「일본 결혼이주여성들의 가족갈등에 관한 현상학적 연구 가족 의례 갈등을 중심으로」, 한양대 대학원, 박사학위논문, 2018.
이영미, 「다문화가정 부모의 지시적 양육태도와 아동의 정체성혼란이 학교생활 적응에 미치는 영향: 자아존중감과 사회적지지의 매개효과 검증」, 호남신학대 기독상담대학원, 석사학위논문, 2018..
유경숙, 「다문화 결혼이주여성의 건강생활에 관한 문화기술지」, 인제대 일반대학원, 박사학위논문, 2018.
문미숙, 「스마트폰 앱 활용 한국어 블렌디드 교수 · 학습 방안 연구: 여성결혼이민자를 대상으로」, 부산교육대 교육대학원, 석사학위논문, 2018.
장화, 「다문화가정 청소년의 문화적응스트레스와 심리적 부적응의 관계: 적응유연성의 조절효과를 중심으로」, 호남대, 박사학위논문, 2018.
조용재, 「결혼이주여성의 삶의 만족도가 자녀 양육태도에 미치는 영향」, 한성대 행정대학원, 석사학위논문, 2018.
이다정, 「아랍계 이스라엘인들의 정치적 태도: 사회경제적 요인과종교적 요인을 중심으로」, 서강대 대학원, 석사학위논문, 2018.
최미경, 「필리핀 결혼이주여성의 공동체 활동 경험 연구」, 서강대 신학대학원, 박사학위논문, 2018.
BASMA CHLAIHANI, 「Challenges in Raising Children as Immigrant

Muslim Parents in South Korea」, 부경대, 석사학위논문, 2019.
서정원,「여성결혼이민자의 실태 분석에 관한 연구: 사회적 네트워크, 사회참여, 사회적응을 중심으로」, 한성대 대학원, 박사학위논문, 2018.
정상화,「외국인 유학생의 한국 사회 적응 향상을 위한 다문화 스포츠 프로그램 활성화 방안: 남아시아와 중국 유학생들을 대상으로」, 용인대, 박사학위논문, 2018.
정명현,「안산시 이주민사회의 축제 연구」, 한양대 대학원, 석사학위논문, 2018.
레쑤언흐엉,「부부간의 문화적 차이가 베트남 결혼이민자의 정신건강과 삶의 만족도에 미치는 영향에 관한 연구」, 인하대 대학원, 석사학위논문, 2018.
MAHA, RAIHAN ROZANA,「An analysis on Koreans' perception of Muslims : The role of personal contact, knowledge, and media coverage」, 이화여대 대학원, 석사학위논문, 2018.
진병규,「한국군 장병의 다문화 수용성에 관한 연구」, 대전대, 박사학위논문, 2018.
신경임,「여성결혼이민자의 사회적관계망이 문화적응에 미치는 영향」, 경인교육대 교육전문대학원, 석사학위논문, 2018.
Hafiz, Md. Golam,「한국 내 방글라데시 이주민의 사회적 네트워크와 초국적 소속감」, 전남대, 박사학위논문, 2018.
조정현,「한국 개신교 선교단체의 이슬람관 연구」, 가톨릭대 대학원, 박사학위논문, 2018.

임정자, 「농촌지역사회의 포교 활동에 관한 연구: 유선사의 사례를 중심으로」, 중앙승가대, 석사학위논문, 2018.
주재경, 「다문화가정 어머니의 자아존중감과 사회적지지가 양육효능감에 미치는 영향: 전라북도 W지역을 중심으로」, 한일장신대 사회복지대학원, 석사학위논문, 2018.
김조훈, 「한국교회 이주민 사역의 문제와 선교적 대안 제시」, 장로회신학대, 석사학위논문, 2018.
박미향, 「무슬림 여성 유학생의 결혼관과 문화정체성 변화에 대한 내러티브 탐구」, 한양대 대학원, 박사학위논문, 2018.
이미경, 「결혼이주여성 배우자의 문화적응스트레스와 가족건강성의 관계에서 사회적지지의 조절효과」, 가야대 행정대학원, 석사학위논문, 2018.
이은정, 「한국인의 이슬람권 이주민에 관한 인식 연구」, 건국대, 석사학위논문, 2018.
유해석, 「유럽의 이슬람 성장을 통한 한국의 이슬람 성장의 진단과 대책에 관한 연구」, 칼빈대, 박사학위논문, 2019.
김규빈, 「동남아 이슬람권 진출을 위한 말레이시아 할랄(halal) 식품인증의 활용」, 성균관대, 석사학위논문, 2019.
박정선, 「사회통합을 위한 이민법제에 관한 연구」, 계명대 대학원, 박사학위논문, 2019.
손보라, 「다문화가정 결혼이주여성의 사회적응이 삶의 만족도에 미치는 영향: 사회적지지와 자아탄력성을 매개변수로」, 칼빈대, 박사학위논문, 2019.

김수림, 「다문화가정 한국남편의 결혼만족도 영향요인 연구: 문화간감수성, 성역할고정관념, 차별경험을 중심으로」, 백석대, 박사학위논문, 2019.
천영희, 「결혼이주여성의 노후준비도, 자아존중감이 삶의 만족도에 미치는 영향」, 대구한의대, 박사학위논문, 2019.
이일정, 「중국여성결혼이민자의 문화적응 스트레스에 영향을 미치는 요인: 자아존중감, 사회적지지, 사회활동참여를 중심으로」, 숭실대 대학원, 석사학위논문, 2019.
김진수, 「다문화인들의 교회 다문화 프로그램 참여경험 사례연구」, 경인교육대 교육전문대학원, 석사학위논문, 2019.
이남희, 「한국 내 결혼이주가정 아동의 이중문화 경험에 관한 연구」, 연세대 대학원, 박사학위논문, 2019.
최영일, 「줌너 난민의 한국사회 정착과정」, 인하대 대학원, 박사학위논문, 2019.
하은경, 「한국교회의 이줌빈 선교 방안 연구」, 장로회신학대, 석사학위논문, 2019.
김수진, 「한국 다문화사회의 사회통합에 관한 연구」, 동아대 대학원, 박사학위논문, 2019.
스기우라 쿠니노부, 「다문화 청소년 종교계 대안학교 비교연구: 기독교, 천주교, 불교, 세계평화통일가정연합을 중심으로」, 선문UP대학원대학교, 석사학위논문, 2019.
고영희, 「다문화사회전무가에 대한 인식과 역할 제고 방안 연구」, 공주교육대 교육대학원, 석사학위논문, 2019.

이민자, 「여성결혼이민자들의 문화적응 스트레스가 결혼만족도에 미치는 영향: 자기효능감의 매개효과를 중심으로」, 가천대, 박사학위논문, 2019.

김태은, 「이주노동자가 한국 국적을 취득하기까지 과정 탐구: 민족정체성의 재구성을 중심으로」, 한양대 대학원, 박사학위논문, 2020.

엠마누엘라 사바티니, 「결혼이주여성의 문화적응 경험에 관한 현상학적 연구: 인도네시아 여성을 중심으로」, 계명대 대학원, 석사학위논문, 2020.

김선희, 「다문화 가정 어머니의 양육행동이 유아의 사회적응에 미치는 의사소통 및 자아존중감의 매개효과 연구」, 칼빈대 대학원, 박사학위논문, 2020.

강경봉, 「잇글람에 대한 한국 개신교인 인식도 조사와 국내 무슬림 선교 전략」, 백석대 기독교전문대학원, 박사학위논문, 2020.

박원태, 「전문인 사역을 통한 서 말레이시아 선교전략 연구」, 총신대 선교대학원, 석사학위논문, 2020.

송지영, 「종족공간의 생성과 한인 공동체 만들기: 아르헨티나 아베쟈네다상가의 한인 상인을 중심으로」, 강원대 대학원, 박사학위논문, 2020.

이선애, 「대한예수교장로회(통합)총회 이주민선교사역에 대한 연구」, 장로회신학대 일반대학원, 석사학위논문, 2020.

안윤경, 「국내 체류 아프리카인의 문화적응 스트레스가 삶의 askwhreh에 미치는 영향: 우울의 매개효과 및 사회적 · 종교적 지지의 조절효과를 중심으로」, 횃불트리니티신학대학원대학교, 박사학위논문, 2020.
방철웅「세계평화통일가정연합 복지수요에 관한 연구: 서울지역 중심으로」, 선문대 신학전문대학원, 박사학위논문, 2020.
문미경,「초등교육 시기 문화변용을 경험한 제3문화 아이들(Third Culture Kids: TCK)의 한국인 정체성 형성에 관한 연구: 선교사 자녀를 중심으로」, 이화여대 대학원, 박사학위논문, 2020.
강수희,「정체성을 중심으로 한 중학교 외국어 상호문화수업지도안 제안」, 한국교원대 대학원, 석사학위논문, 2020.
황종하,「한국교회의 다문화 목회 유형 연구」, 개신대학원대학교 대학원, 박사학위논문, 2020.
서연,「결혼이주여성의 문화적응 스트레스가 결혼만족도에 미치는 영향에 관한 연구」, 인제대 일반대학원, 석사학위논문, 2020.
김종욱,「결혼이주여성의 노후생활인식이 노후준비에 미치는 영향에 관한 연구: 대구시 거주 여성을 중심으로」, 계명대, 석사학위논문, 2020.
우엔 호앙 바오 응옥,「재한 베트남불교 원오도량의 원오사 건립과 활동 양상」, 한국학중앙연구원 한국학대학원, 석사학위논문, 2020.
하미현,「이주배경청소년의 문화적응스트레스가 학교적응에 미치는 영향: 다문화태도의 매개효과 검증」, 경기대 대학원, 박사학위논문, 2020.
정진경,「다문화 사회 속 공적신앙을 위한 기독교교육」, 연세대 대학원, 석사학위논문, 2020.
오애영,「동남아시아 출신 이주자들의 문화적 배경연구」, 동국대, 박사학위논문, 2021.
윤세라,「일본 출신 결혼이주여성에 대한 정착지원 방안에 관한 연구」, 동국대 일반대학원, 박사학위논문, 2021.
곽뢰,「한국 영화의 윤리 재현 방식에 관한 연구: 근대 한국 영화를 중심으로」, 동국대, 석사학위논문, 2021.
정일섭,「도시교회의 농어촌선교와 교회서어장과의 상관관계: 수원송원교회를 중심으로」, 총신대 선교대학원, 석사학위논문, 2021.
노경달,「공무원의 다문화수용성 결정요인에 관한 연구」, 한양대 대학원, 박사학위논문, 2021.
김영숙,「국적취득을 위한 결혼이민자의 사회통합프로그램 참여에 관한 연구」, 공주교육대 교육대학원, 석사학위논문, 2021.
최연화,「안산시 원곡동의 문화접변: 단일(單一)문화사회에서 다(多)문화사회로」, 국민대 정치대학원, 석사학위논문, 2021.
김영길,「인권의 담론과정에 나타난 자기파기적 현상 연구: 인권의 원칙과 유형을 중심으로」, 백석대 기독교전문대학원, 박사학위논문, 2021.
하종천,「외국인 노동자를 고용한 중소기업 경영자의 상호문화 경험에 관한 질적 사례연구」, 인하대 대학원, 박사학위논문, 2021.
설서나,「여성 결혼이민자가 지각하는 사회적지지가 생활만족도에 미치는 영향에 관한 연구」, 인제대 사회복지대학원, 석사학위논문, 2021.
박동준,「관계적 관점에서 본 디아코니아 목회 현장에 관한 고찰」, 영남신학대 대학원, 박사학위논문, 2021.

곽미언, 「중국 조선족 부모의 이중언어사용과 가정문해환경이 만3세 유아의 표현어휘력에 미치는 영향」, 서울대 대학원, 석사학위논문, 2021.
이경석, 「국내거주 고려인 이주민들의 현실적인 문제와 기대를 통한 선교 접촉점 연구」, 총신대 목회신학전문대학원, 박사학위논문, 2021.
이동연, 「외국인 유학생의 사회적지지가 학업성취도에 미치는 영향: 한국어 유창성과 대학생활 적응 매개효과 분석을 중심으로」, 선문대 글로컬통합대학원, 석사학위논문, 2021.
이춘양, 「한부모이주여성 삶의 성장 경험에 관한 생애사적 내러티브 연구」, 인하대 대학원, 박사학위논눔, 2021.
김성은, 「국내 난민에 대한 성교적 대응 방안 연구」, 총신대 목회신학전문대학원, 박사학위논문, 2021.
이미정, 「한국교회 이주민 선교의 효과성 증대를 위한 예배와 양육의 상황화 방안 연구」, 백석대 기독교전문대학원, 박사학위논문, 2022.
곽인신, 「인터컬처럴 시티에 관한 연구: 안산시 · 하마마츠시 · 에를랑겐시를 중심으로」, 동아대 국제전문대학원, 박사학위논문, 2022.
한은영, 「인도네시아 외국인 노동자의 회복탄력성 요인 분석」, 진주교육대 교육대학원, 석사학위논문, 2022.
허효오, 「동 · 서양의 컨템포러리 춤에 내재된 상호문화주의에 관한 연구」, 상명대 일반대학원, 박사학위논문, 2022.
박숙희, 「결혼이주여성의 사회적응에 관한 현상학적 연구」, 전북대 일반대학원, 박사학위논눔, 2022.

카블레이바 카로매트, 「우즈맥 결혼 이주민 여성을 위한 문화항목 연구」, 한국교통대 일반대학원, 석사학위논문, 2022.

김창민, 「한국 사회의 혐오 표현을 통해 본 감정의 구조적 문맹화: 예멘 난민 사례를 중심으로」, 고려대 대학원, 석사학위논문, 2022.

전희환, 「"Via Media(비아 메디아)" 관점으로서의 성공회 종교공간 계획: Assemblage(아상블라주)의 다의적 표현을 중심으로」, 동양미래대, 석사학위논문, 2023.

수 수원, 「미얀마와 한국의 문화다양성교육이 한국문화 적응에 미치는 영향: 외국인근로자와 외국인유학생을 중심으로」, 부산외국어대 일반대학원, 석사학위논문, 2023.

신선민, 「국내 거주 고려인선교의 과제와 선교방향 연구: 광주광역시 광산구 월곡동을 중심으로」, 총신대 선교대학원, 석사학위논문, 2023.

채경란, 「결혼이주여성의 문화적응 경험에 나타난 다문화상담의 의미 탐색」, 인하대 대학원, 박사학위논문, 2023.

정희원, 「결혼이주여성의 삶의 경험에 관한 질적 연구」, 고려대 대학원, 박사학위논문, 2023.

응웬 탄 후옌, 「이주자의 종교생활과 사회통합: 재한 베트남 불교사원 원오사를 중심으로」, 한국학중앙연구원 한국학대학원, 석사학위논문, 2023.

유재선, 「다문화 접촉경험이 다문화 수용성에 미치는 영향」, 제주대 보건복지대학원, 석사학위논문, 2023.

정영미, 「결혼이주여성의 초(超)국가적 자녀돌봄 경험에 관한 이론적 접근」, 선문대 일반대학원, 박사학위논문, 2024.
김두원, 「사회통합을 위한 농촌 외국인 이주민의 제3의 장소 특성 연구: 이천시 베트남 결혼이주여성을 대상으로」, 서울대 대학원, 박사학위논문, 2024.
주수영, 「한국사회 내 다문화가정의 행복에 영향을 미치는 요인: 경제적, 개인적, 사회적 요인의 분석」, 연세대 행정대학원, 석사학위논문, 2024.
홍석기, 「다문화사회 구성원에 대한 초등학생들의 편견과 변화에 관한 연구-국적과 종교를 중심으로」, 청주교육대 교육대학원, 석사학위논문, 2024.
짠반티엔, 「코로나19 이후 베트남 유학생의 대학생활 적응요인: 경산소재 5개 베트남 유학생을 대상으로」, 영남대 대학원, 석사학위논문, 2024.
장민정, 「다문화 사회에서 이민자 정체성 변화에 대한 사례 연구: 스페인, 사라고사에 거주하는 베네수엘라 출신 이민자들을 중심으로」, 한국외국어대 국제지역대학원, 박사학위논문, 2024.
이상훈, 「난민 정책에 관한 법제도 개선방안」, 대진대 공공정책대학원, 석사학위논문, 2024.
강유홍, 「인종주의와 이슬람 혐오에 대한 비판적 성찰과 한국사회에서의 함의」, 강릉원주대 일반대학원, 석사학위논문, 2024.
메데르베거바 미르쿨, 「중앙아시아 결혼이주여성의 임파워먼트와 삶의 질 관계 연구 : 문화적응 스트레스의 조절효과를 중심으로」, 중부대 일반대학원, 박사학위논문, 2024.

이상과 같은 학위논문은 한국 사회가 당면한 다문화 종교문화 문제를 해결하기 위한 전문가를 배출하거나 관련 주제에 대한 학문적 담론의 장에서 비교적 장기의 관점에서 천착한 논문이었다. 이어서 살펴볼 학술논문은 학위논문과 달리, 한국 사회의 다문화 현상에 대한 종교문화의 관점에서의 즉각적인 분석과 대응 및 대안을 제시하는 주제들이다. 이 시기에 발표된 다문화 종교문화 담론을 구성하고 있는 학술논문을 소개하면 다음과 같다.

나) 학술논문

오지섭, 「세계화 시대 한국문화의 정체성: 한국 종교의 조화와 공존적 특성을 중심으로」, 인간연구 14, 2008.

김은미 · 김지현, 「다인종 · 다민족 사회의 형성과 사회조직」, 한국사회학 42-2, 2008.

장성진, 「"로마에서 로마법을 따라야만 하는가?": 서구사회에서 이주민의 다문화갈등과 기독교 문화적 대안 모색」, 한국기독교문화연구 5, 2008.

활홍렬, 「고용허가제 이후 이주 노동자 선교의 과제와 전망」, 선교와 신학 21, 2008.

김지향, 「문화적 공간의 형상에 대한 고찰」, 외국문학연구 32, 2008.

홍승표, 「종교를 매개로 형성된 한남동 이슬람 거리와 외국인 무슬림 커뮤니티의 문화적 피난처 역할」, 지리학논총 52, 2008.
안신, 「다문화 종교교육을 위한 심리학적 모델: 제임스 디티스의 종교심리학을 중심으로」,종교교육학연구 27, 2008.
이원규, 「다문화 시대에서의 종교의 역할에 대하여 생각하며」, 현상과 인식 32-2 · 2, 2008.
최현실, 「다문화가정 증가에 따른 한국 사회통합 정책 연구」, 한민족문화 35, 2009.
정희라, 「영국의 종교와 교회-역사적 조망: 세속화, 다문화 시대 영국의 종교교육과 기독교 정체성」, 영국연구 22, 2009.
조응태, 「한국 신종교의 개혁사상과 다문화가정」, 신종교연구 21, 2009.
안신, 「간디의 다문화 종교관에 대한 연구」, 종교연구 57, 2009.
안신, 「세계종교 교수법을 통한 다문화 종교교육; 영국과 한국의 사례에 대한 비교 연구」, 종교교육학연구 30, 2009.
이한영, 「토착화 신학의 흐름과 재고: 윤성범, 변선환, 이정배를 중심으로」, 신학사상 147, 2009.
장성진, 「종교와 다문화」, 선교신학 21, 2009.
김연표, 박훈기, 황환식, 「전라남도 일개 군 지역 다문화가정 이주여성에서의 가족적응력, 결속력 척도(FACES Ⅲ)와 가족 기능도 지수(Family APGAR Score)」, Korean Journal of Family Medicine 30-3, 2009.
박홍순, 「다문화 사회의 이해와 대학생 선교」, 대학과 선교 16, 2009.
박진완, 「유렵의 다문화사회에서의 평등실현과 문화적, 종교적 그리고 언어적 다양성 보호」, 세계헌법연구 15-1, 2009.

임원선,「다문화가정의 아동복지를 위한 교회의 역할에 관한 연구」, 교회와 사회복지 11, 2009.

정환희,「교회 구성원의 국제결혼 이주여성에 대한 인식도 조사를 통한 다문화 시대 기독교교육의 과제에 대한 고찰」, 국제이해교육연구 4-1, 2009.

이사야,「다문화적 종교공동체의 지도자 모세에게 나타나는 영과 영성」, 한국문화신학회 논문집 13, 2009.

오현선,「다문화 사회에서 '차이'를 '차별'화하는 폭력성의 극복을 위한 기독교 평화교육의 한 방향」, 기독교교육논총 20, 2009.

이영호,「대승불교적 견지에서 본 종교간 · 문화간 세계평화운동」, 불교문화연구 10-1, 2009.

장성진,「혼돈 속에 있는 이주민 선교에 대한 선교학적 진단」, 신학사상 149, 2010.

김귀성,「광복 후 중등학교에서 종교교육의 전개와 쟁점」, 원불교사상과 종교문화 45, 2010.

안신,「한국 프리메이슨의 역사와 특징-망각된 기억에서 종교적 소수자로-」, 신종교연구 23, 2010.

하경택,「구약성서의 관점에서 본 다문화 사회와 대응방아네〈모크라〉와 〈게르〉에 대한 이해를 중심으로」, 장신논단 39, 2010.

박승길,「다문화사회와 다문화가정에서의 종교적 갈등」, 민족연구 42, 2010.

오원교,「중앙아시아의 민족적, 지역적 소통과 상생의 토대로서 "생활 이슬람"」, 아시아연구 13-3, 2010.

조희선, 김대성, 안정국, 오종진, 「코슬림(Koslim: 한국 이주 무슬림 2세)」에 대한 한국인의 인식과 태도에 관한 연구: 대학생 설문조사를 중심으로」, 국제지역연구 14-1, 2010.

안신, 「영화의 상상력과 다문화 종교교육-영화에 나타난 예수의 이미지를 중심으로-」, 종교교육학연구 32, 2010.

손문, 「다문화 사회와 기독교 대학의 교양 교육: "탈인습적 신앙 교육"을 중심으로」, 기독교교육논총 23, 2010.

원신애, 「종교적 '상상력'의 렌즈를 통해서 본 영화 속의 다문화적 성격과 기독교교육의 가능성에 대한 고찰: 영화 '나니아 연대기'(The Chronicle of Narnia)를 중심으로」, 기독교교육논총 23, 2010.

황병하, 「무슬림 유학생들의 한국문화 수용에 관한 연구」, 국제문화연구 3-2, 2010.

강창동, 「단일민족사관의 사회사적 형성과 다문화교육의 방향 탐색」, 교육사회학연구 20-4, 2010.

맹상학, 「이주민에 대한 한국 교회의 현실적인 접근 및 사목전망」, 누리와 말씀 28, 2010.

조응태, 「한국 신종교의 축제 문화 연구」, 신종교연구 23, 2010.

변순용, 「다문화 사회 및 글로벌 시대에 요구되는 도덕교육의 핵심덕목으로서의 관용에 대한 연구」, 도덕윤리과교육 31, 2020.

최인식, 「예수와 다석(1890-1981)의 영성적 가르침에서 본 종교인 간 대화의 근본적 조건: 교리적 종교인에서 영성적 종교인으로의 변화」, 다문화와 평화 4-2, 2010.

김중순, 「다문화교육에 있어서 종교의 문제: 특히 이슬람을 중심으로」,

언어와 문화 6-2, 2010.

박종수, 「다문화현상에 대한 한국개신교의 인식과 대응」, 종교문화연구 14, 2010.

신광철, 「다문화사회와 종교」, 종교연구 59, 2010.

이은정, 「국제결혼 가정의 외국인 신부와 지역사회 활동」, 중앙민속학 15, 2010.

오현선, 「한국사회 이주민 2세의 다중정체성 형성을 위한 기독교교육의 과제」, 종교연구 60, 2010.

고병철, 「국가 교육과정 내의 다문화교육과 '종교'교과교육」, 종교연구 61, 2010.

박승길, 「다문화사회와 다문화가정에서의 종교적 갈등」, 민족연구 42, 2010.

조응태, 「한국의 다문화사회 형성에 있어서 종교의 역할」, 평화학연구 11-1, 2010.

안정국, 「이주 무슬림 2세-코슬림의 생활세계와 종교적 정체성-인도네시아 이주 무슬림 2세를 중심으로-」, 한국이슬람학회논총 20-3, 2010.

Laurie J. Harper,Susan Trostle Brand, 「차이점보다는 공통점이 많음 : 다문화 도서와 문해 방법을 통해 존중감 증진시키기」, 어린이교육 12, 2010.

장종철, 「다문화종교교육론 서설」, 기독교언어문화논집 14, 2011.

김계정, 「신종교의 다문화가정시대의 도래에 따른 대응--통일교의 재한 일본인 부인 가정을 중심으로-」, 신종교연구 24, 2011.

문영석, 「다문화사회의 종교를 묻다; 다민족, 다문화사회에서의 종교: 캐나다 사례를 중심으로」, 종교문화비평 19, 2011.
박우, 「한국 체류 조선족 '단체'의 변화와 인정투쟁에 관한 연구」, 경제와 사회 91, 2011.
홍명유, 「민족 정체성을 중심으로 한 다문화 가정 청소년 사역 방향연구」, 한국개혁신학 29, 2010.
안계정, 「'봉은사 땅밟기 사건'을 통해 본 기독교적 정체성과 타자성의 문제」, 개혁주의 이론과 실천 1, 2011.
이광희, 「한국적 다문화 상황에서의 목회 패러다임 전환에 관한 연구」, 성경과 신학 60, 2011.
김대성, 「독일에서 무슬림 현황과 이주민 정책」, 한국이슬람학회논총 21-2, 2011.
이진구, 「다문화사회의 종교를 묻는다; 다문화시대 한국 개신교의 이슬람 인식: 이슬람포비아를 중심으로」, 종교문화비평 19, 2011.
유기쁨, 「다문화사회의 종교를 묻는다; 결혼이주여성과 종교」, 종교문화비평 19, 2011.
라휘문, 「이민자 사회통합을 위한 다문화가족지원센터의 역할 제고 방안」, 한국정책연구 11-1, 2011.
최정혜, 「국제결혼이주연성의 스트레스와 가족건강성 연구」, 한국가족복지학 16-4, 2011.
김효준, 「다문화 기독교 종교교육의 과제와 전망」, 장신논단 41, 2022.
이노미, 「국내 외국인 소수집단 거주지의 갈등과 연대: 이태원 무슬림 거주지를 중심으로」, 한국문화연구 21, 2011.

한국일, 「이주민 선교를 위한 종교와 문화 이해」, 선교와 신학 27, 2011.
문선애, 「신종교의 다문화가정시대의 도래에 따른 대응」, 신종교연구 24, 2011.
김세곤, 「다문화사회 불교의 종교교육-유식의 관점에 의한 다문화교육의 조망-」, 종교교육학연구 36, 2011.
김용신, 「다문화 소수자로서 외국인 노동자의 이주 정체성」, 사회과교육 50-3, 2011.
문선영, 「다문화사회와 통일교의 종교교육」, 종교교육학연구 36, 2011.
김철주, 고병철, 「한국 종립 대안학교의 종교교육과 대안성」, 한국학 34-3, 2011.
고시용, 「다문화사회와 원불교의 종교교육」, 종교교육학연구 36, 2011.
김경이, 「다문화사회와 가톨릭의 종교교육」, 종교교육학연구 36, 2011.
박상준, 「외국의 다문화교육의 동향 분석: 이주민의 인권과 관련하여」, 법과인권교육연구 4-1, 2011.
이은선, 「한국의 다종교, 다문화 상황 속에서 기독교 복음의 의미: 종교편향 논란의 극복을 중심으로」, 성격과 신학 59, 2011.
박종수, 「종교단체의 다문화교육에 대한 사례 연구」, 종교연구 63, 2011.
송도영, 「도시 다문화 구역의 형성과 소통의 전개방식-서울 이태원의 사례」, 담론201 14-4, 2011.
윤재근, 「다문화사회에 있어 상생을 위한 대순사상의 제언」, 종교교육학연구 36, 2011.
신양섭, 「종교적 다문화 수용에 대한 이란역사의 궤적」, 글로벌문화연구 2-1, 2011.
박문수, 「다문화사회의 종교를 묻다; 다문화사회의 도전에 직면한 한국 가톨릭교회의 진로」, 종교문화비평 19, 2011.
백수은, 「거주지역별 비형식적 다문화 경험정도와 문화간 감수성」, 글로벌교육연구 3-1, 2011.
오현선, 「다문화사회와 개신교의 기독교교육」, 종교교육학연구 36, 2011.
이선희, 「중국인 유학생의 여가활동을 통한 문화변용에 관한 연구」, 호텔관광연구 13-3, 2011.
강진구, 「한국사회의 반다문화 담론 고찰」, 인문과학연구 32, 2012.
정일권, 「논평: 다종교, 다문화 사회의 평화스러운 공존을 위한 종교학적 기초연구(Grundagenforschung)의 중요성에 대하여」, 한국기독교철학회 춘계학술발표대회집, 2012.
조귀삼, 「유럽과 한국의 다문화인 유입에 따른 종교 갈등의 비교와 선교 전략 연구」, 복음과 선교 17, 2012.
육주원, 신지원, 「다문화주의에 대한 반격과 영국 다문화주의 정책 담론의 변화」, EU연구 31, 2012.
김미순, 「다문화 지역사회에 대한 학생들의 인식과 지리교육적 함의: 안산시 사례로」, 현다사회와 다문화 2-1, 2012.
함진옥, 조인주, 「전북지역 결혼이주여성의 문화적응 및 심리적 · 사회적 특성이 결혼만족도에 미치는 영향」, 가족과 문화 24-3, 2012.
최봉도, 「다문화 사회에서 기독교의 새로운 지평을 여는 영성과 기독교 영성교육」, 신학과 실천 31, 2012.

강혜정, 「대학생용 다문화태도 척도의 한국판 타당화 연구」, 아시아교육연구 13-4, 2012.
김종도, 안정국, 「이슬람의 통과의례문화 연구」, 아시아문화연구 27, 2012.
이종일, 「다문화 교육을 위한 제도화된 인종주의 고찰」, 사회과교육연구 19-2, 201.
문영석, 「다문화 시대의 변증법적 긴장과 종교간 대화」, 이성과 신앙 53, 2012.
임재해, 「다문화사회의 재인식과 민속문화의 다문화주의 기능」, 비교민속학 47, 2012.
오영훈, 김성영, 「도서지역 결혼이주여성의 종교생활 실태조사 연구」, 종교연구 67, 2012.
김철주, 고병철, 「한국의 종립 대안학교와 대안교육-현황과 과제를 중심으로-」, 종교교육학연구 40, 2012.
박성호, 「한국의 다문화 형성과 종교의 역할」, 종교와 문화 22, 2012.
김선임, 「이주노동자공동체 형성과정에서 다문화 실태와 불교적 대안-미얀마, 방글라데시, 필리핀 사례를 중심으로-」, 동아시아불교문화 10, 2012.
김준호, 「다문화 담론과 불교정신-초기불전을 중심으로-」, 동아시아불교문화 10, 2012.
이지영, 「다문화가정 어머니의 문화적응 스트레스와 부모 스트레스가 자녀의 부적응에 미치는 영향-가족기능의 조절효과를 중심으로-」, 한국가족복지학 17-2, 2012.

손영미, 오세숙, 「이주민 문화적응에 관한 여가연구 동향」, 여가학연구 10-1, 2012.
이상균, 박현선, 노연희, 이채원, 「다문화가족 아동의 문화변용스트레스 및 문화자본이 학교적응에 미치는 영향」, 한국아동복지학 38, 2012.
김영술, 홍인화, 「중앙아시아 고려인의 광주지역 이주와 문화변용에 관한 연구」, 디아스포라연구 7-1, 2013.
박종수, 「이태원지역의 종교공간적 특성과 다문화공간으로의 이해」, 서울학연구 51, 2013.
김영주, 「대순진리회의 대안교육」, 종교교육학연구 41, 2013.
손은하, 「다문화사회에서 이주민의 타자화; 재현된 영상물을 중심으로」, 다문화와 평화 7-1, 2013.
박채복, 「문화적 다양성과 젠더 평등: 유럽내 무슬림 여성의 베일 논쟁을 중심으로」, 세계지역연구논총 31-2, 2013.
박병진, 김병수, 「사회균열의 축으로서의 종교: 종교 간 가치 및 태도의 차이를 중심으로」, 사회사상과 문화 27, 2013.
이현주, 「한부모 이주여성의 자녀양육과 삶에 대한 연구」, 여성학연구 23-1, 2013.
전은희, 「국제결혼가정 내 갈등에 대한 질적 사례 탐구-캐나다인 결혼이주민 남성의 가정을 중심으로-」, 교육사회학연구 23-3, 2013.
전호진, 「다문화 사회와 종교의 역기능」, 개혁논총 26, 2013.
박은혜, 조은선, 「다문화 사회에서의 영성교육」, 기독교교육논총 36, 2013.

김귀성, 「공립학교에서 종교교육의 과제와 전망」, 종교문화연구 20, 2013.
김성영, 오영훈, 「한국 개신교 목사의 다문화교육에 대한 인식 연구」, 종교연구 72, 2013.
정일권, 「종교다원주의 신학을 넘어서: 기독교와 불교 대화신학에 대한 비판적 연구」, 한국개혁신학 37, 2013.
류성민, 「공립학교에서의 종교교육」, 종교문화연구 20, 2013.
오민수, 「구약성경으로 재조명해 본 다문화 담론」, 한국사회복지교육 21, 2013.
공윤경, 「다문화공간에 대한 이중적 시선과 차별화」, 한국민족문화 48, 2013.
안신, 「영국 종교교육의 특징과 한계」, 종교문화연구 20, 2013.
손신, 「결혼이주여성의 사회문화적 적응과 종교의 역할-다문화선교를 중심으로」, 복음과 선교 28, 2014.
장우심, 「한국인 시어머니의 의사소통과 태도에 대한 지각이 고부관계에 미치는 영향」, 한국지역사회복지학 51, 2014.
이재수, 「한국 종교문화원형 활용 현황과 과제」, 종교문화연구 22, 2014.
서은숙, 「북한이탈주민을 위한 다문화(이주민) 통합 교육 방향」, 윤리연구 97-1, 2014.
김중관, 윤희중, 「카자흐스탄의 다문화 공존정책」, 한국중동학회 논총 34-4, 2014.
문영석, 「세방화와 종교다원주의」, 원불교사상과 종교문화 62, 2014.

김성영, 이길용, 민장배, 「글로벌 지구촌 시대에 바람직한 다문화교육과 다문화 수업의 방안 모색」, 교육연구 28-2, 2014.
남희은, 이미란, 배은석, 김선희, 「대학생의 개인주의-집단주의 가치 성향에 따른 다문화수용성에 관한 연구」, 디아스포라연구 8-2, 2014.
조정호, 「라마단에 대한 인격교육적 해석」, 인격교육 8-3, 2014.
김옥순, 「다문화 사회 속에서 한국교회의 디아코니아 역할에 관한 연구」, 신학과 실천 41, 2014.
신동원, 「다문화상황에서의 결혼예식에 대한 고찰」, 신학과 실천 39, 2014.
박경순, 「한국의 기독교평화교육의 연구경향과 미래적 과제」, 기독교교육논총 40, 2014.
이종우, 「에스라개혁의 '국제결혼 금지'에 대한 선교적 재고」, 선교신학 37, 2014.
이혜정, 「대구 · 경산지역의 이주민지원사업의 현황과 과제」, 다문화와 인간 4-1, 2015.
김창근, 「상호문화주의의 원리와 과제: 다문화주의의 대체인가 보완인가?」, 윤리연구 103-1, 2015.
김재광, 「문화공공성과 문화다양성을 제고하기 위한 법적 과제」, 공법연구 43-3, 2015.
노희정, 「한국의 소수종교인들의 자기정체성 연구」, 다문화와 인간 4-1, 2015.
유은주, 「'단일민족주의'에 대한 기독교교육학적 고찰」, 기독교교육논총 44, 2015.
천선미, 「다원화 현상 속에서 한국 복음주의 교회의 위기와 미래 전망」, 한영연구논문 7, 2015.
박일영, 「평화교육을 위한 종교의 과제-가톨릭 종교교육의 새로운 비전을 염두에 두고-」, 종교교육학연구 48, 2015.
최무진, 「종교기관의 사회적 참여 프레임워크에 대한 연구」, 로고스경영연구 13-1, 2015.
이상경, 「사이버공간에서의 표현의 자유오하 반사회적 혐오표현의 규제」, 헌법학연구 21-4, 2015.
이한우, 송형철, 「다문화가정 결혼이주여성에 대한 사회적지지가 문화적응스트레스와 부부 적응에 미치는 영향」, 기업경영리뷰 6-2, 2015.
전명수, 「종교기반 시민사회단체의 사회적기업, 그 특성과 과제-YMCA와 YWCA를 중심으로」, 신학과 사회 29-3, 2015.
박현준, 「다문화 시대 한국사회의 공동체성 형성을 위한 종교정책 연구」, 신학과 사회 29-2, 2015.
김학태, 「다문화사회의 사회통합을 위한 법정책 연구」, 유럽헌법연구 18, 2015.
윤보영, 「경계인 이론을 통한 남한 정착 북한이탈주민 이해에 관한 연구」, 사회과학연구 22-3, 2015.
박찬인, 「프랑스와 미국 다문화 가정 이주민의 언어와 문화적 갈등과 극복-대안으로서의 다문화 교육 및 정책을 중심으로」, 인문학연구 54-4, 2015.

박은진, 「'국민통합'의 종교: 건국초기 미국 시민종교의 형성」, 다문화사회연구 8-1, 2015.
지충남, 「다문화평화 운동에 관한 연구: 국제축복결혼을 중심으로」, 평화학연구 16-5, 2015.
김민지, 「다문화가정 자녀의 문화적 정체성 형성과정에 관한 연구」, 디아스포라 연구 9-2, 2015.
박미경, 「공교육과정에서 다종교 이해를 위한 종교교과의 구체적 실행을 위한 제언」, 기독교언어문화논집 18, 2015.
정연학, 「다문화 사회로의 정착과 외국인 자국 전통문화 전승 실태」, 한국민속학 62, 2015.
김경주, 오세일, 김우선, 「이주민에 대한 한국교회의 대응」, 종교연구 75-2, 2015.
김광철, 「다종교사회에서 학교종교교육의 목적설정 및 교수핟ㄱ습방법에 관한 연구」, 종교교육학연구 52, 2016.
소윤정, 「유럽 이주 무슬림 정착문제와 기독교 선교: 프랑스를 중심으로」, 성경과 신학 78, 2016.
최주열, 「다문화시대 한국종교문화와 한국인의 가치관 연구」, 국제한국언어문화학회 학술대회, 2016-6, 2016.
정성영, 공동성, 「안산시 다문화정책 거버넌스의 구조 변화 연구」, 현대사회와 행정 26-2, 2016.
김종일, 전한성, 「이주민 사회 현황과 불교의 역할에 관한 소고-템플스테이 프로그램 개발을 위한 모형 제안-」, 동아시아불교문화 26, 2016.

김태희, 「다문화사회와 동화주의정책에 관한 연구: 한국과 호주의 다문화교육을 중심으로」, 한국행정사학지 38, 2016.
권사우, 「안동지역에서 유학과 기독교의 만남」, 동서인문학 51, 2016.
이민경, 「미등록 이주노동자 공동체의 특성과 역할 연구」, 인문사회과학연구 17-3, 2016.
임정수, 「한국 사회의 종교적 다양성의 심화와 다문화 시민교육의 과제」, 현대사회와 다문화 6-2, 2016.
계재광, 「다문화가족을 포용하기 위한 교회 공동체에 대한 연구」, 신학과 실천 52, 2016.
박형신, 「한국의 배타적 민족주의, 시민사회론, 선교적 교회론」, 신학과 실천 48, 2016.
김성호, 「상호문화주의를 바탕으로 한 기독교 다문화사회복지의 과제: 평등을 지향하는 공정한 환대의 실천」, 기독교사회윤리 36, 2016.
최정혜, 김명주, 「다문화가정 일본인아내의 임신과 출산에 따른 가족관계 경험 연구」, 비교일본학 37, 2016.
김경주, 오세일, 「다문화교회의 사회자본의 형성과 동학에 관한 연구」, 현상과 인식 40-1,2, 2016.
김철수, 「결혼이주 여성의 종교와 생활만족도」, 다문화사회연구 9-2, 2016.
나랑 바타르, 「개신교가 주한 몽골인들에게 미치는 영향」, 다문화와 인간 5-1, 2016.
박미향, 차윤경, 「한국 무슬림 유학생의 적응유연성 연구」, 다문화교육

연구 9-3, 2016.
신현란, 「외국인 노동자-유학생의 이주경험과 정체성: 네팔 노동자-유학생의 생애사 분석을 중심으로」, 다문화교육연구 9-2, 2016.
조응태, 「종교평화를 위한 한국 신종교문화 비전」, 신종교연구 34, 2016.
조희원, 「결혼이주여성의 사회적 수용성 강화와 사회통합」, 분쟁해결연구 14-3, 2016.
조용기, 윤기봉, 「신한류와 다문화 현상에 대한 대순사상의 문화적 접근」, 한국엔터테인먼트산업학회논문지 10-6, 2016.
이진석, 「호주의 종교적 다양성과 다문화정책의 성공: 유럽과의 사례비교」, 인문사회21 7-4, 2016.
박종수, 「영화를 활용한 다문화교육의 현황과 과제-종교영화 아카이브 구축을 위한 제언-」, 종교문화연구 26, 2016.
박종수, 「몽골출신 이주여성의 '국민 되기' 과정 속 종교의 역할」, 다문화와 인간 5-1, 2016.
이민경, 「미등록 이주노동자 공동체의 특성과 역할 연구-B시의 이주민 선교센터 사례에 대한 행위자 네트워크(Actor Network Theory)」, 인문사회과학연구 17-3, 2016.
성혜영, 안연희, 「종교다원주의와 디아스포라: 한국의 다문화 사회화 전개와 디아스포라 개념의 유용성」, 민족문화연구 70, 2016.
안연희, 「"세계종교"와 종교 가르치기」, 종교문화비평 29, 2016.
최광수, 「다문화사회에서의 기독교적 대응: 총체적 복음사역을 중심으로」, 한구인간복지실천연구 17, 2016.

김성영, 「개신교 목화지의 다문화교육 태도에 관한 연구-수도권을 중심으로」, 교육문화연구 22-3. 2016.
윤선희, 김연희, 「결혼이주여성의 출산에 관한 연구」, 현대사회와 다문화 6-2, 2016.
정경호, 「변화하는 다문화사회에서 한국교회 선교의 전략과 과제」, 성경과 신학 81, 2017.
이마이야, 오종진, 「한국인과 카자흐인 사이에 국제혼에 대한 연구: 한국의 한구 남성과 국제혼 한 카자흐민족 여성의 사회 적응」, 글로벌문화콘텐츠학회 학술대회자료집, 2017.
손신, 신효진, 「결혼이주여성의 사회적 자본이 다문화 지향성과 한국사회적응에 미치는 영향에 대한 연구」, 장신논단 49-4, 2017.
안연희, 「문선명 선생의 이상사회론과 세계공동체 비전: '국경철폐'와 '평화의 길'을 중심으로」, 평화와 종교 3, 2017.
박종수, 「한국사회의 이슬람혐오 현상과 쟁점-상호문화주의를 중심으로」, 종교문화연구 29, 2017.
이광진, 「혐오표현과 표현의 자유」, 법과 정책연구 17-1, 2017.
이상경, 「온라인 혐오표현 등 혐오표현의 새로운 양상에 관한 연구」, 헌법재판연구 4-2, 2017.
변영학, 「다문화와 불평등의 상관성에 대한 시론적 분석」, 지역사회 현안과 담론 16, 2017.
박규환, 「유럽연합에서의 종교의 자유 연구」, 유럽헌법연구 25, 2017.
고기복, 「증오와 종교차별 방지를 위한 헌법적 연구」, 토지공법연구 80, 2017.

최주열, 「다문화시대 한구종교문화와 한국인의 가치관 연구」, 인격연구 11-1, 2017.
홍석준, 「무슬림 여성들의 가족 및 혼인에 대한 인식-한국 여성결혼이미자들을 위한 교육 프로그램 개발의 실천적 함의-」, 지방사와 지방문화 20-2, 2017.
권상우, 「유학과 이슬람의 융합」, 동아인문학 38, 2017.
정봉현, 「다문화사회 진입에 따른 이주민 선교의 특성과 한국교회의 대응방향」, 종교문화학보 14, 2017.
신지원, 「다문화 도시의 다양성 관리놔 '디아스포라 공간'」, 디아스포라 연구 11-1, 2017.
장남혁, 「국내 이주자 선교의 과제와 방향」, 선교와 신학 42, 2017.
홍석준, 「무슬림 여성들의 가족 및 혼인에 대한 인식」, 지방사와 지방문화 20-2, 2017.
김남국, 「다문화 사회에서 표현의 자유의 범위와 한계」, 국제지역연구 26-4, 2017.
남춘모, 「다문화가정의 종교가 가족통합과 정체성 확립에 미치는 영향-일본인 결혼이주여성(통일교) 사례를 중심으로-」, 일본근대학연구 56, 2017.
오덕열, 「종교적 배경을 가진 결혼이주여성의 교육적 의미에 대한 내러티브 탐구: 통일교 일본여성을 중심으로」, 인격연구 12-3, 2018.
김정인, 「지방자치단체의 다문화가족 지원 조례와 다문화가족의 이주사회 적응전략」, 지방정부연구 21-4, 2018.
이윤수, 「다문화 군인에 대한 장교들의 인식과 군 정책 방향」, 국방정책

연구 34-2, 2018.
박경용, 「파독 광부의 디아스포라 노동 경험에 대한 내러티브 탐색-탄광의 막장 안과 밖에서-」, 다문화와 디아스포라연구 13, 2018.
신용식, 「종교 간 대화를 위한 신학적 근거설정: 라인홀드 베른하르트의 상호포괄주의적 종교신학에 대한 고찰」, 한구조직신학논총 53, 2018.
김창근, 「사회통합형 북한이탈주민정책을 위한 다문화 공간론적 접근의 시사점」, 윤리연구 118-1, 2018.
안신, 「미국 사회의 다문화 현상과 종교」, 종교문화학보 15, 2018.
고병철, 「현대 한국의 종교와 다문화사회, 그리고 다문화교육-정의와 인간의 존엄성을 중심으로-」, 인간연구 36, 2018.
조영철, 「글로컬 다문화 사회 형성을 위한 상호문화교육의 방향」, 문화콘텐츠연구 13, 2018.
최봉도, 「기독대학생의 다문화 상호접촉에 대한 인식과 태도에 관한 질적 연구」, 대학과 선교 38, 2018.
김용환, 「혐오와 관용의 관점에서 "이방인(난민)" 바라보기」, 가톨릭철학 31, 2018.
강화, 배은경, 「다문화가정 청소년의 문화적응스트레스가 심리적 부적응에 미치는 영향」, 한국아동복지학 62, 2018.
김광성, 「복음주의 진영의 타종교에 대한 선교신학적 인식 변화 연구」, 선교와 신학 46, 2018.
도경록, 민운기, 김문식, 「신(新)외식산업 분야에 내재된 문화관광론적 의미-할라식품 소비체계의 환경적 특성과 사회적 구성」, 문화교류와 다문화교육 7-3, 2018.
박광수,「원불교 종교연합운동 1세기 조명과 향후 과제」, 원불교사상과 종교문화 78, 2018.
이상형, 김종일,「결혼이주여성의 부적응과 불교에서의 다문화교육에 대한 소고」, 동아시아불교문화 36, 2018.
박종수,「한국 다문화정책과 종교」, 종교문화학보 15, 2018.
안영석,「종교적 공존과 관용을 위한 시론-원효와 최치원의 사상을 중심으로-」, 유학연구 46, 2019.
배경임, 김영순,「이주민지원센터 재직 개신교 성직자의 타자성 형성에 관한 생애사 연구」, 교육문화연구 25-5, 2019.
정하라,「아랍계 무슬림 이주 여성의 적응유연성에 관한 질적 연구」, 글로벌교육연구 11-3, 2019.
오영훈, 하종천,「동남아시아 출신 외국인 노동자의 직장 내에서의 문화 갈등 사례 연구」, 문화교류와 다문화교육 8-3, 2019.
서대승,「종족 집거지에서 '열린' 공동체로?: 한 LA 재미한인교회의 사례를 중심으로」, 다문화사회연구 12-3, 2019.
옥한석,「한국의 분권과 자치에 관한 역사지리적 고찰: 다문화 8도 지역 분권모델을 위하여」, 사회사상과 문화 22-3, 2019.
이은희,「독일 이주민의 문화적 통합을 위한 상호문화 문화교육과 사례 분석」, 독어교육 74, 2019.
Kronnapha Boonmalerd,「태국인 학습자를 위한 한국 문화교육 방안」, 문화교류와 다문화교육 8-3, 2019.
장병준,「21세기 세계 에큐메니컬 운동의; 패러다임 변화와 한국교회에큐메니칼 운동의 과제」, 한국교회사학회지 54, 2019.
김주아, 「말레이시아 화인의 다문화 수용성 조사」, 중국연구 81, 2019.
나권수, 윤재근, 「종교문맹률의 증가에 따른 대학 교양교육으로서의 종교교육의 과제와 전망」, 종교교육학연구 60, 2019.
박미숙, 「난민의 한국사회 정착과정에 관한 연구」, 다문화사회연구 12-2, 2019.
이혜정, 「몽골과 한국의 다종교 비교연구: 불교와 샤머니즘, 민간신앙의 습합현상을 중심으로」, 다문화와 인간 9-1, 2019.
왕성무, 「불교사찰을 활용한 다문화교육의 현황과 과제: 대구 · 경북지역을 중심으로」, 다문화와 인간 8-1, 2019.
전혜정, 「결혼이주여성의 사회참여가 생활만족도에 미치는 영향: 연령범주별 비교분석 연구」, 가족과 문화 31-4, 2019.
유두련, 「대학생이 지각한 어머니의 양육행동에 따른 다문화수용성에 관한 연구: 공감능력의 매개효과를 중심으로」, 민족연구 73, 2019.
손원영, 「한국적 다문화주의와 종교평화교육」, 기독교교육정보 60, 2019.
배상식, 「한국사회에서의 인종편견 사례와 그 특성」, 대동철학 89, 2019.
김현정, 유두련, 「노인 다문화수용성에 관한 연구-자아존중감과 공감능력을 중심으로-」, 다문화사회연구 12-3, 2019.
김충연, 「다종교 사회를 위한 신약성서의 구원론-방-인식론적(semi-epistemic) 구원론을 중심으로」. 신약논단 26-1, 2019.

이춘양, 「고대한국사회에서의 다문화 사례 및 유형-「삼국사기」·「삼국유사」를 중심으로-」, 학습자중심교과교육연구 19-5, 2019.

박여경, 장진경, 「청소년의 제노포비아에 미치는 영향: 접촉이론과 공포관리이론을 중심으로」, 다문화사회연구 12-3, 2019.

박삼열, 「종교적 차이와 갈등, 관용과 화해의 가능성」, 현상과 인식 43-1, 2019.

손원영, 「다문화교육을 위한 종교평화모델의 탐색」, 기독교교육정보 60, 2019.

표정옥, 「한국과 베트남 문화에 나타난 고래 신화와 관음신앙의 해양신화 상상력 비교 연구」, 현상과 인식 43-3, 2019.

이봉한, 「다문화 2세대의 보호환경의고찰」, 사회과학논문집 37-2, 2019.

정용균, 「다문화가족 결혼이주여성의 적응에 대한 사례연구-강원지역 중국여성을 중심으로-」, 강원문화연구 40, 2019.

박규환, 「유럽법원의 판례경향과 한국 공법학의 과제-종교의 사회통합적 수용과 한계」, 공법학연구 20-3, 2019.

김영선, 「이주민 환대의 당위성: 우리도 이방이이었다!」, 신학전망 205, 2019.

손원영, 「개신교 종립학교에서의 종교학 교과서와 종교평화적 성찰」, 종교교육학연구 64, 2020.

짱신팡, 이경원, 「풍수지맥과 세계도맥-대만 유심성교의 선민의식과 다문화 관점-」, 신종교연구 43, 2020.

김대환, 「다문화가족지원법의 문제점과 개선방안」, 세계헌법연구 26-3,

2020.
이정은, 「이주자 가족의 사회 연계망과 하위문화에 대한 일고찰」, 전남대학교 한국어문학연구소 어문논총 37, 2020.
김윤정, 「탈다문화주의 담론으로 살펴본 21세기 유럽 다문화사회의 동향: 독일의 사례를 중심으로」, 인문사회21 11-2, 2020.
손신, 「다문화 실천가의 종교적 영성이 직무착근도에 미치는 영햐에다문화 역량의 매개효과를 중심으로」, 장신논단 52-5, 2020.
허경미, 「난민의 인권 및 두려움의 쟁점」, 경찰학논총 15-2, 2020.
배재현, 「초등학생을 위한 종교 교육프로그램이 다문화수용성에 미치는 영향」, 다문화사회와 교육연구 5, 2020.
손원영, 「종교갈등의 극복을 위한 종교평화교육모델의 탐색: 개신교인의 훼불 사건을 중심으로」, 기독교교육정보 67, 2020.
고광석, 「개혁주의의 "하나님 나라"와 이슬람의 "알라의 나라" 비교연구와 무슬림을 위한 하나님 나라 선교」, 개혁논총 51, 2020.
허권, 「변화하는 다문화 거버넌스: 안산 다문화마을 특구를 사례로」, 한국지역지리학회지 26-2, 2020.
안신, 「21세기 종교에 대한 교양교육의 새로운 방향-배재대학교의 사례를 중심으로」, 교양교육연구 14-1, 2020.
박혜경, 「다문화(종교) 간 대화를 위한 여성신학적 제안: 하갈의 브엘라해로이 영성」, 한국여성신학 92, 2020.
고시용, 「원불교 선민의식과 다문화사회 교화」, 신종교연구 42, 2020.
김상교, 「다문화가정 다국어 서비스 지원 현황 연구-서울특별시 영등포구를 중심으로」, 다문화콘텐츠연구 34, 2020.

배경임, 「신학대학교 다문화강좌 운영 실태 및 방향 탐색-개신교 신학대학 및 대학원을 중심으로」, 문화교류와 다문화교육 9-5, 2020.
박미수, 김영순, 「난민공동체에 나타난 민족정체성에 관한 질적연구」, 현대사회와 다문화 10-1, 2020.
이토 타카오, 「다문화 상황에서의 선민의식과 운동론-SGI의 사례를 중심으로-」, 신종교연구 43, 2020.
김성조, 「신성모곧, 표현의 자유, 존중: 영국의 인종 및 종교적 혐오금지법률 제정과정을 중심으로」, 문화와 정치 7-2, 2020.
강성열, 「한국교회의 공공성 회복과 마을목회」, 종교문화학보 18-2, 2021.
육주원, 「한국인의 사회적 관용과 다문화수용성」, 한국인구학 44-4, 2021.
고병철, 「종교학교과서의 자리와 제작 · 관리」, 종교교육학연구 66, 2021.
방철웅, 「세계평화통일가정연합 신자들의 세대간 이전에 관한 연구: 서울지역 중심으로」, 평화NGO연구 1, 2021.
김상래, 「한국의 평화 연구 동향: 명칭에 '평화'가 포함된 KCI 등재 학술지를 중심으로」, 평화학연구 22-1, 2021.
석창훈, 「다문화사회에서 종교기념일의 이해와 종교간 대화 탐색」, 다문화콘텐츠연구 38, 2021.
황병배, 「국내 이주민 선교사 제도의 필요성과 가능성」, 선교신학 64, 2021.
한준섭, 「종교와 문화 다양성의 결합으로 인한 사회적 경계에 대한 연

구: 런던(London) 서덕(Southwark)의 흑인 교회 등 종교 집단 사례 연구」, 다문화사회연구 14-1, 2021.

송준용, 「다문화 에큐메니즘에 대한 목회상담적 실천방안」, 신학과 실천 76,. 2021.

김인찬, 조상근, 김종훈, 홍명숙, 방동협, 박상혁, 「세계 강군의 다문화 적용사례 연구」, The Journal of the Convergence on Culture Technolo 8-6, 2022.

서경숙, 이근영, 「MZ세대의 다문화 수용성에 대한 연구」, 인문사회21 13-4, 2022.

손원영, 「다문화 담론으로서 선교교육의 패러다임 변화에 관한 연구: WCC의 선교 이해를 중심으로」, 종교교육학연구 71, 2022.

고기훈, 「다문화 2세 NGO 청년 활동가들의 사회적 영향력 형성에 관한 탐색: 근거이론을 통한 YSP를 중심으로」, 평화NGO연구 2, 2022.

나권수, 윤재근, 「교양교육으로서의 종교교육 현황 분석과 개선방안 연구」, 종교교육학연구 71, 2022.

소윤정, 「다문화교육 표방하는 친이슬람 세계사 개정교과서」, 복음과 선교 60, 2022.

성수나, 김중혁, 「이주노동자 차별대우금지의 국제법적 근거와 인권침해 개선방안 연구」, 마인드교육 1-1, 2022.

최지혜, 안신, 「종교개혁과 신종교운동, 그리고 변혁의 선교-비교종교학의 관점에서-」, 신종교연구 46, 2022.

윤희진, 「다문화 공간 스토리텔링을 위한 향유자 인식 연구: 소셜미디어 네트워크 분석을 중심으로」, 문화교류와 다문화교육 11-2, 2022.
이경준, 「한국 국적 미취득 미얀마 난민의 민족정체성에 관한 질적 연구」, 문화교류와 다문화교육 11-2, 2022.
임지혜, 박봉수, 오선영, 「무슬림 이주배경청소년에 대한 교사의 경험 연구: 인천 연수구를 중심으로」, 문화교류와 다문화교육 12-3, 2023.
전명수, 「21세기 사회변동과 종교의 역할-다문화주의 담론 속의 종교」, 종교연구 83-2, 2023.
옥장흠, 「기독교 다문화 교육의 실태와 방향」, 종교문화학보 20-2, 2023.
김용해, 「탈종교시대의 종교성」, 종교교육학연구 75, 2023.
김진영, 「다문화사회에서 종교의 교육적 수용: 협력 종교교육을 중심으로」, 대순사상논총 45, 03.
지영임, 「이주와 종교공동체-대구 이슬람사원 건립을 둘러싼 갈등 사례연구-」, 공동체문화와 민속 연구 6, 2023.
김상철, 「이슬람 중심 중앙아시아 정주문명 전통도시의 다종교-다문화 구조: 우즈베키스탕 사마르칸트」, 한국이슬람학회논총 33-3, 2023.
윤종행, 「증오범죄의 동향과 대책」, 서울법학 31-2, 2023.
심도희, 「유교 덕목을 통한 다문화사회의 통합윤리 연구」, 동아인문학 65, 2023.
김혜미, 오영섭, 「기독교 분야의 결혼이주여성 연구에 관한 동향 분석」,

문화와 융합 45-11, 2023.
김연홍, 김재영, 전화익, 「외국인 가사관리사 도입정책에 관한 연구」, 현대사회와 다문화 13-4, 2023.
염지애, 「다문화사회에서의 이주민의 종교의 자유에 대한 비교법적 검토-미국과 캐나다 연방대법원 판결을 중심으로」, 외법논집 47-1, 2023.
문선영, 「세계평화통일가정연합 가정의 종교교육 연구: 청소년 교재를 중심으로」, 종교교육학연구 79, 2024.
진시원, 「현실주의와 자유주의 국제정치 이론은 다문화주의를 어떻게 바라보는가?」, 볍교육연구 19-3, 2024.
박범석, 「다문화사회의 종교문해력」, 한국이민정책학회 학술대회 자료집, 2024.
박수홍, 「평화를 위한 종교교육의 모색 윌프레드 캔트웰 스미스의 신앙 개념을 중심으로」, 평화와 종교 18. 2024.
강순원, 「키프로스 분단극복 평화교육: 다문화적 평화공존 사회를 향한 교육」, 국제이해교육연구 19-3, 2024.
양경임, 김현진, 「다문화 가족의 트라우마 현상에 관한 연구」, 한국어교육연구 23, 2024.
최은정, 조윤영, 김춘이, 「대학 신입생들의 난민 인식에 관한 조사 연구」, 문화교류와 다문화교육 13-6, 2024.
정유진, 유수빈, 서은숙, 「고려인 중도입국 청년의 내러티브를 통한 사회 적응과 정체성 형성 연구」, 문화교류와 다문화교육 13-3, 2024.

홍상현, 「문화적 차이로 인한 갈등 해결 방법으로서의 소설 미디어 활용 사례-대구 이슬람사원 갈등을 중심으로」, Homo Migrans 30, 2024.

박종수, 「신종교의 영상 콘텐츠 활용 현황과 과제, 그리고 제언: 영화 〈화평의 길〉과 대순진리회박물관의 영상물을 중심으로」, 내순사상논총 48, 2024.

김영선, 「이슬람포비아에 관한 비판적 연구: 하갈 내러티브의 본문 및 수용사 분석을 중심으로」, 선교와 신학 62, 2024.

강진구, 「텍스트마이닝으로 본 대구 이슬람 사원 갈등: 유튜브 댓글을 중심으로」, 다문화콘텐츠연구 47, 2024.

송용원, 「돌봄의 시대에 칼뱅을 다시 생각하다-'적응'(Acommodation)의 언어를 중심으로」, 한국조직신학논총 76, 2024.

김은호, 「문화심리학을 통한 다문화 선교 접근법」, 신학과 실천 92, 2024.

김옥진, 「기독교 상담을 통한 다문화 상담-성경 「룻기」를 중심으로-」, 신학과 실천 92, 2024.

김관태, 송현정, 「제례 문화를 활용한 문화 교육 방안 연구-제주 무속식 제례와 가톨릭 미사 제례를 중심으로」, 탐라문화 76, 2024.

정정희, 「사회적 약자의 사회통합 및 인권증진을 위한 연구-다문화가정 인권을 중심으로」, 법률실무연구 12-1. 2024.

윤종행, 「미국내 인종적, 종교적 증오범죄의 최신동향과 대책, 그리고 시사점」, 법학연구 34-1, 2024.

천자현, 「호주의 원주민 화해 정책에 대한 비판적 분석-학살의 관점에서 본 태즈매니아 절멸과 '도둑맞은 세대(Stolen Generation)'」, 동서연구 36-3, 2024.
주월랑, 「다문화 시대 한국 불교의 이주민 통합 역할에 관한 연구: 텍스트 마이닝 분석 방법을 활용하여」, 한국과 국제사회 8-6, 2024.

이상의 학술논문들은 한국 사회가 다문화사회로 전환되면서, 연구자의 관점에서 한국 다문화 종교문화 담론을 쌓아온 결과물이다. 학술 담론은 앞서 살핀 이 시기의 다문화 종교문화 미디어 담론에 선제적으로 영향을 주는가 하면, 미디어가 가공한 다문화 종교문화 담론을 비판적으로 검토하고 대안을 제시하는 방향으로 축적되었다.

이어서 제2부에서는 1부에서 검토한 한국 다문화사회 속 종교문화 담론을 키워드로 추출하여, 한국 다문화 종교문화 담론을 입체적으로 이해하고자 한다.

제2부 제3장에서는 한국의 다문화 종교문화 담론을 문화변용, 다문화, 다문화선교, 종교차별금지법 등의 주제를 중심으로 다루고 있다. 핵심 주제와 관련된 주요 개념을 다른 분야와 중복되지 않는 차원에서 열여섯 개로 선정하였으며, 주요 개념은 다음과 같다.

"문화변용, 다문화선교, 차별금지법, 이슬람혐오, 다문화교회, 다문화영화, 다문화박물관, 할랄푸드, 다문화감수성, 정체성, 고정관념, 관용, 종교다원주의, 다문화특구, 상호문화주의, 동화주의"

제4장에서는 한국의 다문화 종교문화 담론의 주요 개념과 쟁점을 다룬다. 주요 개념들은 이주민들의 이주 및 정착 과정에서 형성되어온 다문화 종교문화 담론을 중심으로 그간의 핵심 개념들을 검토한다. 각각의 개념들은 지식체계의 틀에서 학술영역의 주요 저서와 논문에 나타난 학문적, 정책적 주장과 의견들로 검토되었고, 언론사회에서의 다문화 종교문화에 관한 담론을 중심으로 설명한다. 또한 주요 개념들에 나타난 학문적, 정책적 쟁점들을 분석하겠다. 이러한 주요 개념과 쟁점의 분석 과정을 통해 다문화 종교문화의 관점에서 다문화 담론을 포괄적으로 이해할 수 있는 기초로 활용될 것이다.

주요 개념에 관한 설명은 주로 학술논문, 언론 사설과 기사 등의 자료를 활용해 진행하였다. 주요 개념을 둘러싼 쟁점 분석은 학문적 쟁점과 정책적 쟁점으로 구분해 분석함으로써, 향후 진행될 서구 다문화와 한국 다문화 종교문화 담론과의 비교를 위한 준거 확보와 학문적, 정책적 담론의 변화를 도출하는 근거로 제시하고자 한다.

제2부

한국의 다문화사회 속
종교문화 담론의
주요 개념과 쟁점

제3장

한국 다문화사회 속 종교문화 담론의 주요 개념

1. 문화변용

문화변용(acculturation)의 사전적 의미는 두 가지로 정의된다. 첫째, (문화인류학에서) 한 집단이나 두 집단이 다른 집단의 문화의 전부나 일부를 채택함으로써 상이한 문화집단 간의 접촉이 새로운 문화유형의 획득으로 이어지는 과정이다. 둘째, 두 가지 이상의 자율적인 문화체계가 서로 계속해서 접촉함으로써 각각의 문화가 모두 변하는 문화 과정을 의미한다(사회학사전, 2000, 고영복).

다문화담론에서 활용되는 문화변용의 개념은 다문화가정을 비롯한 이주민이 한국사회에 적응하면서 겪는 문화적 스트레스, 결혼이주여성과 한국남성의 상호문화변용, 이주민의 문화적응 과정 등을 주로 다룬다. 현재 한국의 다문화담론에서는 종교는 문화변용의 주요 고려 대상이 되지 못하고 있다. 이는 한국사회가 이주민의 종교유입에 따른 문화변용을 다루기에는 다문화담론의 역사가 짧기 때문일 수 있다.

손영미와 오세숙의 「이주민 문화적응에 관한 여가연구 동향」은 이주민의 수가 급증하고 다문화사회로 변화하는 상황에서, 국내 체류 이주민의 문화적응이 중요한 주제가 되고 있음을 강조한다. 본 연구는 여가학 분야에서의 문화적응 이론 및 관련 연구들을 개괄적으로 살펴보고, 국내 연구동향을 분석하여 앞으로의 연구를 위한 시사점을 제안한다. 구체적으로, 1960~70년대의 주요 이론인 사회경제적 소외이론과 민족하위문화이론, 동화이론과 확장모델, Berry의 문화적응이론과 확장모델, 비교문화심리학적 접근의 문화적응연구의 한계 등을 살펴보았다. 또한, 여가와 문화적응에 관한 국내 연구동향을 연도별 논문발간 현황, 주요 연구주제 및 적용이론, 연구방법론, 연구대상자 등을 중심으로 분석하였다. 결론에서는 향후 여가연구에 대한 시사점을 제시하였다(『여가학연구』10-1, 2012, pp.1-27).

이상균, 박현선, 노연희, 이채원의 「다문화가족 아동의 문화변용 스트레스 및 문화자본이 학교적응에 미치는 영향」은 다문화가족 아동이 지각하는 문화변용스트레스와 문화자본이 학교적응에 미치는 영향을 긍정적 자기개념의 매개효과를 중심으로 살펴보았다. 이를 위해 경기도에 거주하는 결혼이주여성 459명과 그들의 초등학교 5-6학년 자녀 459명을 대상으로 한 경기교육복지패널 1차년도(2011) 자료를 사용하였다. 매개효과 분석을 위해 구조방정식모형에 기반한 부트스트래핑 분석을 수행한 결과, 다문화가족 아동이 경험하는 문화변용 스트레스는 학교적응에 부정적인 영향을 미쳤고, 문화자본은 학교적응을 향상시키는 효과가 있음을 확인할 수 있었다. 특히, 긍정적 자기개념은 문화변용 스트레스와 문화자본의 영향을 매개하여 다문화가족 아동의 학교적응에 유의미한 매개효과를 미치는 것으로 나타났다. 이러한 결과는 다문화가족 아동의 적응을 위해 어머니를 중심으로 아동의 교육 관련 문화자본 형성을 지원하는 정책과 서비스가 필요함을 의미한다. 또한, 학교적응에 직접적이고 강력한 매개효과를 보이는 긍정적 자기개념의 강화를 목적으로 하는 서비스와 프로그램이 학교와 지역사회에서 다문화가족 아동에게 제공될 필요가 있다. 연구결과에 기반하여 다문화가족 아동의 적응을 위해 문화자본이 기여하는 긍정적 역할에 대한 이론적, 실천적 함의를 제시하였다(『한국아동복지학』38, 2012, pp.235-264).

김영술과 홍인화의 「중앙아시아 고려인의 광주지역 이주와 문화변용에 관한 연구」는 1991년 이후 중앙아시아 고려인의 광주지역 이주 현상 속에서 초기 고려인 마을 공동체와 위치 선택, 생산, 수입 및 구직경쟁, 동화 투쟁, 가족문제 및 송금효과, 선택, 태도 및 공공정책 등 5개의 분석요소를 통해 그들의 문화변용을 분석하였다. 연구 결과는 다음과 같다. 첫째, 광주지역 위치 특성이 중앙아시아 고려인들의 이주자 위치 선택에 어느 정도 상호 연관되어 있다는 점이다. 둘째, 노동시장에서 고려인들이 일자리로 인해 한국인과 크게 대립하는 문제는 아직 없었다. 지역민과 회사에서 고려인들과의 좋은 관계는 이주자들의 동화 가능성을 증가시키고 생산 활동을 증가시킨다. 셋째, 동화의 문제에 있어서는 고용과 임금보다는 고려인 민족 네트워크와 현지 주민의 역할이 더욱 중요하게 작용하고 있었다. 넷째, 고려인의 이주는 가족문제를 야기시키고 있으며 송금효과는 중앙아시아의 생활에 얼마간의 도움을 주고는 있지만 미래의 투자 자금 확보나 가족 재결합 문제의 해결까지는 미흡하였다. 특히 고려인들의 송금행위는 친척 및 친구들과 사회적 관계에 지출하며 사회 · 종교 단체에 기여하고 있다. 다섯째, 한국인이 고려인에 대해 인종적 편견이나 차별이 없으며 고려인들은 지역 사회로부터 이해와 관심을 요구하고 있다. 더불어 고려인들은 협동조합과 같은 공동체의 연대를 통해 초기 마을 공동체를 구축해 나가고 있다. 이처럼 고려인들의 문화변용에는 경제적인 현상이 중심 역할을 하고 있음을 알 수 있다. 정체성과 문화의 결정요인이 경제적인 분야에서 잘 나타나고 있다는 점이다. 즉, 고려인의 이주와 문화는 현재 경제적 현상을 이해하는 요인이 되고 있다(『한국아동복지학』38, 2012, pp.235-264).

이상과 같이, 한국 다문화사회 종교문화 담론 속에서 '문화변용'의 개념은 이주민들이 한국 사회에서 문화적으로 어떻게 적응하고 있는지, 이주민의 문화 유입이 한국인의 생활세계에 어떤 영향을 미치고 있는지를 다루고 있다. 하지만 종교의 변화를 고찰하는 연구는 많지 않았기 때문에, 향후 이에 대한 연구가 요청된다.

2. 다문화선교

다문화선교(多文化宣教; Multi-Cultural Ministry)는 한국 개신교에서

주로 사용하고 있는 개념으로, '다문화이주민선교,' '이주민목회,' '다문화교회' 등과 함께 사용되기도 한다. 김성욱의 「다문화이주민사역을 위한 평신도전문인선교」에 의하면, 한국교회의 선교사역에서 다문화이주민사역은 1970년대부터 항구도시 인천에서 외항선원들을 대상으로 시작되었으며, 1990년대 초기부터는 중국 조선족 동포들의 입국으로 그들을 위한 사역으로 나타났다. 그리고 1997년 합동측 총회 선교부는 "총회외국인선교협의회"를 조직하여 이주민사역을 공적으로 시작하였고, 그 후 총회 외국인선교협의회는 GMS 외국인 지부로 명칭을 변경하고 국내외국인지역위원회가 조직하였다. 2018년 현재 GMS 한국 외국인 선교에 함께하는 사역자는 20가정이 사역하고 있는데, 허명호는 이주민사역이야말로 "대한민국 영토 안에 펼쳐진 다문화이주자 추수밭"이라고 소개하면서, 현재 1,000여 개의 이주민 사역단체들이 활발하게 사역하고 있다고 한다(『신학지남』85-4, 2018, p.128).

김성욱은 위 논문에서 구약성서와 신약성서 속 다문화이주민선교를 소개하면서, 다문화이주민사역을 위한 전문인선교가 선교학적으로 중요하다고 주장한다. 그리고 21세기 다양한 이주민들과 다문화 상황을 맞이한 한국교회가 타문화에 대한 수용성과 이해를 바탕으로 세계선교의 사명으로 다문화이주민선교에 나아가야 함을 역설하였다(『신학지남』85-4, 2018, pp.129-149).

국내 사례연구로 호남지역을 대상으로 한 박흥순의 「호남지역 다문화선교의 현황과 과제」는 호남지역의 다문화 상황이 이주노동자보다는 결혼이민자가 더 많다는 점을 확인했지만, 정작 다문화선교는 이주노동자를 위한 사역에서 비롯되었다는 점에 주목하였다. 대한예수교장로회 합동교단과 기독교장로회 교단에 소속된 이주민센터가 1990년대부터 활동하였고, 호남지역에서의 다문화선교는 이주노동자를 위한 노동 상담, 인권과 복지, 한국어 교육 등을 위한 사업을 하면서, 목회와 선교의 영역으로 확장하는 선교와 사역을 담당하였다고 평가하고 있다(『선교와 신학』32, 2013, pp.183-185).

박흥순은 호남지역 다문화선교 사역의 유형을 다섯 가지 유형으로 분류하여 소개한다. 첫 번째 유형은 교회 중심의 예배공동체 사역 유형으로, 예배와 성경공부를 중심으로 사역을 진행하면서도 선교에 주목하여, 교회에 출석하는 이주민을 위한 다양한 지원과 프로그램을 운영하는 형태이다. 두 번째 유형은 교회에서 운영하는 기관이지만 교회에 출석하지 않는 이주민도 참여할 수 있는 공간으로 센터나 기관을 운영하면서 다양한 프로그램을 개설하고 진행하는 복지에 주목하는 유형이다. 세 번째 유형은 교회가 운영주체이지만 독립적인 이주민센터나 비영리 민간단체 형태로 이주민선교와 다문화사역을 진행하는 유형이다. 정부와 지자체로부터 직접적인 지원을 받지 않고 독립적으로 운영된다는 점에서 정부와 지자체 위탁운영기관과는 차이가 있으며 교회가 운영하기 때문에 이주민을 대상으로 선교를 할 수 있는 장점도 지닌다. 네 번째 유형은 정부와 지자체로부터 위탁받아서 운영하는 형태로 다문화가족 지원센터가 대표적이다. 다섯 번째 유형은 교회와 독립적으로 운영되는 자조모임 유형이다. 교회가 위치한 지역에 살고 있는 결혼이주여성이 모여서 한국어를 배우며 한국생활의 경험과 정보를 나누는 공간으로 활용하는 유형이다(『선교와 신학』32, 2013, pp.191-200).

그리고 천주교에서는 박문수의 「다문화사회의 도전에 직면한 한국 가톨릭교회의 진로」에서 교황청 이주사목평의회가 2004년 훈령으로 만든 '이민들을 향한 그리스도의 사랑'을 통해 이주민 사목의 보편적인 지침이 만들어지면서, 가톨릭교회의 다문화사회에 대한 인식과 대응 양상을 살펴보고, 이후의 사목 방향을 제시하였다. 이 연구에서는 가톨릭교회가 다문화사회를 사목의 직접 대상으로 삼고 있지 않았던 역사적 배경을 살펴보고, 한국 가톨릭교회가 대내외적으로 다문화사회와 관련된 활동을 어떻게 진행하고 있으며, 가톨릭의 학문적 논의의 장에서 어떤 연구가 있었는지를 고찰하였다. 그러면서 사회적 소수자들의 인정, 이주 문제에 대한 목표와 관점을 명료화, 정부와 지자체에 대한 자율성 확보, 가톨릭교회의 보편적 속성에서 제기되는 문제 등을 과제로 분석하였다. 결론적으로 문화권(文化權)을 인정하는 방향을 선택하고 포스트 콜로니얼의 대안을 선택하고 소수문화를 존중하는 것을 제안함과 동시에 이주민들의 종교와 대화를 준비하고 정치 영역으로 활동영역을 확대하며 다문화사회 교육을 실천할 것을 제안하였다(『종교문화비평』19, 2011, pp.133-162).

한편, 불교에서도 다문화 포교와 관련된 연구가 있다. 하태연의 「다문화가정의 포교방안 연구」는 불교국가에서 한국으로 이주해 온 다문화가정 구성원과 그 자녀를 대상으로 한 포교 방안에 대한 연구로, 실태조사를 기반으로 네 가지 포교방안에 대해서 제안한다. 요컨대, 가정지원 프로그램과 교육, 법회, 템플스테이를 제안하였는데, 이러한 방안은 부처의 말씀과 불교의 보살정신, 이타정신을 기초로 한 것이라 보았다(동국대학교 석사학위논문, 2016).

원불교에서도 다문화사회에 대해서 대응하기 위해 삼동윤리와 종교연합운동을 펼치고 있다. 고시용의 「원불교의 선민의식과 다문화사회 교화」는 한민족에 대한 원불교의 선민의식을 한민족 중심주의와 더불어 다문화사회에 대한 원불교의 다양한 사업과 활동을 동포은과 처처불상에 입각하여 원불교의 교화의 관점을 소개한다. 그리고 이것을 삼동윤리와 종교연합운동, 세계교화, 다문화사회교화의 개념으로 설명하며, 다문화사회로의 변화에 대한 원불교가 새로운 시대상황에 맞게 다문화사회교화를 적극적으로 실행해야 함을 제안하였다. 그리고 과제로 다섯 가지를 제안하였는데, 일원주의 · 삼동윤리와 한민족 중심주의 · 선민의식이 상충하는 것을 예방해야 하며, 외국인주민에 대한 전략적 다문화사회교화정책을 마련해야 하며, 원불교 구성원들에게 다문화사회에 대한 이해와 지식, 관심을 제고시켜야 하며, 다문화사회교화를 진행하고 있는 기관과 단체에 대한 지원을 해야 하며, 다문화사회교화에 적합한 다양한 방법의 교화 유형과 원불교 교리 콘텐츠를 개발할 것을 제안하였다(『신종교연구』42, 2020, pp.1-34).

대순진리회의 경우도 『전경』의 구절 "세계의 모든 족속들은 각기 자기들의 생활 경험의 전승에 따라 특수한 사상을 토대로 색다른 문화를 이룩하였으되 그것을 발휘하게 되자 마침내 큰 시비가 일어났도다. 그러므로 상제께서 이제 민족들의 제각기 문화의 정수를 걷어 후천에 이룩할 문명의 기초를 정하였도다(교법 3장 23절)"을 인용하여, 앞으로 세계의 문화가 조화를 이루는 시대가 열릴 것인데, 인종에 따라서 차별하지 말아야 함을 역설하고 있다. 그러면서 다문화가정이 우리 사회에 융화될 수 있도록, 우리 스스로 열린 마음을 갖고 인식의 전환을 이루어야, 우리 사회의 상극을 해소할 수 있다고 보았다(『대순회보』127, 2011).

3. 차별금지법

차별금지법(差別禁止法; Anti-Discrimination Act)은 앞서 살핀 다문화 담론의 공론화 시기부터 한국 사회의 쟁점으로 부각 된 키워드이다. 홍성수가 「포괄적 차별금지법의 필요성: 평등기본법을 위하여」애서 지적한 것처럼, 2000년대 중반부터 차별금지법 제정이 논의되었지만, 현재까지 제정되지 못하고 있다. 현재 논의되고 있는 것은 포괄적 차별금지법으로 개별적 차별금지 사유 · 영역을 통합적으로 규율하고, 단일 차별시정기구를 만들고, 차별구제의 실효성을 강화하고, 범국가적 이념목표로서의 평등을 법제화해야 한다는 점에서 개별적 차별금지법과 입법과 무관하게 제정되어야 할 법이다(『이화젠더법학』 10-3, 2018, p.3).

다문화 담론의 쟁점화 시기에 미디어 담론 속 차별금지법과 관련된 기사들은 대체로 보수기독교단체와 불교단체와의 '성소수자'에 대한 시각 차이로 쟁점이 형성되었다. 김종우의 「한국의 포괄적 차별금지법을 둘러싼담론 지형과 이중화된 인권-포괄적 차별금지법 입법 과정을 중심으로」에서는 차별금지법 제정을 추진하는 과정에서 다양한 쟁점이 등장했으나, 입법과 관련한 주요 쟁점은 종교, 성적지향(sexual orientation), 노동, 젠더와 관련된 주제로 압축할 수 있다고 분석하였다. 여기서 종교와 성적지향은 담론 간 상호작용을 통해 입법을 위한 제도화 경로를 결정하는 핵심 주제로 나타났다고 분석한다. 연구 시기인 2000년 1월부터 2020년 10월까지의 차별금지법 관련 주요 일간지 보도에서 추출한 어휘의 빈도와 중앙값(degree centrality)을 분석하였는데, 빈도는 기사 내에서 등장한 어휘의 출현 빈도를 의미하며, 중앙값은 다른 어휘와의 연결 정도를 계량화한 값으로, 값이 클수록 다른 어휘와 더 강하게 연결되어 있음을 의미하였다. 이 두 지표는 차별금지법에 대한 언론 보도의 경향성을 파악할 수 있는 기초 지표다. 여기서 연구자는 텍스트마이닝을 통해 20년간의 언론 보도를 요약해 횡단적으로 차별금지법을 둘러싸고 어떠한 쟁점이 부각되고 있는지 연구하였다(『경제와 사회』129, 2021, pp.84-117).

위의 연구에서 키워드로 표출된 내용은 '동성애', '교회', '혐오', '성소수자', '목사', '동성애자' 등 종교와 성적지향성과 관련된 어휘가 상위 20개 어휘 내에서도 상위에 등장하였고, 이들 어휘는 중앙값도 크게 나타나, 단순 빈도만이 아니라 상호담론성이 강한 어휘라는 점을 분석하였다. 이것은 차별금지법 입법 과정에서 성적지향과 종교(보수 개신교)와의 연관성을 보여준다(『경제와 사회』129, 2021, p.93).

김정우의 연구 분석에 의한 차별금지법 관련 보도의 주요 주제는 소주제별로 분류되어 각 소주제별 주제 구성 키워드가 분석되었다. 첫째, '제정 관련 논쟁'에는 '차별, 금지법, 제정, 차별금지법, 반대, 포괄, 사회, 국회, 촉구, 단체, 보수, 평등, 입법, 입장, 추진, 법안, 성별, 차별금지법, 장애, 규정, 행위, 종교, 인종, 국가, 처벌, 영역, 차별금지법안' 등이 키워드로 구성되었다. 둘째, 개신교 우파에는 '총회, 목사, 회장, 교단, 총회장, 통합, 예장, 한기총, 이단, 한교연, 합동, 대한예수교장로회, 입장, 장로, 하나님, 기독교, 한국교회, 성경, 기도, 설교, 신앙, 예배, 목회자, 동성애' 등의 키워드가 구성되었다. 셋째, '가짜뉴스'에는 '기사, 보도, 언론, 댓글, 가짜뉴스, 인터넷, 가짜, 정보, 유튜브, 영상, SNS, 한겨레, 온라인, 악플, 에스더'가 키워드를 구성하였다. 넷째, '혐오표현'에는 '혐오, 표현, 발언, 혐오표현, 일베, 사회, 집단, 자유, 규제, 비하, 소수자, 특정, 처벌, 주장, 대응' 등이 키워드로 구성되었다(『경제와 사회』129, 2021, p.94).

차별금지법은 다문화 종교문화 담론과 연계될 때, 이슬람 혐오, 성소수자, 이주민의 차별 등이 쟁점으로 부각되고 있다.

4. 이슬람혐오

이슬람포비아(Isramophobia)는 국내외적으로 공통된 현상으로 나타나고 있다. 한국 다문화 종교문화 담론에서는 앞서 다룬 '차별금지법'과도 연계하여 쟁점이 되는 개념이다. 이진구의 「다문화시대 한국 개신교의 이슬람 인식」은 한국 개신교가 '다문화선교'에 열정을 쏟으면서, 이슬람에 대한 공포를 동시에 조성하였다고 분석하였다. 2008년 10월, 한국기독언론협의회의 '이슬람의 포교전략과 한국 교회의 대응방안'이라는 주제의 포럼으로 시작해서, 극동방송에서는 '이슬람, 그들이 몰려온다'를 다루었고, 국민일보, 한국세계선교협의회(KWMA), 사랑의교회 등이 공동으로 '이슬람이 오고 있다'라는 포럼을 개최하였다. 〈교회연합신문〉과 성결교단의 기관지인 〈활천〉에서도 이슬람 관련 특집이 게재되었다(『종교문화비평』19, 2011, pp.164-165).

이진구는 위의 논문에서 당시 등장했던 이슬람포비아 논쟁을 중심으로 다문화사회에서 한국 개신교의 한 단면을 포착하여, 이슬람포비아를 확산시킨 세력은 무엇이며, 논쟁의 의미와 맥락에 대해서 살폈다. 분석 결과, 한국 개신교의 이슬람포비아는 서구와 달리 무슬림에 대한 차별이나 배제 또는 폭력이 아니라, 이슬람에 대한 '비판 담론'의 모습으로 그 자신을 드러내었다고 분석하였다. 그리고 이슬람을'악한 영'에 사로잡힌 '적그리스도의 종교'로 규정하면서 '이슬람의 악마화'를 시도하였다는 점에서, 이웃종교의 '타자성'을 인정하지 않는 배타적 근본주의는 다문화시대의 개신교가 다문화선교의 기반을 마련하기 위해서 벗어날 것을 제안하였다(『종교문화비평』19, 2011, pp.189-190).

박종수는 「한국사회의 이슬람혐오 현상과 쟁점-상호문화주의를 중심으로」에서 한국사회가 이슬람교에 대한 혐오가 어떻게 나타나고 있는지를 살피면서 그 갈등을 해결하기 위해서 상호문화주의 관점인 '다문화종교교육'을 실천할 것을 제안하였다(『종교문화연구』29, 2017, pp.40-70).

박종수는 위의 논문에서 이슬람포비아처럼 특정 종교에 대한 혐오를 방지하고 종교문해력을 키우기 위해서, 문화체육관광부가 지원하고 있는 '다종교문화지원정책'을 다종교 · 다문화사회에 맞게 지원 프로그램을 다변화시킬 필요성을 제기하였다. 사업의 예시 중 '이웃종교문화 이해강좌'처럼 다문화종교교육의 차원에서 제도권 및 비제도권 교육의 장에서 실현될 것을 제안하였다(『종교문화연구』29, 2017, pp.64-68).

한국사회에서 이슬람혐오 현상이 처음 쟁점화된 시기는 2008년

전후 차별금지법의 입법화 과정에서 나타났는데, 또 한 번의 변곡점이 생겼다. 2021년 2월 16일, 대구광역시 북구 대현동에서 일어난 이슬람사원 건축 반대 사건으로 알려진 이슬람 혐오 현상이다.

육주원의 「다문화사회에서의 국경만들기와 갈등의 극단화: 대구 북구 이슬람사원 건립 갈등을 중심으로」는 이 사건에 대해서 상세히 다루고 있다. 이 논문은 2021년부터 지속되고 있는 대구광역시 북구 이슬람사원 건립을 둘러싼 갈등의 사례를 분석하여, 해당 지역에서 벌어지고 있는 국경만들기의 과정을 살펴보고, 현대 한국 사회의 이주 및 인종 · 문화 · 종교적 차이를 둘러싼 사회 갈등의 특징을 살펴본다(『경제와 사회』139, 2023, pp.52-91).

이소훈, 김유, 이채은, 진지혜의 「익명과 이슬람혐오: 온라인 커뮤니티에 담긴 대학생의 인종적 이해, 편견, 그리고 혐오」는 대구 북구 이슬람사원과 관련하여 '에브리타임'이라는 온라인 공간에서 논쟁이 된 이슬람혐오 담론과 대학생의 반응을 다층적으로 분석하였다. 연구자들은 이슬람사원과 관련한 게시글과 댓글 821개를 주제별로 코딩한 후, 다섯 가지의 혐오 및 반감 유형을 포착하였다(『현대사회와 다문화』13-2, 2023, pp.1-45).

아래의 〈표〉는 위의 연구자들이 분석한 이슬람사원 관련 게시글 및 댓글 821개를 유형화한 내용이다. 이 내용은 앞서 살핀, '차별금지법'과 유사하면서도 차이가 나타나고 있다.

〈표〉 이슬람사원 관련 게시글 및 댓글 분석의 상위 노드, 하위 노드 및 코딩 빈도

상위노드	하위노드	코딩 빈도 (회)	해당 글 (개)	상위노드	하위노드	코딩 빈도 (회)	해당 글 (개)
"고전적" 이슬람 혐오	치안, 폭력, 테러, 참수	73	17	"경험형" 비호감 표현	소음, 냄새 관련	24	6
	성폭력, 여성차별	42	5		거짓말	11	6
	무관용, 세력화	38	15		이슬람 국가	6	2
	유럽을 반면교사	37	15		방역수칙 관련	5	1
	신정일치	17	7		편견 있어도 됨	11	6
	탈레반	15	5		반기독교 및 종교	8	6
	쿠란	13	4	별수 없음	민주적 법과 절차	31	9
"무조건" 이슬람 혐오	비아냥거림	73	18		어쩔 수 없지만 문제	14	6
	욕설과 거부	58	19		유학생 필요	3	1
	동원	5	6	차별 및 혐오에 반대	무논리, 가짜뉴스	63	12
"혼합형" 반대 표현	"도덕적 우월감" 비판	69	14		편견, 혐오 반대	31	13
	기타 혼합형 혐오	50	15		기독교와 형평성	18	8
	반페미	31	7		비교, 예를 들어 설명	18	8
	위선	26	9		종교의 자유 및 인권	14	7
	편견 있어도 됨	11	6		부끄러움, 한심함.	14	6
	반기독교 및 종교	8	6		동네주민/학우	5	5
외국인에 대한 반감	한국인 우선	38	10	기타 의견	궁금함	26	12
	외국인 권리 비판	24	7		상관없음	3	2
	동화	9	6				

출처: 이소훈, 김유, 이채은, 진지혜, 2023, p.19

지영임의 「이주와 종교공동체-대구 이슬람사원 건립을 둘러싼 갈등 사례연구」는 대구와 경산 지역의 무슬림 유학생 공동체를 다루면서, 대구 이슬람사원 건립을 둘러싼 갈등을 다룬다. 본 연구에서 이슬람사원 건축과 관련하여지역민과 무슬림 이주민의 입장을 객관적 차원에서 소개하면서, 중앙정부과 관계부처의 종교갈등을

조율할 수 있는 종교정책의 개발과 시행 등의 개입을 요청한다(『공동체문화와 민속 연구』6, 2023, pp.53-84).

5. 다문화교회

다문화교회(多文化敎會; multicultural church)는 '다문화선교'처럼 주로 개신교에서 사용하는 개념으로 국내 이주민을 선교의 대상으로 한 교회의 유형이다.

김경주, 오세일, 김우선의 「이주민에 대한 한국교회의 대응: 다문화교회의 형성 사례 연구」는 다문화교회 또는 다민족교회, 다인종교회가 형성되는 사례를, 한국교회의 다문화 담론과 이주민선교에 대한 이론적 검토를 한 후, 이주민에 대한 교회의 대응방식에 주목하여 한국교회가 이주민을 받아들이기 위해서 어떤 상징적, 제도적 프레임을 사용했는지를 '문화작업'의 틀로써 분석한다(『종교연구』75-2, 2015, pp.95-133).

위 연구에 따르면, 다문화교회의 유형은 이주민에게 물질로 후원하는 교회, 이주민과 함께 예배하는 교회, 이주민만을 대상으로 하는 교회 등 다양한 형태의 교회로 구분한다. 그리고 연구자는 다문화교회가 이주민을 구성원의 일원으로 받아들이는지의 여부에 중점을 두고, A 산업단지에 위치한 K 교회(진보진영의 한 전형적인 사례로)를 연구의 대상으로 삼았다. 이 교회는 1986년에 설립되어,

1992년 이주민선교로 정체성을 바꾸었다. 당시에 필리핀, 파키스탄, 네팔 이주노동자 10명을 대상으로 시작하여, 2003년에는 800명에 이르는 다문화교회로 성장했다. 2015년 당시 한국인 500명, 몽골인 120명, 인도내시아인 60명, 필리핀인 40명, 파키스탄인 30명 등 250여 명의 이주민이 참석하고, '독립'과 '연합'을 추구하면서 국가별로 각각의 교회공동체를 형성하였다(『종교연구』75-2, 2015, pp.108-109).

연구자들은 다문화교회가 이주민선교를 위해서 상징적 프레임을 활용했는데, 그 내용은 교회성명서를 통한 동일한 비전의 공유와 설교를 통한 다문화 담론의 형성으로 분석하였다. 그리고 교회의 집단 정체성을 다문화교회로 변화시키고, 제도적 프레임을 통해서 통합 공동체를 형성하면서 이주민선교에 부응하였다고 분석하였다(『종교연구』75-2, 2015, pp.110-124).

안심원의 「승리다문화교회 교육목회 이야기」는 일산에서 1997년에 몽공과 베트남 등의 이주민사역으로 게르방 사역을 시작하여, 2012년에 승리다문화교회로 이름을 바꾸고, 2013년 승리다문화비전센터를 설립해서 이주민을 위한 다양한 프로그램을 소개한다. 당시 코로나19 상황에서 온라인, 오프라인 예배와 교육목회의 현황을 소개하고, 세 각지 비전을 제기한다(『교육목회』506, 2021, pp.4-8).

박천응의 「안산다문화교회 교육목회 이야기: 비대면 예배와 교육프로그램 사용을 중심으로」는 코로나19 상황에서 이주민 소외와 교육환경을 소개하면서, 비대면 예배와 이주민 교육을 위한 기능습득의 과정을 소개한다. 교회가 새로운 환경의 출발선에 다시 서서 코로나19 상황 이후의 새로운 길을 모색하는 방안에 대해서 문제를 제기한다(『교육목회』507, 2021, pp.58-63).

6. 다문화영화

다문화영화(多文化映畫; multicultural film)는 영화의 한 장르로서 이주민 또는 외국인의 유입에 따른 다양한 쟁점들을 소재로 다큐멘터리 또는 비판적 접근을 드러내는 방식의 영화들이다. 다문화영화는 장르영화의 한 종류이기도 하다.

배상준의 「한국의 다문화 영화-장르적 접근」에 따르면, 한국형 다문화 영화의 동향을 영화상영 현장에서 관찰하면서, '상록수 다문화 국제 단편영화제'를 소개한다. 이 영화제는 상록수 최용신의 정신과 혼을 살려서 경기문화재단의 지역문화예술 활동사업의 하나로 안산에서 개최되고 있다(『인문콘텐츠』36, 2015, p.76).

위의 연구에서는 다문화영화로 분류되는 〈로니를 찾아서〉(심상국, 2009), 〈반두비〉(신동일, 2009), 〈방가?방가!〉(육상효, 2010), 〈무산일기〉(박정범, 2011), 〈완득이〉(이한, 2011) 다섯 편을 장르영화로서의 다문화영화라는 관점에서 분석한다. 그리고 다문화 영화를 첫째, 기존의 사회문화적 가치와 타문화의 포용 사이에서 발생하는 갈등을 형상화하고, 둘째, 다문화적 구성원들이 주류문화에서 새로운 정체성을 형성하면서 생기는 번뇌의 과정을 그려내고, 셋째, 이 문화적 융합을 소통과 탈경계를 통해 새로운 주류문화로 승화시키며, 넷째, 이러한 문화적 작용의 성취를 통해 사회구성원 모두에게 비판적 성찰의 기회를 제공하는 영화로 정의한다(『인문콘텐츠』36, 2015, p.85).

배상준은 다문화영화를 소재에 따라서 이주노동자, 결혼이주민, 다문화가정2세(이주배경청소년), 난민 등으로 구분하여, 내러티브 공식(formular), 관습(convention), 코드(code)와 도상(icon), 전형 캐릭터(stereotype) 차원에서 분석한다(『인문콘텐츠』36, 2015, pp.89-104).

다문화영화를 대상별로 간략히 소개하면 다음과 같다.

첫째, 이주노동자를 주 대상으로 한 내용의 다문화영화로는 〈방가?방가!〉(2010), 〈로니를 찾아서〉(2009)가 대표적이다. 〈방가?방가!〉는 이주노동자의 노동 현실을 생생하게 보여주기도 하고, 극화하여 보여주기도 하였다. 〈로니를 찾아서〉는 한국이라는 땅덩어리의 주인들과, 코리안 드림을 꿈꾸며 이주해 온 사람들 사이의 어긋난 욕망이 충돌하는 현장을 무대로 삼는다.

둘째, 결혼이주민을 소재로 한 다문화영화로는 〈나의 결혼 원정기〉(2005)가 대표적이며, EBS의 다문화고부열전 프로그램이 상징적 프로그램이다. 〈나의 결혼 원정기〉는 황병국 감독 데뷔작. 우즈베키스탄을 배경으로 농촌 노총각과 탈북자 출신의 커플매니저 사이의 사랑을 그린다.

셋째, 다문화가정2세(이주배경청소년)를 다루고 있는 다문화영화로는 〈완득이〉(2011), 〈새리와 하르〉(2009), 〈마이 리틀 히어로〉(2013)가 대표적이다. 〈완득이〉는 소설을 영화화한 것이다. 영화 속 완득이네 동네는 성남시 수정구 소재의 신흥2동이다.

7. 다문화박물관

다문화박물관(多文化博物館; multiculturemuseum)은 박물관의 기능에 현대적 다문화 현상을 접목시킨 박물관이다. 전통적으로 박물관의 기능은 지역에서 발굴 또는 수집한 다양한 형태의 유적 · 유물들을 기획, 전시하거나 세계에서 수집 또는 전리품으로 취득한 유물들을 전시하여 특정 문화의 관점에서 다른 문화를 이해하는 방식으로 전시 및 기획되었다. 이러한 관점에 문제의식을 갖고 상호 문화의 관점에서 서로 이해하고자 하는 차원에서 기획 및 전시하는 박물관으로서 기능과 역할을 하는 것을 다문화박물관이라고 부르고 있다.

현재 국내의 공공 박물관에서는 기획전시 차원에서 다문화박물관의 콘텐츠가 일회적, 일시적으로 전시 및 체험으로 활용되고 있다. 대표적인 사례가 국립민속박물관의 '다문화꾸러미'운영 사업이다. 다문화꾸러미는 어린이들의 문화다양성에 대한 이해를 도모하는 목적으로 실물자료를 활용하여 체험의 기회를 제공한다. 각 나라에서 취득한 실물들을 '꾸러미' 상자에 담아서, 지역의대여 신청 기관에 대여하여 운영되는 사업이다.

아래의 〈표〉는 뱅크스가 다문화교육의 네 단계를 제시하였던 것을 박물관 다문화콘텐츠의 사례와 접목하여 다문화교육의 사례를 분석한 이지인의 「김해시 박물관의 비판적 다문화교육 연구」에서 발췌한 것이다(『어린이와 박물관 연구』18, 2021, p.145).

Banks의 다문화 교육 접근법	세부 내용	국내 박물관 다문화교육 사례
1단계 기여적 접근법	영웅, 공휴일, 기념일, 개별적인 문화적 요소에 초점을 맞춤	국립김해박물관(2011), 〈제2회 아시아 문화유산축제〉: 외국인노동자, 결혼이민자 가족, 일반 시민들이 세계문화유산 사진전 및 다문화체험, 전통 공연 등 구성원들의 문화를 소개하고 이해하는 프로그램
2단계 부가적 접근법	교육과정은 변화 없이 내용, 개념, 주제, 관점을 교육과정에 추가함	국립중앙박물관(2010), 〈우즈베키스탄 연극놀이〉: 우즈베키스탄의 지리적 특성을 바탕으러ㅗ '시장'을 테마로 한 교육 김해클레이아크미술관(2018): 〈행복교실: 진례면 상상 15번지-나만의 도자 액세서리 만들기〉: 이주민과 지역민이 서로 소통하고, 나만의 도자 액세서리 만들기 프로그램
3단계 변혁적 접근법	학생들이 다양한 민족 집단의 관점에서 개념, 이슈, 사건, 주제를 조망할 수 있도록 교육과정을 변화함	국립중앙박물관(2010), 〈체험가방〉: 우즈베키스탄 전시를 활용한 연계교육 국립현대미술관(2017), 〈어떤 시선〉: 중고등학생을 대상으로 작품에 등장하는 '사람들'을 주제로 우리 사회 여러 구성원들의 이야기를 탐색하고 나의 이야기를 들려주는 프로그램

Banks의 다문화 교육 접근법	세부 내용	국내 박물관 다문화교육 사례
4단계 사회적 행동접근법	학생들이 중요한 사회문제에 대해 의사결정을 내리고, 문제 해결에 도움이 되는 행동을 취함	대만 남양대만다매회(RASAT): 다문화교육강사 양성과정을 통해서 지역 내 이주여성의 정착을 돕고, 다양한 교육을 통해 스스로의 권리와 책임을 찾아가는 방법을 배우고 지역사회에서 다문화강사로 활동하며 사회적 행동으로 실천하는 프로그램

위 논문에서는 뱅크스의 4단계 사회적 행동접근법에서 박물관의 다문화교육 콘텐츠를 국내에서 찾지 못해 대만의 사례를 제시하고 있다. 그런데 4단계의 사회적 사회적 행동접근법은 교육부와 여성가족부, 보건복지부 등에서는 이미 활용하고 있는 내용이다. 그리고 박물관이나 문화유적지 등에서 '문화해설사'가 있듯이, 이주민을 활용한 박물관 다문화강사의 사례를 발굴하여 제도화하는 것도 이제는 필요하다.

민간 영역에서는 독립적인 '다문화박물관'이 설립되어 일반프로그램으로서 세계의 춤, 음식, 의상, 문화예절 등의 콘텐츠 체험과 교육으로 전시 및 기획되고 있으며, 기획프로그램으로서 핸드 크래프트, 다문화 체험단을 운영 중에 있다. 이 다문화박물관에서는 글로벌키즈 프로그램 10개국(캐나다, 영국, 이탈리아, 중국, 일본, 케냐, 남아공, 브라질, 콜롬비아, 터키) 여행을 통해 글로벌 마인드를 향상시켜주고 세계문화여행에 대한 탐구심과 모험심을 심어주는 프로그램을 운영하

고 있다.[1]

8. 할랄푸드

할랄푸드(Halal Food)는 식물성 음식과 해산물, 육류 중 이슬람 율법에 따라 가공해 무슬림이 먹을 수 있도록 허용된 식품이다. 다문화담론에서는 이슬람교의 확산으로 인한 무슬림들의 독특한 식문화를 드러내는 것으로, 다른 문화권의 식문화와의 차이점, 무슬림들의 의례, 이슬람교에 대한 부정적 인식(혐오) 등과 함께 쟁점으로 다루어지고 있다. 그리고 할랄식품과 더불어 화장품과 퍼스널 케어 제품, 식기, 서비스 등에도 할랄인증이 적용되고 있다(Hanzaee & Ramezani, 2011; Khosravi Maryam, 경희대 석사학위논문, 2021, p.12에서 재인용).

우리나라에서 할랄과 관련된 연구 현황은 2016년에 김종도의 「한국의 할랄산업 연구현황」을 통해서 확인할 수 있다. 이 연구에서는 우리나라의 할랄연구현황을 학위논문, 일반논문, 저서에서 확인하고, 연구소와 할랄관련기관에서의 연구로 구분하여 파악하고 있다(『중동문제연구』, 2016, pp.201-225). 이 연구에 의하면, 학위논문의 경우 석사학위논문으로는 마케팅 부문이 3편, 문화부문이 3편, 성분분석이 3편, 할랄푸드 표준이 1편이었고, 박사학위논문으로는 4편

---

1 http://www.multiculturemuseum.com(2024.10.30. 검색)

이 있었다.[2]

2016년까지 학술논문은 31편이 발표되었는데, 이론부문이 2편, 인증제도 관련 부문은 8평, 마케팅 부문은 13편, 할랄진출에 대한 기독교 대응이 3편, 문화부문이 2편, 성분분석이 2편, 이슬람 금융부문이 1편으로 파악되었다. 그리고 저서의 경우, 2016년까지 29권이 출판되었는데, 2014년부터 2016년 기간 동안 20권의 출판이 집중되기도 하였다(『중동문제연구』, 2016, pp.213-218).

한편, 할랄 연구와 관련된 연구소는 중앙대 할랄산업기술화연구소(2015), 서원대 친환경 바이오 소재 및 식품지역혁신센터(2015), 세종사이버대학교 한국할랄연구소(2016), 전북대 할랄산업정보기술센터(2016) 등 네 기관이 설립되어 있다. 그리고 할랄관련기관은 23개로 파악되었다(『중동문제연구』, 2016, pp.218-220).

---

2 석사학위논문의 연도별 제목으로는 "국내 거주 이슬람교도의 식습관 현황"(이선영, 숙명여대, 2007), "국제시장에서 할랄(Halal)산업의 가치와 한국기업의 할랄시장 진출을 위한 탐색적 연구:말레이시아를 중심으로"(공이철, 부산대, 2012), "인도의 종교적 규율에 따른 미용문화 비교분석"(박정아, 숙명여대, 2012), "할랄 음식을 통해 본 신장 위구르족과 한족의 문화접변 현상 연구"(박선은, 한양대, 2014), "Quality Comparison of Domestic and Foreign Poultry Meat for Export to Islamic Market"(안영보, 건국대, 2014), "축산 가공식품에서 돼지, 소, 양, 닭 성분의 검출을 위한 PCR 및 multiplex PCR 방법의 개발"(윤영민, 동국대, 2014), "한국 화장품 기업의 아세안 시장 마케팅 강화 전략에 관한 연구 : 베트남 · 인도네시아 · 태국을 중심으로"(김하얀, 성균관대, 2015), "전자코를 사용하여 할랄식품 적용을 위한 장류 중 에탄올 분석"(박수원, 서울여대, 2016), "할랄식품 표준이 수출에 미친 영향: 말레이시아 사례를 중심으로"(강자은, 부경대, 2016), "국내무슬림들의 할랄제품 소비 태도에 관한 연구"(임한섭, 건국대, 2016)이 있었다. 박사학위논문은 "방한 말레이시아 관광시장 추구편익 세분화 연구"(이재섭, 경기대, 2010), "중동관광시장세분화 연구"(강규상, 경기대, 2013), "중동지역에 대한 우리나라 제약산업의 수출경영전략-UAE시장을 중심으로"(서병민, 한국외대, 2014), "이슬람 금융 '수쿠크'에 관한 기독교 선교적 대응 연구"(이일로, 서울기독대학, 2016)가 있었다.

2016년 이후 이슬기 · 이미경의 「블루오션으로서의 무슬림시장과 할랄에 대한 국내 인식 연구」에서는 무슬림시장이 급부상하면서 국내에서도 기업 및 정부를 중심으로 무슬림시장 공략을 위해서 노력하고 있지만, 무슬림시장과 할랄에 대한 국내 인식 연구는 거의 이루어지지 못한 현실에 문제를 제기한다. 그래서 포털에서 '할랄'이라는 키워드를 활용하여 데이터를 수집하고 할랄 네트워크의 의미망을 분석하여 할랄에 대한 국내 소비자들의 인식을 분석하였다. 단어들간의 연결구조를 파악하고 중심성을 분석하기 위해서 UCINET과 NetDraw를 사용하여 네트워크를 시각화한 결과, '이슬람', '무슬림', '할랄', '할랄푸드', '할랄', '시장' 등의 주요 연관어를 추출하였다(『관광연구』32-2, 2017, pp.493-513).

장정민의 「빅데이터 분석을 활용한 할랄 푸드 소비자 인식연구」도 위의 이슬기, 이민경의 문제의식을 공유하여, 국내 소비자 인식을 통해서 관련 산업에 필요한 기초자료를 제공하기 위해서 연구되었다. 주목할 점은 할랄푸드와 관련하여 종교적 이슈가 중요하게 연결된다는 점에서, 할랄푸드와 연관된 사업 종사자에게 종교에 대한 문해력이 요구되고, 이에 대한 연구의 필요성을 제기했다는 점이다(『외식역영연구』26-5, 2023, p.67).

한편, 할랄푸드는 지역사회에서 부정적 담론과 긍정적 담론이 형성되어 있다. 부정적 담론은 이슬람포비아 및 반다문화 운동에서 두드러진다. 예컨대, "할랄푸드, 이슬람이 온다", "할랄식품 준비 없이 분위기만 띄워, 수출국 곳곳서 암초""할랄 음식 열풍이라는데...먹거리 소수자들의 고충"과 "기도실에서 할랄푸드까지...대학들 '웰컴, 무슬림'", "'부산 할랄미역' 19억 무슬림 밥상 오른다", "무슬림 혐오 뚫고 할랄 음식 세계화", "내년부터 '채식 급식 선택제' 시범 도입" 등이 찬반으로 갈라져 있다.

9. 다문화 감수성

다문화 감수성(multicultural sensitivity)은 "서로 다른 방식으로 상호작용하는 타문화에 대한 이해, 타문화를 대할 때 갖는 열린 마음, 타문화의 맥락 속에서 자신의 행동을 적절하게 변화시키는 능력"(Bhawuk & Brislin, 1992)이라고 하거나, "문화적 차이를 구별하고 경험할 수 있는 능력이 다문화 감수성이며, 다문화 역량은 간문화적으로 적합한 방식으로 사고하고 행위하는 능력으로, 다문화 감수설은 다문화역량을 발휘하는 데 중요한 관련성을 갖는다"(Hammer, Bennett & Wiseman, 2003). 그리고 Chen & Starosta(2000)는 다문화 감수성을 구성하는 요인으로 '자아존중감, 자기통제, 감정이입, 개방성, 판단보류, 사회적 이완' 등을 제시하였다.[3]

박하나의 「'다문화 감수성' 관련 연구 동향 분석」은 2008년부터

3 박하나, 「'다문화 감수성' 관련 연구 동향 분석」, 『다문화교육연구』8-2, 2015, p.51.

2014년 동안의 발표된 다문화 감수성 연구에서 방법론으로는 양적 연구가 많았고, 연구 주제별로는 변인분석, 프로그램 개발, 다문화 감수성 수준조사, 척도개발 순으로 연구되었음을 분석하였다. 그리고 연구대상은 주로 학생, 교사, 사회복지 종사자로 나타났다. 이에 대해 연구자는 연구대상의 확대와 세분화, 적용 가능한 프로그램의 개발, 한국 상황에 맞는 다문화 감수성의 척도 개발을 제안하였다 (『다문화교육연구』8-2, 2015, pp.47-68).

2010년에 발표된 김정진의 「기독교 대학의 다문화교육 도입 방안 연구: 사회복지 전공 학생의 다문화감수성을 중심으로」는 기독교 대학 내 사회복지학을 전공하는 학생들이 현장에서 다문화가정에 대한 개입의 상황에서 다문화감수성이 요구된다는 점을 전제로, 사회복지 전공학생 160명을 대상으로 설문을 조사한 후, 유의미한 143명의 자료를 분석하였다. 분석은 Chen과 Starosta(2000)가 개발한 검사지로, 타문화에 대한 상호작용 참여, 문화차이 존중, 상호작용 자신감, 상호작용 즐기기, 상호작용에 대한 관심 등으로 구성된 설문지이다. 분석 결과, 기독교대학의 사회복지학 전공자와 일반 대학생과의 다문화 감수성은 크게 다르지 않았고, 해외여행의 경험, 외국인과의 교류 경험, 외국인 친구의 유무, 외국어 능력 등에 따라서 다문화 감수성의 차이가 발생한다는 점을 밝혀냈다.[4]

4 김정진, 「기독교 대학의 다문화교육 도입 방안 연구: 사회복지 전공 학생의 다문화감수성을 중심으로」, 『기독교교육정보』27, 2010, pp.235-262.

한편, 한국과 캐나다 대학생의 다문화 감수성을 비교한 연구도 있었다. 전미현, 김대희의 「한국과 캐나다 대학생의 다문화 감수성 비교 연구」는 두 나라 학생의 다문화 감수성의 공통점과 차이점을 분석하여, 다문화 감수성을 키울 수 있는 내재적 변인을 파악하였다. 비교 항목은 Chen과 Starosta(2000)가 개발한 내용으로 상호작용 참여, 문화 간 차이 존중, 상호작용 자신감, 상호작용 향유, 상호작용에 대한 관심이었다. 분석 결과는 여섯 가지를 밝혔다. 첫째, 다문화 감수성의 구성 요인별 비교 결과는 양국 간 유의미한 차이가 나타났다. 둘째, 한국 대학생들은 캐나다 학생들과 달리, 해외여행의 경험이 다문화 감수성과 유의미한 상관관계를 나타냈다. 셋째, 외국인과의 대화 경험도 한국 학생들에게 유의미한 영향을 미쳤다. 넷째, 캐나다에서 출생한 학생들이 타국에서 태어나 캐나다로 유입된 학생들보다 다문화 감수성이 높게 나타났다. 다섯째, 캐나다 학생들의 가정 언어가 다문화 감수성을 형성하는 데 영향을 미쳤다. 여섯째, 캐나다 대학생 중 유학생이 아닌 학생들이 유학생과 비교할 때, 유의미하게 높게 나타났다.[5]

최근에는 대학의 교양교과목과 수강생의 문화감수성을 연구한 박선옥, 박혜숙의 「문화다양성 관련 교과목이 대학생의 문화다양성 역량에 미치는 효과 연구」가 있었다. 이 연구에서는 '다문화 여행과 세계시민성'이라는 교양 교과목 수강생의 문화다양성 역량의 변화

5 전미현, 김대희, 「한국과 캐나다 대학생의 다문화 감수성 비교 연구」, *Journal of Korean Culture* (JKC) 51, 2020, pp.45-77.

를 점검하고, 수업의 효과를 살펴보려는 목적으로, 두 학기에 걸쳐 102명에게 설문조사를 한 후, 결과를 분석하였다. 분석 결과, 다문화감수성을 증진하는 교과목의 운영방안으로 제시한 사례가 주목된다. '다문화 여행과 세계시민성'수업에서 세계를 열 개의 권역으로 나누어 그룹 활동을 현재 진행하고 있지만, 향후 문화다양성의 주요 요소인 민족, 국적, 인종, 종교, 정치적 성향, 소득 계층, 성별, 세대, 장애, 성적 지향 및 정체성을 중심으로 참구활동을 다양화시킨다는 점, 문화다양성과 관련된 사회봉사와 결합하는 서비스 러닝 교과목의 증설, 내국인과 외국인이 함께 할 수 있는 비교과 프로그램의 확대 등이 주목된다.[6]

10. 정체성

정체성(正體性; identity)의 사전적 의미는 변하지 아니하는 존재의 본질을 깨닫는 성질. 또는 그 성질을 가진 독립적 존재를 말한다. 다문화사회 종교문화 담론에서는 문화 집단 또는 문화 공동체의 영향을 받는 개개인의 특징을 의미하는데, 문화권 또는 출신국가에 따라서 영향을 받았던 가치관이나 행동양식 등을 반영한 개인의 특징으로 개념이 활용되고 있다.

6 박선옥, 박혜숙, 「문화다양성 관련 교과목이 대학생의 문화다양성 역량에 미치는 효과 연구」, 『교양학연구』27, 2024, pp.7-37.

석인선 · 곽미아의 「민족정체성과 다문화 역사에 관한 연구」는 한국 사회가 다문화사회로 빠르게 전환되고 있음에도, 한국 사회 내에서 이주민들의 안정적인 정착보다는 '차별'과 '배제'라는 현실에 문제의식을 제기한다. 이들은 이 문제를 한국 사회 내의 뿌리 깊은 순혈주의에 기초한 단일민족주의라는 '상상의 공동체'라는 인식에서 비롯되었다고 본다. 한민족은 역사적으로 보면, 다양한 민족과 교류하면서 문화변용이 일어나고, 그 융합 속에서 민족의 정체성이 정형화되었는데, 근대 시기 국가의 위기를 극복하기 위해서 민족주의를 강화하기 시작하였다고 본다. 이러한 단일민족주의에 기반한 이념은 한민족의 사상적 통일성을 형성하고 지역적 이해관계를 초월한 공동체로의 통합을 위한 당위성을 제공하면서 한민족 정체성을 확립하는 데 긍정적인 영향을 끼쳤다고 본다. 하지만 현대 한국 사회가 당면한 다문화사회에서는 부작용으로 나타나고 있다. 한국으로 이주해 온 이주민들은 '차별'과 '배제'라는 벽을 넘어서기 위해 다양한 방식으로 도전하고 있다. 현대 한국 사회에서 다문화현상은 지극히 일상화되어 가고 있으며, 이러한 문화변동 속에서 한민족의 민족정체성이 새롭게 형성되고 있다. 결론적으로 두 연구자는 한국 사회가 닫힌 민족주의에서 열린 민족주의로 나아가야 함을 역설한다. 이러한 방향이 과거 열린 민족주의를 재생하는 것이며, 열린 민족주의를 지향하는 국가만이 번영된 국가로 나아간다는 것을 강조한다(『민족사상』14-3, 2020, pp.373-401).

장해진의 「다문화가족에 대한 한국인 아버지의 정체성과 이중민족사회화」는 이주여성과 결혼한 한국인 남성의 아버지로서의 정체성을 이중민족사회화라는 관점에서 다룬다. 캄보디아, 필리핀, 베트남, 태국, 네팔 들에서 이주한 결혼이주민과 이들과 결혼한 한국 남성 14명을 두 번씩 심층 면담하여, 이들의 정체성이 서로 다르게 나타났고, 세 집단으로 분류하여 분석하였다. 첫째, 다문화가족으로서의 정체성을 갖는 아버지 그룹, 둘째, 다문화가족에 대해서 부정적인 아버지 그룹, 셋째, 다문화가족임을 거부하는 아버지 그룹이다. 이 그룹들은 양육의 참여, 이중민족정체성에 대한 견해, 자녀가 아내의 모국어를 배우는 것에 대한 태도, 사회적 차별에 대한 인식, 자녀가 경험할 잠재적 차별에 관한 대처방식 등에서 그룹별로 차이가 나타남을 분석하였다. 장해진의 연구는 동질적이고 단일한 집단으로 여겼던 다문화가족의 한국 남성 아버지의 정체성에 따라서 수행의 차이가 나타난다는 사실을 제시하고 있다는 점에서 유의미하며, 다문화가족 한국인 아버지에 대한 고정관념을 해소하는 데 기여하고 있다(서울대 대학원 석사학위논문, 2022).

정체성 문제는 선주민에게만 해당하는 쟁점은 아니다. 한국 사회에 새롭게 옮겨온 이주민들에게도 정체성의 문제는 직면한 현실이다. 임선우의 「결혼이주여성의 정체성에 관한 연구」는 다문화모자가정 중 10년 이상 한국에 정착하고 한국어에 유창한 결혼이주여성 8명을 대상으로 사전 면접조사, 심층 면접 등의 방법으로 결혼이주여성의 정체성 역동성을 분석한다.

요컨대, 연구자는 이들의 정체성을 제1 공간으로서 고향(자기 자신을 되돌아보기: 개인적 정체성을 발견)을 분석한다. 이것은 결혼이주여성 개인의 경험적 이야기를 바탕으로 그들만의 정체성을 찾는 작업으로, 이들은 결혼 이주 전에 더 넓은 세계의 경험에 대해 좋음과 슬픔에 대해서 인식하고, 공동체와 결혼관에 대해서 자신이 추구하고자 했던 나름의 현실적 이야기를 통해서 자신의 고유한 자기 정체성을 찾는다. 그리고 제2 공간으로서 다문화가족은 상대적 정체성을 확립하는 것으로, 이 공간은 결혼이주여성의 미래와 행복이 담보된 공간이면서, 자신이 속한 다문화가족을 새로운 집단으로 반영하며 결혼이주여성의 정체성을 형성하며 소외된 존재로서 인식하게 된다. 나아가 제3 공간으로서 다문화모자가정(결혼이주여성 제3의 정체성 확립)으로의 정체성은 고립된 단자가 아니라, 각각의 내가 상호의존적이며 수평적으로 공존하는 존재로서 외국인과 한국민의 이분법을 넘어서는 초월적 메타포를 형성하는 정체성을 갖는다고 분석한다. 이 연구는 세 가지의 정체성을 향유하는 결혼이주여성의 정체성에 대한 사례연구로서 의미가 있다(『문화와 융합』44-8, 2022, pp.471-484).

그리고 다문화청년 세대의 정체성에 관한 연구도 주목된다. 최소연의 「1세대 혼혈인과 다문화청년 세대의 정체성과 탄력성에 관한 연구」는 소수자로서 두 집단이 한국 사회에서 어떤 경험을 하면서 정체성을 형성하게 되었는지를 비교 연구하였다. 요컨대, 1세대 혼혈인과 다문화청년 10명을 개별적으로 심층 면접을 진행하였다. 연구 결과, 1세대 혼혈인은 이른바 '용납할 수 없는 존재'로 출생하여 '타자화를 통한 배제'의 과정을 삶의 전 과정에서 경험하여, '나를 버린 대한민국'에서 '그래도 한국인'의 정체성을 갖고 있지만, 주류집단에 낄 수 없는 '박탈과 혼돈'의 삶을 살아가는 존재로 인식되고 있음을 분석하였다. 한편, 다문화청년은 '놀림과 따돌림의 대상'으로 '부담과 불편함'을 경험하였지만, '이중문화 정체성의 한국인'으로서 자부심도 있었다. 그리고 1새대 혼혈인은 단일민족이라는 주류사회에서 융합될 수 없는 존재였다면, 다문화청년은 자신의 외모와 이중문화 경험은 자신들만의 보호장벽을 만들 수 있었음을 분석하였다. 결국, 이 두 존재는 한국 사회가 다문화사회를 지향하는 데 주류사회의 인식의 개선이 필요하며, 다문화정책의 기본 조건으로 재범주화가 필요함을 강조한다(『미래사회복지연구』12-3, 2021, pp.5-44).

이상의 연구에서 보면, 정체성 연구에서 종교적 정체성에 관한 연구는 찾아볼 수 없다. 따라서 다문화사회에서 정체성 연구에서 이주민의 종교적 정체성이 어떻게 유지되고 있는지, 개종의 경우 어떤 과정을 통해서 개종이 일어나는지, 한국에서 새롭게 종교를 갖게 되는 배경과 종교생활에 대해서 정체성의 형성이라는 측면에서 연구될 필요성이 제기된다.

11. 고정관념

고정관념(固定觀念; stereotype)은 (1) 잘 변하지 아니하는, 행동을 주로 결정하는 확고한 의식이나 관념 (2) 어떤 집단의 사람들에 대한 단순하고 지나치게 일반화된 생각들을 의미한다. 다문화사회 종교문화 담론에서의 고정관념은 주로 이주민과 선주민이 서로의 문화에 대해서 선입견을 갖고 있거나 부정적인 인식을 하는 것들을 의미한다. 그리고 이주민에 대한 선주민의 차별되거나 부정적인 인식이 주요한 연구의 개념으로 쓰이고 있다.

심미영 · 이둘녀의 「청소년의 다문화경험이 다문화인식과 고정관념에 미치는 영향」은 청소년의 다문화경험이 다문화인식과 고정관념에 미치는 직접적인 효과와 다문화경험이 다문화인식을 매개로 고정관념에 미치는 간접적인 효과의 검증을 통하여 인과관계를 분석한다. 경남지역의 중학교 6개교 재학생 332명을 대상으로 설문조사를 실시하여 분석한 결과, 1) 청소년의 다문화 경험이 다문화 인식과 개방성에 긍정적 영향을 미쳤고, 타문화 거부와 타문화에 대한 편견에 부정적인 영향을 끼친다. 2) 다문화에 대한 개방성은 고정관념에 영향을 끼치지 않지만, 타문화에 대한 편견, 타문화에 대한 거부는 영향을 끼친다. 3) 다문화 경험이 고정관념에 직접적인 영향은 끼치지는 않지만, 다문화 인식을 통해서 간접적 효과가 나타난다고 분석하였다(『한국콘텐츠학회논문지』15-10, 2015, pp.214-224).

고정관념과 관련된 연구에서 주목되는 것은 미디어가 고정관념을 재생산하고 있다는 것에 관한 고찰이다. 정연구, 송현주, 윤태일, 심훈의 「뉴스 미디어의 결혼이주여성 보도가 수용자의 부정적 고정관념과 다문화지향성에 미치는 영향」은 결혼이주여성에 대한 뉴스가 이주여성에 대해서 부정적인 고정관념을, 다문화지향성에 미치는 영향을 분석한다. 분석 결과, 결혼이주여성과의 접촉이 많은 경우, 뉴스에 더 많이 노출되어 긍정적인 뉴스를 더 많이 기억하며, 부정적 고정관념도 약했고 문화교류에 대해서도 개방적인 것을 확인하였다. 그리고 결혼이주여성에 대한 뉴스 노출이 많을 경우, 그들에 대한 긍정뉴스와 부정뉴스를 더 많이 기억했으며, 뉴스 기억은 결혼이주여성에 대한 부정적 고정관념에 영향을 미치는 것으로 나타남을 확인하였다. 결국 결혼이주여성에 대한 부정적 고정관념의 정도에 따라서 다문화지향성도 달라지는 것으로 분석하였다. 그리고 이주여성과의 접촉 여부에 따라서 부정뉴스의 기억이 부정적 고정관념에 미치는 영향력의 크기도 달라짐을 발견한다. 따라서 이 연구는 미디어가 결혼이주여성을 타자화, 동질화, 정형화하고 있다는 기존의 연구를 미디어 효과의 측면에서도 확인된다는 점을 보여주고 있다(『한국언론학보』55-2, 2011, pp.405-427).

한편, 특정 대상을 상대로 다문화사회에서 고정관념에 관한 연구가 진행되기도 하였다. 김경희의 「간호대학생의 다문화 개방성, 고정관념, 다문화 수용성이 다문화 효능감에 미치는 영향」은 간호대학생의 다문화효능감을 향상시키기 위해서 다문화 개방성, 고정관념,

다문화 수용성 정도를 299명을 대상으로 분석하였다. 분석 결과, 다문화 효능감은 고정관념과 부적 상관관계를 보여주었다. 고정관념은 개인이나 집단과 특정 대상에게 왜곡된 신념이나 믿음으로 관련된 대상에 대한 태도를 결정하고 특정한 행동을 유발하는 데 영향을 끼칠 수 있으며, 차별과 사회적 거리감을 조성하는 데 문제가 될 수 있다. 따라서 간호대학생이 다문화사회에 대한 고정관념이 형성되기 이전에 다문화 상황에 노출되게 하는 등 다문화 개방성과 수용성 형성에 도움이 될 환경을 제공하고, 이에 관한 반복된 연구의 필요성을 제기한다(『한국산학기술학회 논문지』19-8, 2018, pp.211-219).

이상과 같이 고정관념에 관한 연구는 다문화 수용성과 연계한 논문들이 다수로 파악된다. 다문화 종교문화 담론에서 이와 관련된 연구로 특정 종교에 관한 고정된 인식이 어떻게 형성되었는지, 고정된 인식에 대한 사실 확인(예를 들어, 이슬람에 대한 한국 개신교의 고정관념 형성에 관한 연구 등) 등에 관한 연구가 필요하다.

12. 관용

관용(寬容; tolerantia)은 넓은 의미로는 자기의 신조와는 다른 타인의 사상, 신조나 행동을 허용하고, 또한 자기의 사상이나 신조를 외적인 힘을 이용해서 강제하지 않는 것을 의미한다. 관용에 관한 연구는 타문화, 타종교에 대한 인정을 어떻게 할 것인가에 관한 연구로 이어진다. 따라서 자연스럽게 다문화사회교육 또는 다문화종교교육과도 맞닿아있는 개념이기도 하다.

신용식의 「타문화에 대한 관용인가, 환대인가?-상호문화적 만남의 한계선으로서의 고향세계」는 관용을 다문화사회교육의 이론적 측면을 다룬다. 본 연구는 타문화, 타종교를 인정한다고 할 때, 어느 범위까지 인정해야 하는가에 대한 문제의식에서 출발한다. 연구자는 지오반나 보라도리(Giovanna Borradori)의 분석을 인용하면서 데리다는 인정의 절대적 전개로 "환대(Hospitality)"를 주장했던 반면에, 하버마스는 상대적 의미로서 "관용(Tolerance)"을 강조했다고 본다. 요컨대, 데리다는 이방인에게 무조건적으로 자신의 집을 내어주는 행위가 타자를 수용하는 원이라고 보았지만, 하버마스는 환대가 실천 가능하지 않으며, 상대적 의미로서 환대(관용)은 의사소통적 행위애서 비롯됨을 강조한다. 이러한 쟁점을 다문화사회교육으로 치환하여 되묻는다면, 다문화사회교육은 절대적 의미의 인정(환대)을 중시해야 하는가, 아니면 상대적 의미에서의 인정(관용)을 중시해야 하는가를 연구의 문제의식으로 삼는다. 연구자는 하버마스의 인정의 상대적 의미인 관용에 대한 철학적 근거를 다룬다. 고향세계와 이방세계의 잠정적 대립이 다문화교육의 장이며, 이 두 공간을 의미생산의 장으로 활용한다(『다문화사회와 교육연구』11, 2022, pp.127-151).

신창석의 「다문화사회를 위한 관용의 철학적 근거-에라스무스와 마르틴 루터」도 관용에 관한 이론적 근거를 다룬다. 이 연구는 관용을 종교의 자유와 연결하여 서술한다. 요컨대, 관용은 종교의 자유를 베풀고 이끌어내는데, 종교의 자유는 다원적 공동체에 기여하는 가운데 관용과 무관용의 관점에 대해서 논쟁하고 일치를 지향할 수 있도록 영향을 미친다고 보았다. 그러면서 에라스무스와 루터의 차이점을 고찰한다. 요컨대, 에라스무스는 이질적인 인종과 신앙에 대해서는 관용을, 엄중한 신앙문제는 비공개라는 무관용을 견지했던 반면, 루터는 사랑의 관용과 신앙문제의 공개를 통한 관용을, 그러나 신앙과 현실적 농민반란에 대해서는 무관용을 천명하였음을 다룬다. 그러면서 이 두 차이가 현대 다문화사회에서도 쟁점을 해결하는 데 소통의 실마리를 제공하리라 본다(『가톨릭철학』25, 2015, pp.129-156).

한편, 관용의 관점을 특정 대상을 향한 연구도 있었다. 김용환의 「혐오와 관용의 관점에서 "이방인(난민)" 바라보기」는 난민과 관련된 복잡한 구조적 문제를 다룬다. 난민 문제는 한국 사회의 경제적 불확실성과 종교 문화적 갈등, 이슬람포비아, 인종차별주의 등과 얽혀 있는데, 이 문제를 해결하는 데 관용의 윤리를 제안한다. 관용이란 자유주의의 덕목이며, 유가의 덕목인 서의 실천과 동일함을 제시하며, 관용의 실천을 통해서 이방인인 난민을 바라보는 시각을 바뀔 수 있음을 제안한다(『가톨릭철학』31, 2018, pp.5-34).

그리고 관용을 한국 사상에서 찾는 연구도 있었다. 안영석의 「종교적 공존과 관용을 위한 시론-원효와 최치원의 사상을 중심으로」

는 종교 분쟁을 해결하기 위해서 우리의 전통사상을 통해서 문제 해결의 원리를 탐색한다. 이를 위해서 원효와 최치원의 사상을 살핀다. 원효는 포용적 정신을 계승하여 불교 내의 화쟁에만 머물지 않고 회통적인 입장을 주장하였는데, 그는 수행을 통해서 절대자를 체득함으로써, 불교 우월론적 시각을 지녔지만 유가와 도가를 포괄하는 회통적 입장을 표명하였음을 다룬다. 최치원은 유교사상에서 학문을 시작하였지만, 유불도 사상을 섭렵하고 민족 전래의 포용적 정신을 자각함으로써, 세 종교가 궁극적으로 하나의 목적지로 귀착되는 보완적인 관계임을 주장하는 삼교회통론을 제기하였음을 다룬다. 그리고 이 두 사람의 포용적 정신이 의천, 이색, 휴정, 최제우 등의 회통적 사상으로 계승되어 사회통합의 원동력으로 작용하였음을 환기시키고, 현대 다문화사회에서 이 두 사람의 사상이 사회적 갈등을 해결하는 데 시사점을 제공할 수 있음을 제언한다(『유학연구』46, 2019, pp.475-498).

이상의 연구들에서 확인할 수 있는 내용은 관용이 다루어지는 내용들은 대체로 사상적, 실천적 내용의 원리나 이념들이다. 따라서 관용이라는 개념이 어떻게 실천될 수 있는지, 실천 및 적용에 관한 연구가 요청된다.

13. 종교다원주의

종교다원주의(Religious pluralism)란 사회에 공존하는 종교적 믿음의 체계의 다양성을 인정하는 태도나 원리를 의미한다. 절대적인 진리의 배타성보다는 다양성을 인정하는 점에서 포스트모더니즘의 전형적인 종교 개념이다. 국내에서 종교다원주의와 관련된 담론은 주로 개신교와 천주교에서 논의가 많았다.

다종교 상황을 다루는 개신교와 천주교의 입장은 크게 세 가지로 구분된다. 배타주의와 포괄주의, 다원주의가 그것이다. 이러한 입장은 다원화된 사회와 문화 속에서 각각의 종교가 어떻게 대체해야 하는가를 모색했던 결과이기도 하다. 여기서 다원성과 다원주의를 구별하는 것은 종교다원주의 담론을 이해할 때 중요하다. 다원성 개념은 한 사회 속에서 서로 다른 여러 종교들이 함께 공존하고 있는 가치중립적인 상태를 의미한다. 다원주의의 개념애는 한 종교가 다른 종교전통에 대해서 일정한 입장이나 태도를 표명하는 일종의 가치판단을 내포한 개념이다. 따라서 종교다원주의는 종교다원화 현상을 어떻게 해석하는가의 문제를 두고 구성원들 간의 이념적 차이와 분열을 발생시키는 경향이 있었다.[7]

종교와 문화 담론에서 다원주의적 입장이 표방하는 태도는 관용의 태도, 우리와 다른 타자 또는 타종교인을 어떻게 관용적으로 태

7 박일준, 「무신론 시대의 종교성-종교다원주의 이후 믿음의 주체」, 『종교연구』70, 2013, p.190.

한 것인가이다. 그런데 외면적으로 합리적인 듯한 이 태도 속에는 여전히 배타주의적이고 정복주의적인 태도가 은폐되어 있다. 차이에 대한 관용, 다른 문화에 대한 관용, 그들이 갖고 있는 믿음의 양식들에 대한 관용은 여전히 그들을 관용의 대상으로 삼고있기 때문이다. 다종교적 상황이란 다양한 종교들에 대한 문화인들의 관용과 아량을 요청하는 담론이기 때문이다. 타종교인이나 타문화가 관용의 대상으로 간주되는 이상, 관용은 문화적 권력을 주도하는 이들이 소수자에세 베푸는 아량의 차원에서 작동하게 된다. 즉, 관용의 대상을 지정하는 것은 그들이 관용을 받아야할 대상으로 삼는 것이며, 이때의 관용은 언제나 지배자가 베푸는 미덕이 되고 만다.[8]

문영석의 「세방화와 종교다원주의」는 세계화의 결과로 등장한 다문화 다종교 사회로의 변화는 타종교의 정체성을 해치지 않으면서도 다문화사회에서 어떻게 상호간 대화와 교류를 이룰 수 있는지를 다룬다. 이 연구는 다문화주의와 종교와의 상관관계에서 발생하는 종교적 지형과 적응의 변화를 캐나다 사례를 통해서 탐색한다. 그리고 본 연구의 인용문에서 이슬람교 제49대 이맘 아가 칸(Aga Khan)의 "우리가 지향하는 세상은 차이가 없어지는 세상이 아니라, 그 차이가 우리 모두에게 더 나은 세상을 건설하도록 상호 협력하고 통합시키는 추동력이 되어야 한다"는 주장은 종교다원주의를 잘 설명해 주고 있다.

---

8 박일준, 위의 글, p.193.

문영석은 세계화와 세방화는 보편성과 특수성처럼 서로를 필요로 하는 동전의 양면과도 같다고 보며, 이주자에 의한 종교적 변화는 상대화와 수용으로 나타나며, 이것은 종교적 다원화를 초래한다고 보았다. 그리고 종교적 다원화가 가져온 상대주의는 초월적 신비를 믿었던 과거와 달리, 어떤 종교도 절대적 믿음을 줄 수 없는 현대적 상황에서 비롯되었음을 피터 버거(Peter L. Berger)을 말을 인용하여 설명한다. 그리고 세방화 시대의 종교다원주의는 종교의 가치중립을 전제함을 설명한다(『원불교사상과종교문화』62, 2014, pp.213-245.).

종교다원주의 개념은 차별금지법, 이슬람혐오, 관용, 정체성 등과도 관련성이 깊은 내용을 포함하고 있다. 그리고 다문화사회 종교문화 담론이 쟁점화되기 이전부터 한국 사회에서 주목된 개념이기도 하다. 따라서 종교다원주의 개념이 다문화사회 종교문화 쟁점에서 어떻게 쟁점화되는지 앞으로의 연구가 요청된다.

14. 다문화특구

다문화특구(多文化特區)는 다문화가정 및 가족 구성원들에게 각종 편의를 제공하기 위해서 규제를 완화하거나 혜택이 부여된 특정 지역을 일컫는다. 대표적인 지역은 서울특별시 용산구 이태원동, 인천광역시 중구 차이나타운, 경기도 안산시 단원구 원곡동의 국경 없는 마을이다.

박범종의 「다문화마을 특구와 지역발전에 관한 연구-안산시 원곡동 사례를 중심으로」는 안산시 원곡동이 다문화특구로 지정되는 과정과 다문화특구가 지역발전에 도움이 되기 위해서 중앙정부와 지자체, 그리고 시민단체가 어떤 역할을 해야 하는지를 다룬다. 요컨대, 안산시 원곡동은 1970년대 반월공단의 건설로 이주민이 정착한 곳인데, 1990년대 초반부터 반월공단의 경기침체로 국내노동자의 이탈이 심화되면서 그 자리에 외국인노동자가 들어오면서 지역의 인적 구성이 변하게 되었다. 그러면서 원곡동은 외국인이 주로 거주하는 공간으로 변하였고, 지자체는 이곳을 정책적으로 다문화거리로 만들면서 외국인 관련 상권이 밀집되었다.[9] 물론 이 과정에 대한 반대 의견도 존재한다. 처음에는 외국인노동자들이 자발적으로 모이면서 고향에 대한 향수를 달래기도 하고, 정보를 서로 교환하는 그런 공간이었는데, 지자체가 정책적으로 다문화거리를 조성하면서 외국인의 공간이 아닌, 선주민의 타문화 관광 거리로 바뀌는 인상도 있었고, 미등록 외국인에 대한 단속의 장소로도 인식되었다는 비판적 관점도 제기되었다.

위 연구는 다문화특구 내의 문제점과 선주민과 이주민의 갈등을 해결하고 사회통합을 위해서 중앙정부와 지자체, 그리고 지역의 민간단체 등이 상호협력하는 모델[10]을 다루면서 다문화특구로서 원

---

9 박범종, 「다문화마을 특구와 지역발전에 관한 연구-안산시 원곡동 사례를 중심으로」, 『문화와 융합』39-3, 2017, pp.43-45.

10 안산시 다문화지원본부에 따르면, 안산시의 외국인 관련 사업은 1) 외국인주민센터 건립과

곡동이 정치 · 경제적 변화와 사회통합을 통해서 지역발전에 세 가지 효과가 있었음을 확인한다. 첫째, 정치적으로 '원곡동 주민 자치위원회'가 중심으로 '국경없는마을'을 만들었고, 이들은 지역공동체 형성 운동에 기여하고 있다는 점, 둘째, 지역 내 중소기업에서 이주노동자를 고용함으로써 지역 내 서비스업과 단순노동 및 제조업의 경기활성화에 기여하여 지역생산과 지역경제발전을 모색했다는 점, 셋째, 지역주민과 공동체가 나서서 외국인주민과 내국인의 갈등을 줄이고 사회통합을 위해서 다양한 포럼과 축제[11] 등을 개최하여 사회통합의 효과를 가져왔다는 점이다(『문화와 융합』39-3, 2017, pp.61-62).

안산시 원곡동과 비슷한 지역은 인천과 부산의 차이나타운이다. 박범종과 서선영의 「장소마케팅을 활용한 지역발전 효과 연구: 인천과 부산의 차이나타운을 중심으로」는 안산시 원곡동의 사례와 유사한 연구이다. 이 연구는 앞선 연구와 유사하게 특정 지역을 특구로 지정하는 정책적 행위를 장소마케팅의 관점에서 분석한다는 공통점이 있다. 이 연구에서는 이무용의 「장소마케팅 전략의 문화적 개념과 방법론에 관한 고찰」에서 활용된 '장소마케팅 전략의 유형과 주

운영 2) 안산역 대중교통환승센터구축 3) 간판이 아름다운 거리 조성 4) 만남의 광장 활성화 5) (다문화)특화거리조성 6) 다문화포럼개최 7) 다문화음식거리 조성 8) 다문화축제 개최 9) 안산 We Start 글로벌아동센터 운영 10) 다문화홍보학습관 운영 등이다.

11 안산시에서 개최되고 있는 축제는 민족별로 쏭끄란 축제(태국), 알룻아우르뜨 축제(스리랑카), 나담 축제(몽골), 라마단 축제(무슬림) 등이 있으며, 이주민 축제와 공연, 이주민 만남의 밤, 이주민스포츠 행사, 이주노동자를 위한 행사, 중국동포 등 명절 행사, 고려인이주민 행사, 안산국제거리극 축제, 세계인의날 기념행사, 안산월드컵, 시민과 이주민 축제(시끌벅적) 등의 다문화축제가 열리고 있다.

체'를 소개한다.

〈표〉 장소마케팅 전략의 유형과 주체

유형 지역재개발 중심형 A		지역경제 추구형 (경제적 장소마케팅)		지역문화 추구형 (문화적 장소마케팅)		지역통합 추구형 (정치적 장소 마케팅)
		문화산업 중심형(1)	문화산업 중심형(2)	지역정체성 중심형		
		B	C	D	E	
목적		물리적 재개발을 통한 지역경제 화성화	문화시설물을 통한 지역경제 활성화	문화관광과 삶의 질 프로그램을 통한 지역문화 활성화		주민화합 프로 그램을 통한 지역사회 통합
타깃	1차	기업	기업	관광객	내부주민	내부주민
	2차	외부주민	관광객	기업	관광객	-
	3차	관광객	외부주민	외부주민	-	-
주체		정부-기업 주도형		주민-정부 주도형		정부주도형
		정부 · 기업 · 전문가 파트너십	정부 · 기업 · 전문가 파트너십	정부 · 문화 매개집단 · 기업 파트너십	정부 · 문화 매개집단 · 주민 파트너십	정부

출처: 이무용, 2006a, p.46.(재편집)

위의 장소마케팅 전략의 유형과 주체 분류에 따르면, 다문화특구는 D유형과 E유형을 혼합하여 C를 접목한 유형에 가깝다고 할 수 있다.

다문화특구는 다문화공간과 유사하지만 다문화공간과 비교할 때 좀 더 콘텐츠가 강조된 개념으로 활용되고 있다. 대체로 특정 다문화공간의 경제와 정치, 문화의 내용이 활용되어 연구되고 있는데,

〈표〉 이민자 정책의 유형 비교

구분	무정책	초청노동자 정책	동화주의 정책	다문화 정책	상호문화 정책
소수집단 조직	이민자 무시	제한된 이슈에 비공식적 협력	이민자 불인정	역량강화 주체로 지원	통합 주체로 지원
노동 시장	무시, 맹목적 암시장 활동으로 전환	제한된 직업 지원과 최소 규제	인종 구분 없는 일반적 직업지원	차별금지정책: 훈련과 고용에서 차별 철폐 조치	차별금지정책: 상호문화 능력과 언어 능력 강조
주거	이민자 주거 무시, 임시주거 위기에 대응	단기적 주거 해법, 민간임대 최소 규제	공공주택 대등한 이용, 주택시장 비인종적 기준	차별금지 임대정책: 공공주택 긍정적 이용	차별금지 임대정책: 인종적 주거혼합 장려
교육	이민자녀의 임시적 인정	이민자녀 학교 등록	국가 언어, 역사, 문화 강조, 보충 수업 무시	다원적 학교 지원, 모계 언어, 종교, 문화 교육	국어와 모계 언거/문화교육, 상호문화 함양, 탈분화
치안	안전 문제 대상으로서 이민자	이민자 규제, 모니터링, 추방 주체로서의 경찰	이민자 지역에 대한 집중 치안	사회봉사자로서의 경찰, 순행적 반인종주의 강화	인종 간 갈등 관리의 주체로서 경찰
공공 인지	잠재적 위협	경제적 유용, 정치사회문화적으로는 무의미	소수자 관용 장려, 비동화자에 대한 불관용	다양성 찬양 축제와 도시 브랜드화 캠페인	상호문화적 함께함을 강조하는 캠페인
도시개발	인종적 앤클라브 무시, 위기 발생 시 산개	인종적 엔클라브 일시적 관용	인종적 엔클라브 도시문제로 간주, 분산정책 재활성	엔클라브와 인종적 지역사회 리더십 인정, 지역 기반 재생	인종혼합 이웃, 공적 공간 장려, 도시 공무원과 NGO의 갈등관리
거버넌스와 시민권	권리 또는 인정 없음	권리 또는 인정 없음	자연적 동화 촉진, 인종자문 구조 없음	지역사회 리더십, 인종기반적 자문 구조와 자원배분	문화 간 리더십, 협력, 자문 장려, 혼종성 함양

출처: Wood, 2009, pp.23-24; 최병두, 2014, p.93.

종교문화 콘텐츠가 활용되는 측면에 관한 연구도 요청된다.

15. 상호문화주의

상호문화주의(相互文化主義; interculturalism)는 각 문화 간의 다양한 상호작용을 강조하며, 문화적 동질성이 아니라 다양성을 인정한다. 그리고 다문화공동체에서 갈등이나 협력이 발생할 때, 각 문화의 독특한 가치 및 실천 방식을 존중하면서도 공동체의 통합을 강조한다. 나아가 구조적인 측면을 고려하여 문화 간 상호작용이 사회 구조와 상호작용하는 방식을 이해한다(정기섭, 2011, p.138; 정영근, 2006, pp.31-32; 최병두, 2014, p.89; 홍종열, 2012, p.393; 김형민 · 이재호, 2021, p.27; 최윤희 · 김세훈, 2025, p.67 재인용). 이 개념은 간문화주의(間文化主義)로도 쓰인다.

최윤희 · 김세훈의 「상호문화주의 관점에서 바라본 만들어진 공동체의 형성과정에 대한 연구: 제주영어교육도시 소재 A어린이집 사례를 중심으로」는 상호문화주의를 행위자-네트워크 이론(Actor-Network Theory: ANT)으로 적용하여 사례연구를 진행하였다. 행위자-네트워크 이론은 공동체를 정적인 개념이 아니라 동적인 상호작용의 결과물로 이해하여, 공동체의 다양성과 유연성을 강조하며, 그것이 고정된 형태나 구조를 갖지 않는다는 것을 이해하는 데 도움을 준다(『현대사회와 다문화』14-1, 2024, pp.67-68). 이러한 개념은 다문화주의가 특정 공동체의 변하지 않는 특징을 전제로 하는 사회통합 방식을 넘어서는, 변화하는 과정 속 상호작용에 집중한 사회통합을 지향한다는 점에서 다문화사회 또는 다문화공간을 이해하는 데 도움을 준다.

박보식의 「지방자치단체의 다문화정책과 상호문화주의: 안산시와 서울시 구로구를 중심으로」는 다문화공간에서 지자체가 다문화정책을 수립하고 실천하는 데 상호문화주의적 관점에서 제고되어야 함을 다룬다. 아래의 표는 다문화정책과 상호문화정책을 비교한 내용이다.

〈표〉 다문화주의와 상호문화주의 비교

구분	다문화정책	상호문화정책
소수집단 조직	역량강화의 주체로 간주하고 정부예산 지원	통합의 주체로 간주하고 정부예산 지원
노동 시장	차별금지정책: 직업훈련과 고용에서 소수집단 우대조치	차별금지정책: 상호문화능력과 언어능력의 강조
주거	차별금지임대정책: 공공지원주택을 이용할 수 있는 우대조치	차별금지임대정책: 인종구성비의 모니터링을 통해 인종적 주거혼합을 장려
교육	다양한 문화배경을 가진 학교 특별지원, 소수민족의 언어지원, 종교교육, 문화교육을 지원	주류사회의 언어와 소수민족의 언어, 문화를 교육, 상호문화능력 함양, 특정 소수집단의 공간적 분리 금지
치안	사회복지사로서 경찰, 인종차별 금지조치 적극적으로 시행	인종간 갈등을 관리하는 주체로서의 경찰
대중홍보	문화다양성 축제 및 홍보	상호문화적 상생을 강조하는 캠페인 전개

구분	다문화정책	상호문화정책
도시개발	소수민족 집단거주지, 상징물 허용	다민족 거주지와 공적 공간 조성, 지방공무원과 NGO의 갈등관리 능력
시민권과 거버넌스	지역사회 리더십과 자산배분/자문단 구성시 민족별 구성비율 배려	교육문화적 리더십 함양 장려, 협회와 자문기구는 문화혼종성을 인정, 상징성보다 가능성 강조

출처: 김형민 · 이재호, 2017, p.28; 사득환, 2018, p.301; 박보식, 2022, p.111.

박보식은 일본의 하마마츠시(Hamamatsu)와 호주의 멜튼시(Melton) 독일의 노이쾰른시(Neukölln)의 사례를 다루면서, 안산시와 구로구의 사례와 비교하여 문제점을 분석하고 상호문화정책에 대해서 제안한다. 요컨대, 두 도시가 지역 특성과 이주민의 특성에 따라서 차이가 있기는 하지만, 이주노동자와 결혼이주민에 대한 편견을 버리고, 다문화가정 자녀 및 중도입국자녀가 학교 및 사회생활에 적응할 수 있도록 배려와 투자가 필요하다. 그리고 사회적 배려를 위한 생활밀착형 내 · 외국인 거버넌스 시스템을 구축하고 주민참여를 활성화시키고, 내국인의 다문화 수용성 제고를 위해서 인식개선 교육을 실시하는 등 다문화시책을 개발 및 추진할 것을 제안한다(『한국공공관리학보』36-3, 2022, pp.126-127).

최병두는 「상호문화주의로의 전환과 상호문화도시 정책」에서 상호문화주의는 다문화주의와 유사하게 인종적, 문화적, 다양성의 유의성을 강조하지만, 다문화주의가 다양성을 어떻게 함양하여 실천할 지에 대해서 간과하여 이주민의 사회적 주변화 도는 공간적 분리를 조장했다면, 상호문화주의는 이러한 사회공간적 격리를 극복하고 사회적, 인종적 다양성의 의미를 적극적으로 실천하기 위한 방안을 강조한다고 보았다(『현대사회와 다문화』4-1, 2014, p.84). 그러면서 우드(Wood)의 이민자 정책의 유형 비교를 소개한다.

최병두는 상호문화도시를 다문화주의 및 다문화정책의 개념적, 정책적 한계를 극복하기 위해서 상호문화주의와 상호문화정책의 핵심 실천 프로그램으로 제시된 것으로 본다. 이 프로그램을 실시하는 유럽평의회(Council of Europe, 2013) 영국 코메디아 보고서에 제시된 내용은 1) 문화적 다양성은 어느 정도 혁신, 창조성, 기업정신의 근원이 될 수 있으며, 이 문화적 다양성이 도시의 발전에 새로운 에너지와 자원으로 활용될 수 있는가? 2) 상이한 문화적 기능과 속성의 조합이 새롭고 다양한 사고를 어떻게 유도할 수 있는가? 3) 증진된 상호문화적 대화, 교류 등의 상호활동이 이 과정에 촉매제가 될 수 있는가? 4) 상호문화적 네트워크와 상호매개적 교류-행위자들의 역할을 이해하고 조율할 수 있는가? 5) 경제적 해택을 최대화하기 위한 제도적 장애와 기회를 탐구하고, 도시의 다양성과 부의 창출을 위한 미래 정책의 지침을 제공하는가? 등을 상호문화도시 프로그램의 조건으로 제시하였다(『현대사회와 다문화』4-1, 2014, p.94).

상호문화주의는 상호문화정책, 상호문화교육, 상호문화도시 등의 원리를 제공하며, 다문화주의와 대비되어 사용되고 있다. 다문화사회 종교문화 담론에서는 관용, 종교다원주의 등과 함께 논의되기도

〈표〉 동화주의와 다문화주의의 특성 비교

구분	동화주의	다문화주의
기본방향	국민 됨을 전제로 조속한 동화를 지원하고 제도적으로 내국인과 평등하게 대우하려고 함	소수자의 동등한 가치를 인정하고 이에 대한 보존을 지원하며 적극적 조치 등 우대조치를 마련하려고 함
정책목표	소수집단의 주류사회로의 동화	소수집단의 고유성 인정을 통한 사회통합
정체성	동질화	이질화
국적부여	속지주의/용이한 조건	속지주의/이중국적 허용
정주화	비교적 가능	가능
국가역할	제한적 지원	적극적 지원
이주민에 대한 관점	완전한 동화를 전제로 한 인정 노동력, 이방인 통합의 대상	상호존중과 관용 사회구성원 사회 다양성의 원천
평등개념	기회의 평등	결과의 평등
갈등해소 방안	완전한 동화를 통한 사회갈등 해소	완전한 참여를 통한 사회갈등 해소
정책수단	소수집단 차별방지 법제화(소극적 수단)	소수집단 문화와 권리 보호의 법제화(적극적 수단)
문화적 지향	문화적 동질화 추구 추상적인 타문화 이해와 수용	문화적 이질성 존중 구체적인 타문화 인정과 보소
비판	동화의 현실적 어려움 이주민에 대한 현실적인 사회적 배제	민족정체성 약화 및 사회적 분열 초래

출처: 정장엽, 정순관, 2013, p.63.

한다. 따라서 다종교 다문화사회에서 상호문화주의 개념을 활용한 종교다원주의 또는 종교간 대화의 논의도 요청된다.

16. 동화주의

동화주의(同化主義; Cultural Assimilation)는 다문화주의 또는 상호문화주의와 함께 비교의 개념으로 등장하며, 소수자로서 이주민이 정착 국가에서 권리를 취득하는 과정에서 그 나라의 언어를 사용하며 그 문화를 수용하는 것을 당연하게 받아들여야 하는 것을 의미한다. 동화주의는 대체로 식민지 역사에서 찾아볼 수 있는데, 현대사회에서는 소수집단이 주류집단화의 과정에서 정책의 기반으로 활용되고 있다. 아래의 표는 동화주의와 다문화주의의 특성을 비교한 내용이다.

정장엽, 정순관의 「한국 다문화가족정책의 성격 분석-동화주의 정책인가 다문화주의 정책인가」는 이주민의 증가에 따른 한국 중앙정부의 다문화가족정책이 동화주의를 지향하고 있는지 다문화주의를 지향하고 있는지를 측정하는 지표를 개발하여 한국 다문화가족정책의 성격을 살피고 있다. 측정지표는 이주적응, 교육, 고용, 문화, 복지 등으로 개발하여, 지역주민과 결혼이주자를 대상으로 설문조사를 통해서 한국 다문화가족정책의 성격을 분석하였다. 불석 결과, 중앙정부의 다문화가족정책의 추진과제는 동화주의와 다문화주의가 비슷하게 나타났지만, 정책별로는 일관성이 나타나지 않았다. 그리고 지역주민과 결혼이주자는 전체적으로 다문화주의 성격을 보인데 반해, 정책별로는 이주적응과 고용, 복지는 다문화주의로, 문화는 동화주의로 나타났다. 그리고 교육 분야는 지역주민이 다문화주의로, 결혼이주자는 동화주의로 인식하는 것으로 파악되었다(『한국행정학회 동계학술발표논문집』, 2013, pp.59-82).

한국 정부의 동화주의정책은 결혼이주민과 그 자녀에게만 한정되어 있으며, 이주노동자에게는 차별과 배제의 방향으로 사회통합의 방향으로 수렴되지 못하고 있다. 최근 들어, 이주민들에게 다문화주의 또는 상호문화주의가 이주민과 시민사회로부터 요청되고 있으며, 이와 관련한 사회통합정책이 제4차 외국인정책기본계획에서 어떻게 시행될지가 주목된다.

박종수의 「몽골출신 이주여성의 '국민 되기' 과정 속 종교의 역할」은 위의 쟁점을 다룬다. 이 연구에서는 한국의 다문화가족정책이 결혼이주자를 한국 국민으로 만들려는 동화의 과정이라고 보고, 종교단체가 그 과정 속에서 어떻게 역할을 하고 있으며, 결혼이주자에게 어떤 영향을 미치고 있는지를 살핀다(『다문화와 인간』5-1, 2016, pp.123-133). 그리고 나랑 바타르의 「개신교가 주한 몽골인들에게 미치는 영향-갈릴리 몽골 교회를 중심으로」도 갈릴리 몽골 교회에 참여하는 주한 몽골인을 대상으로 한국 개신교가 그들의 한국 생활에 어떠한 영향을 미치고 있는지를 분석한다. 분석 결과 갈릴리 몽골 교회에 참석하는 주한 몽골인들에게 의료나 복지와 같은 외적 요인도 중요하지만 개인의 신앙에 대한 깊이도 중요하게 다뤄질 필요성을 제기한다(『다문화와 인간』5-1, 2016, pp.75-120).

동화주의가 다문화사회 종교문화 담론에서 주목되는 것은 종교

정체성과의 연계이다. 이주민은 종교를 갖고 있는 사람과 그렇지 않은 사람으로 분류될 수 있는데, 한국으로 이주해온 외국인의 국적과 지역을 미루어 보거나 세계 종교인구의 통계를 미루어볼 때, 종교를 갖고 있는 외국인이 더 많을 것으로 예측된다. 그렇다면 종교인으로서 이주민은 자신의 종교 정체성을 어떻게 유지하고 있는가, 한국 사회에 적응하는 과정에서 자신의 종교 정체성에 변화(개종)가 나타나는 것을 어떻게 보아야 하는가에 대해서 연구가 필요하다. 요컨대, 한국 사회에 적응하면서 자신의 종교 정체성을 특정 종교단체의 강요 또는 회유 등에 의한 개종은 동화주의와 맞닿아있는 것일 수도 있다. 따라서 이와 관련된 내용은 정체성, 종교의 자유, 종교다원주의 등과 연관하여 다룰 필요가 있다.

이상의 다문화 종교문화 담론을 이해하는 데 16개 개념을 소개하였는데, 각각의 개념을 좀 더 입체적으로 이해할 수 있는 학술자료 몇 편씩을 소개하면 다음과 같다.

1) 문화변용

▶ 정형호, 중앙아시아 고려인의 놀이에 나타난 문화변용 양상-놀이의 정체성과 혼종성을 중심으로, 민속학연구 55, 2024, pp.303-330.

▶ 문미경, 초등교육 시기 문화변용을 경험한 제3문화 아이들

(Third Culture Kids: TCK)의 한국인 정체성 형성에 관한 연구: 선교사 자녀를 중심으로, 이화여자대학교 대학원 박사학위논문, 2020.
▶ 이유숙, 재일 교포 사회에서의 '제사'의 변용과 계승문제 고찰: 재일코리안 여성들의 이야기르르 통해, 원불교사상과종교문화 77, 2018, pp.347-378.
▶ 전명수, 정보화사회와 종교문화의 변용: 교회의 인터넷 활용과 그 의의를 중심으로, 종교연구 33, 2003, pp.93-120.

2) 다문화선교

▶ 손원영, 다문화 담론으로서 선교교육의 패러다임 변화에 관한 연구: WCC의 선교 이해를 중심으로, 종교교육학연구 71, 2022.
▶ 박예슬, 다문화 사회 현상과 한국교회의 선교 과제, 장로회신학대학교 대학원 석사학위논문, 2021.
▶ 박영환, 다문화선교를 위한 하남시 교회의 역할, 서울신학대학교 신학전문대학원 박사학위논문, 2018.
▶ 한국일, 다문화 이주민 선교: 독일교회 사례를 중심으로, 선교와 신학 29, 2012, pp.57-91.
▶ 명법, 한국불교의 세계화 담론에 대한 반성과 제언, 한국교수불자연합학회지 16-1, 2010, pp.165-196.

3) 차별금지법

▶ 국가인권위원회, 소수자의 권리보호 포괄적 차별금지법 입안을 위한 실무 지침서, 국가인권위원회 발간자료, 2023.

▶ 홍성수, 차별이란 무엇인가: 차별금지법상 차별금지사유의 의미, 법과 사회 66, 2021, pp.25-70.

▶ 전윤성, 차별금지법을 왜 반대해야 하는가?, 교회와 법 7-2, 2021, pp.73-129.

▶ 김종헌, 이승실, 차별금지법안의 쟁점가 개선방안, 사회법연구 42, 2020, pp.383-444.

▶ 한지영, 차별금지법 제정을 둘러싼 쟁점의 비판적 검토: 차별의 개념 및 구제조치를 중심으로, 이화젠더법학 3-1, 2011, pp.89-122.

4) 이슬람혐오

▶ 강진구, 텍스트마이닝으로 본 대구 이슬람 사원 갈등: 유튜브 댓글을 중심으로, 다문화콘텐츠연구 47, 2024, pp.7-37.

▶ 김현주, 프랑스의 이슬람혐오증(Islamophobie) 현상과 쟁점에 관한 고찰, 한국프랑스학논집 124, 2023, pp.173-202.

▶ 곽호철, 이슬람포비아를 통해 본 종교적 타자를 향한 한국 기독교의 폭력성에 대한 기독교윤리적 고찰, 대학과 선교 55, 2023, pp.141-175.

▶ 유원지, 이슬람 혐오를 넘어서: 이태원의 신앙기반단체와 이슬람을 바라보는 시선들, 종교문화비평 42, 2022, pp.241-282.

▶ 이현정, 다원적 사회에서의 종교의 자유 보장의 중요성: 유럽인권재판소의 판례를 통해 본 이슬람 혐오 현상에 대한 비판, 법학논총 29-1, 2022, pp.225-253.

5) 다문화교회

▶ 현한나, '디아스포라를 넘어(Beyond), 디아스포라와 함께(With)': 디아스포라 선교신학을 통한 한국의 다문화 교회 모델 세우기, 선교와 신학 57, 2020, pp.327-357.

▶ 김경주, 오세일, 다문화교회의 사회자본의 형성과 동학에 관한 연구, 현상과 인식 39(1,2), 2016, pp.167-197.

▶ 이바울, 다문화 사역을 통한 선교적 교회 모델 연구: 여의도순복음교회를 중심으로, 한세대학교 대학원 박사학위논문, 2014.

▶ 구병옥, 한인교회를 위한 모델로서의 다문화교회: 미국내 타민족 전도를 위한 전환방안, 선교와 신학 34, 2014, 175-206.

▶ 맹상학, 다문화 가톨릭교회 모델 연구(1), 사목정보 5(11), 2012, pp.108-115.

6) 다문화영화

▶ 조진희, 전승, 그들이 해석하는 다문화영화: 다문화아동에 대한 민속기술지 연구, 아시아영화연구 12(2), 2019, pp.229-263.

▶ 마은지, 이주사학회 기획, 『영화, 담다 그리다 비추다-이민, 인종주의 그리고 다문화 사회』(에코리브르, 2016), 435쪽, 프랑스사연구 36, 2017, pp.271-278.

▶ 김종갑, 김슬기, 다문화사회와 인종차별주의: 한국다문화영화를 중심으로, 다문화사회연구 7(2), 2014, pp.85-105.

▶ 강윤희, 다문화 영화에 나타난 이주민의 표상방식, 글로벌교육연구 6-2, 2014, pp.65-96.

▶ 황영미, 한국 영화에 나타난 다문화 양상 연구: 이방인 수용 양상을 중심으로, 영화연구 47, 2011, pp.239-262.

7) 다문화박물관

▶ 한지혜, 박물관에서 Banks의 4단계 다문화 교육개발 및 적용을 위한 분석틀 개발, 어린이와 박물관 연구, 14, 2018, pp.177-208.

▶ 성나래, 박물관 내 문화다양성 교구재 개발 사례 연구: 국립민속박물관 '다문화꾸러미'의 사례를 중심으로, 어린이와 박물관 연구 12, 2017, pp.97-118.

▶ 이은미, 다문화시대 박물관의 사회적 역할: 참여와 소통, 변화

를 위한 박물관교육, 박물관교육연구 6, 2011, pp.103-123.

▶ 유지현, 사이버 박물관활용 다문화교육, 박물관학보, 19 · 19, 2010, pp.239-257

▶ 김인회, 박물관 다문화교육의 의미와 방향, 박물관교육연구 5, 2010, pp.7-22.

8) 할랄푸드

▶ 엄성원, 텍스트 애널릭틱스를 이용한 할랄푸드 경험가치 측정에 관한 연구, KBM Journal(K Business Management Journal) 7-3, 2023, pp.93-108.

▶ Khosravi Maryam, 할랄푸드 및 에스닉푸드 인식이 이란음식 태도 및 구매의도에 미치는 영향, 경희대학교 대학원 석사학위논문, 2021.

▶ 이상미, 이정원, 고객의 심리적 거리가 할랄푸드 인식과 할랄푸드 구매의도에 미치는 영향, 지역산업연구 40-4, 2017, pp.189-205.

▶ 최원진, 이슬람 자본과 음식에 대한 한국교회의 선교적 대응, 복음과 선교 31, 2015, pp.207-240.

▶ 이희열, 정장호, 할랄 인증제도와 할랄 인증 강화에 따른 우리의 과제, 중동연구 33-1, 2014, pp.101-140.

9) 다문화감수성

▶ 서재복, 교직수강생의 다문화감수성과 다문화교육역량에 미치는 효과 연구, 교육종합연구 20-4, 2022, pp.145-159.

▶ 황경득, 우리나라 교사의 다문화 수용태도에 관한 메타 연구-다문화 수용성과 다문화 감수성 연구를 중심으로, 다문화사회와 교육연구 6, 2020, pp.127-158.

▶ 임일선, 오영훈, 조인제, 이용민, 이은정, 초 · 중등학교 다문화감수성교육의 한계와 다양화 방안 모색, 문화교류와 다문화교육 8-1, 2019, pp.173-202.

▶ 김영필, 수행적 다문화교육 모형: 퇴계의 다문화 감수성, 철학논총 76-2, 2014, pp.3-25.

▶ 이철현, 다문화교육 강좌의 효과성 측정을 위한 다문화감수설 측정 도구 개발, 다문화교육연구 6-3, 2013, pp.131-156.

10) 정체성

▶ 전국, 연변지역 다문화의 현성과 민족 정체성 문제, 문화교류와 다문화교육 13-1, 2024, pp.107-122.

▶ 박지나, 다문화가정자녀의 문화적응스트레스와 이중문화수용태도가 국가정체성에 미치는 구조적 관계: 다문화가족지원정책 경험 여부를 중심으로, 다문화교육연구 16-1, 2023, pp.165-190.

▶ 김진희, 이로미, 권진희, 다문화배경 청년의 자기정체성에 관한 질적 탐색, 다문화교육연구 14-1, 2021, pp.

▶ 손혜숙, 다문화 소설에 재현된 다문화가정2세의 정체성 양상, 다문화콘텐츠연구 34, 2020, pp.87-118.

▶ 김자영, 나는 누구인가?: 한 다문화가정 소년의 자아정체성에 관한 사례 연구, 다문화교육연구 10-2, 2017, pp.125-145.

11) 고정관념

▶ 임태운, 한국 코미디 프로그램 속 다문화 가정의 고정관념 분석-'외국인 며느리 니퉁의 인간 극장'을 중심으로, 한국어교육연구 22, 2024, pp.209-234.

▶ 부티투흐엉, 한국사회의 고정관념과 결혼 이주 여성의 결혼만족도: 베트남 결혼이주여성 중심으로, 서울시립대학교 대학원 석사학위논문, 2022.

▶ 송태연, 안권순, 결혼이주여성의 성역할 고정관념과 성 허용성이 결혼생활 만족도에 미치는 영향, 청소년학연구 23-7, 2016, pp.297-315.

▶ 이선자, 송유미, 김민수, 초등학생의 다문화가정 아동에 대한 고정관념과 편견의 유형화, 한국사회복지조사연구 29, 2011, pp.1-27.

▶ 권순정, 다문화 가정 출신 학생들에 대한 교사들의 고정관념

탐색, 국제이해교육연구 5-2, 2010, pp.5-37.

12) 관용

▶ 육주원, 한국인의 사회적 관용과 다문화수용성, 한국인구학 44-4, 2021, pp.1-18.
▶ 박삼열, 종교적 차이와 갈등, 관용과 화해의 가능성, 현상과 인식 43-1, 2019, pp.41-58.
▶ 고병철, 현대 한국의 종교와 다문화사회, 그리고 다문화교육 - 정의와 인간의 존엄성을 중심으로, 인간연구 36, 2018, pp.33-59.
▶ 조민지, 다문화 사회에 대한 지역의 관용도와 이주민이 인지하는 차별정도의 관계, 국토계획 52-2, 2017, pp.49-65.
▶ 김종훈, 관용을 넘어 정의로: 데리다의 '환대'(hospitality)의 철학에 비추어 본 다문화 사회, 담누화교육연구 9-4, 2016, pp.119-137.

13) 종교다원주의

▶ 황진수, 종교다원주의와 종교평화, 평화학연구 19(10, 2018, pp.25-44.
▶ 송인설, 복음주의와 에큐메니칼 운동의 대화 가능성에 대한 연구: 종교다원주의 논쟁을 중심으로, 한국기독교신학논총

91(1), 2014, pp.79-103.
▶ 주재완, 경향적 종교다원주의, 종교연구 70, 2013, pp.187-217.
▶ 길희성, 종교다원주의: 역사적 배경, 이론, 실천, 종교연구 28, 2002, pp.1-28.
▶ 김용환, 한국과 캐나다의 종교다원주의 비교연구, 한국정신과학학회지 3(1), 1999, pp.35-48.

14) 다문화특구

▶ 이학연, 이현우, 문영훈, 안산시 다문화 마을 특구 외국인주민 정책수요에 관한 연구, 한국이민행정학회보 3-1, 2024, pp.1-20.
▶ 허권, 변화하는 다문화 거버넌스: 안산 다문화마을 특구를 중심으로, 한구지역지이학회지 26-2, 2020, pp.159-171.
▶ 문경희, 이주노동자의 사회공간적 특성과 권리에 대한 연구, 21세기정치학회보 23(3), 2013, pp.197-224.
▶ 송민혜, 양승범, 국민통합을 위한 장소마케팅: 안산시 다문화을 특구의 사례, 한국보훈논총 11-1, 2012, pp.181-208.
▶ 박종구, 육풍림, 강재구, 언론보도에 따른 이태원관광특구 이슬람음식의 사회적 거리감, 관광학연구 36-1, 2012, pp.11-30.

15) 상호문화주의

▶ 김명희, 현대독일사회와 이슬람 생활세계의 관계유형 고찰-평행사회에서 상호문화주의로, 종교연구 83(1), 2023, pp.175-205.

▶ 장정아, 다문화주의의 현실적 한계에 대한 대안으로서의 상호문화주의-다문화 시대의 새로운 도덕 원리 탐색, 윤리교육연구 66, 2022, pp.343-367.

▶ 고재길, 상호문화주의와 기독교윤리-디트리히 본회퍼의 견해를 중심으로, 기독교사회윤리 54, 2022, pp.123-151.

▶ 양정아, 상호문화주의 교육의 정당화: 한국 다문화교육의 방향 탐색, 성균관대학교 대학원 박사학위논문, 2020.

▶ 김경학, 퀘벡 '상호문화주의'의 문화적 다양성 관리의 한계: 시크 '키르판' 착용 논쟁을 중심으로, 민주주의와 인권 10(3), 2010, pp.473-504.

16) 동화주의

▶ 허영주, 한국인의 다문화 수용 유형에 영향을 미치는 요인: 동화주의형과 다문화주의형을 중심으로, 예술인문사회 융합 멀티미디어 논문지 8(10), 2018, pp.621-630.

▶ 김태희, 다문화사회와 동화주의정책에 관한 연구: 한국과 호주의 다문화교육을 중심으로, 한국행정사학지 38, 2016, pp.1-

26.
▶ 임현식, 캐네디 동화주의의 양면성과 1965년 개정이민법의 한계, HOMO MIGRANS 15, 2016, pp.99-134.
▶ 김호연, 미국의 동화주의적 이민자 정책과 다문화주의, 인문과학연구 28, 2011, pp.247-268.
▶ 문지영, '동화주의'와 '다문화주의' 사이에서: 프랑스의 이민자 통합정책, 다문화사회연구 2(1), 2009, pp.33-66.

제4장

한국의 다문화 종교문화 담론의 쟁점

한국 다문화 종교문화 담론을 이해하기 위해서 추출한 주요 개념들은 종교문화 담론의 쟁점을 드러내는 키워드이기도 하다. 열여섯 개의 개념인 문화변용, 다문화선교, 차별금지법, 이슬람혐오, 다문화교회, 다문화영화, 다문화박물관, 할라푸드, 다문화감수성, 정체성, 고정관념, 관용, 종교다원주의, 다문화특구, 상호문화주의, 동화주의는 각각이 쟁점을 드러내는데, 이 개념들은 크게 두 가지로 분류된다.

첫째, 선주민과 이주민의 종교문화 갈등 양상이다. 이에 해당하는 개념은 다문화선교, 차별금지법, 이슬람혐오, 다문화교회, 할랄푸드, 정체성, 고정관념, 동화주의 등이다.

이 개념들의 연관성은 선주민(종교인)이 이주민(종교인)을 인식하는 근거와 배경, 그리고 양상이다. 선주민(종교인)은 이주민(종교인)의 정체성을 인정하지 않으려는 경향이 있으며, 이것은 동화주의 맥락에서 다문화선교를 지향한다. 그리고 이것은 이주민의 특정 종교를 혐오하는 이슬람혐오로 나타나며 고정관념을 형성하여 유포된다. 또한 특정 음식문화인 할랄푸드에 대해서도 고정관념을 유포시키며, 결국은 차별금지법에 대한 왜곡된 현상으로도 나타난다. 이러한 모든 과정을 다문화선교라 부르기도 하고, 이것은 '다문화교회'

를 통해서 실천되고 있기도 하다.

이 쟁점은 경계와 관련된 내용들이다. 선주민(종교인)과 이주민(종교인) 사이의 종교문화적 경계는 문화를 나누는 전통적 경계였던 '민족' 단위에 문제가 제기되면서, 이 경계가 '트랜스내셔널'로 변화되어 인식되면서 쟁점화되기 시작한다.

둘째, 선주민과 이주민의 종교문화 해결 방안이다. 이에 해당하는 개념은 문화변용, 차별금지법, 다문화영화, 다문화박물관, 다문화감수성, 관용, 종교다원주의, 다문화특구, 상호문화주의 등이다.

이 개념들의 연관성은 선주민(종교인)과 이주민(종교인)이 종교문화 갈등을 해결하는 이론적 근거와 구체적인 실천 방법이다. 두 종교문화가 만나는 양상에 대한 이해로써 문화변용과 관용, 종교다원주의, 상호문화주의, 다문화감수성 등은 이론적 근거를, 차별금지법은 구체적인 제도적 방법을, 다문화영화와 다문화박물관, 다문화특구는 구체적인 실천 방법과 관련된 개념들이다.

한편, 한국 다문화사회의 쟁점은 분야별로 분석되기도 하였고, 국가별로 분석되기도 하였으며, 이주민의 유형별로 분석되기도 하였다.

첫째, 분야별 쟁점 연구의 사례로는 "세계화, 다문화 시대의 쟁점과 윤리교육의 방향"(방영준, 2010),"다문화 윤리교육의 쟁점과 방향"(정창우, 2011), "ICT를 활용한 다문화 복지서비스의 쟁점과 개선방안"(류현숙, 박선주, 홍승희, 2012), "'다문화교육' 연구동향과 쟁점"(이민경, 2013), "한국사회 반다문화 담론의 쟁점과 실제 그리고 대응"(심양섭, 2016),"다문화교육의 사회정의론적 쟁점과 방향"(김창근, 2019), "한국 다문화교육의 쟁점과 개선방향"(장인실, 2022) 등이 있었다.

둘째, 국가별 쟁점 연구의 사례로는 "프랑스 다문화교육의 배경과 쟁점"(이민경, 2007),"독일 다문화사회의 터키인 공동체"(박재영, 2012), "일본 '다문화공생'을 둘러싼 정책과 쟁점"(라경수, 2012), "미국의 시민교육 현황과 쟁점"(최종덕, 2020), "다문화사회에서 외국인 사회보장의 헌법적 쟁점, 현황 및 과제"(김수연, 2023) 등이 있었다.

셋째, 이주민 대상별 쟁점에 대한 사례 연구로는 "다문화사회의 이주민 인권: 실태와 쟁점"(전형권, 2014),"한국 다문화사회의 진전과 동아시아의 이주: 현황과 쟁점"(최호림, 2015), "다문화가족의 국제사법적 쟁점"(장준혁, 2015), "다문화가족지원법의 쟁점과 새로운 방향"(김종세, 2021) 등이 있었다.

한편, 다문화사회의 종교문화 쟁점도 다양하게 나타나고 있다. 그러나 김경주, 오세일, 김우선의 연구에 따르면, 다문화와 종교에 관한 연구는 크게 세 가지 유형으로 분류될 수 있다. 요컨대, 이주자의 종교공동체 연구, 종교와 사회적 갈등에 대한 연구, 종교와 사회통합에 대한 연구로 분류하기도 하였다.[12]

---

12 김경주, 오세일, 김우선, 「이주민에 대한 한국교회의 대응: 다문화교회의 형성 사례 연구」, 『종교연구』75-2, 2015, 95-134쪽.

앞서 살핀, 제2장의 한국 다문화사회 속 종교문화 담론의 형성과 변천의 과정에서 나타난 쟁점들은 (1) '한국 내 종교간의 갈등과 해결을 위한 대화', (2) '이주민의 유입에 따른 이주민의 대상화(선교의 대상, 경쟁자로서 적대적 대상)', (3) '다양한 사회적 소수자(성적 소수자, 종교적 소수자[무슬림] 등)와 관련된 차별금지법 제정', (4) '이주민의 정체성과 사회통합' 등이 대표적인 내용들이었다. 그리고 이 쟁점들을 앞서 나눈 시기별로 살펴보면 다음과 같다.

첫째, 다문화 종교문 담론이 형성되기 이전 시기였던 1990년대 중반까지는 주로 통일교와 관련된 내용이 주된 내용이었다. 미디어 담론에서는 통일교 국제합동결혼식에 대한 단순 소개에 그쳤고, 이에 대한 학술 담론에서도 이렇다 할 담론은 형성되지 않았다.

둘째, 다문화 종교문화 담론이 공론화된 시기였던 2007년까지는 (1) '한국 내 종교간의 갈등과 해결을 위한 대화'로 "타종교와 더불어살기, 종교예술제, 종교다원주의 허와 실" 등의 키워드가 다수 있었다. 그리고 (3) '다양한 사회적 소수자 중 혼혈과 무슬림'에 대한 키워드로 "혼혈인 차별 철폐, 이슬람과 무슬림에 대한 부정적 이미지" 등이 쟁점화되었다.

셋째, 다문화 종교문화 담론의 쟁점화 시기인 2008년 이후부터는 (1)번부터 (4)번까지의 모든 키워드가 대량으로 생산된 시기이다. 이 시기부터는 '다종교 · 다문화'가 한 쌍으로 같이 사용되는 경우가 많아졌으며, 다문화사회에서 종교문화의 변수가 점점 중요하다는 인식이 보편화되기 시작하였다.

이와 같은 쟁점들이 서구의 사례와 비교할 때, 어떤 지점에서 만나고 있는지, 한국 사회만의 특징은 무엇인지를 살펴보기 위해서 다음 장에서는 서구의 다문화 종교문화 담론을 살펴보겠다.

제3부

한국 다문화사회 속
종교문화 담론의 과제와 전망

제5장

서구 다문화 종교문화 담론과 한국 다문화 종교문화 담론 비교

앞선 제2장과 제4장에서 살폈듯이, 한국 다문화사회에서 종교문화 쟁점에 대한 연구는 '한국 내 종교간의 갈등과 해결을 위한 대화', '이주민의 유입에 따른 이주민의 대상화(선교의 대상, 경쟁자로서 적대적 대상)', '다양한 사회적 소수자(성적 소수자, 종교적 소수자[무슬림] 등)와 관련된 차별금지법 제정', '이주민의 정체성과 사회통합' 등으로 나타났다. 그러나 한국과 비교할 때, 서구에서의 다문화 종교문화 담론은 '공교육의 장에서 종교교육의 실천'과'이주자의 종교 정체성(특히, 무슬림의 종교 정체성)' 등 크게 두 부분으로 담론이 형성되었다.

아래의 내용은 서구에서 다문화 종교문화 담론을 형성하고 있는 학술자료들이다.

1. Multiculturalism and religion

Rhys H. Williams, 2015. "Religion and Multiculturalism: A Web of Legal, Institutional, and Cultural Connections." *the sociological quarterly* 56(4): 607-622.

Bail, Christopher A. 2012. "The Fringe Effect: Civil Society Organizations and the Evolution of Media Discourse about Islam." *American Sociological Review* 77(6): 855-879.

Buenker, John D. and Lorman A. Ratner. 2005. *Multiculturalism in the United States: A Comparative Guide to Acculturation and Ethnicity*. Revised and Expanded Edition. Westport, CT: Greenwood.

Grant H. Cornwell and Eve Walsh Stoddard, eds. 2001. *Global Multiculturalism: Comparative Perspectives on Ethnicity, Race, and Nation*. Lanham, MD: Rowman & Littlefield.

Michael J. Cuyjet, Mary F. Howard-Hamilton, and Diane L. Cooper, eds. 2011. *Multiculturalism on Campus: Theories, Models and Practices for Understanding Diversity and Creating Inclusion*. Sterling, VA: Stylus Publishing.

Eisenach, Eldon J. 2000. *The Next Religious Establishment: National Identity and Political Theology in Post-Protestant America*. Lanham, MD: Rowman & Littlefield.

Foner, Nancy and Richard Alba. 2008. "Immigrant Religion in the U.S. and Western Europe: Bridge or Barrier to Inclusion?" *International Migration Review* 42(2): 360-392.

Hansen, Kim Philip. 2012. *Military Chaplains and Religious Diversity*. New York: Palgrave Macmillan.

Kivisto, Peter. 2014. *Religion and Immigration: Migrant Faiths in North*

America and Western Europe. Malden, MA: Polity.

Peter Kivisto and Georganne Rundblad, eds. 2000. *Multiculturalism in the United States: Current Issues, Contemporary Voices.* Thousand Oaks, CA: Pine Forge Press.

Kumar, Deepa. 2012. *Islamophobia and the Politics of Empire.* Chicago, IL: Haymarket Books.

Lisee, Chris. 2012. "Air Force Academy: Proselytizing and Religious Freedom Debate on School Campus." *Huff Post Religion*, July 17. Retrieved December 17, 2014 (http://www.huffingtonpost.com/2012/07/17/air-force-academy-religion-proselytism_n_1678092.html).

Macey, Marie. 2009. *Multiculturalism, Religion and Women: Doing Harm by Doing Good?* Houndmills, England: Palgrave Macmillan.

Massey, Douglas S. and Monica Espinoza Higgins. 2011. "The Effect of Immigration on Religious Belief and Practice: A Theologizing or Alienating Experience?" *Social Science Research* 40: 1371-1389.

Min, Pyong Gap. 2010. *Preserving Ethnicity through Religion in America: Korean Protestants and Indian Hindus across Generations.* New York: New York University Press.

Modood, Tariq 2014a. "Multiculturalism and Religion: A Three Part Debate. Part One—Accommodating Religions: Multiculturalism's New Fault Line." *Critical Social Policy* 34(1): 121-127.

Parekh, Bhikhu. 2006. *Rethinking Multiculturalism: Cultural Diversity and Political Theory*. 2nd ed. Houndmills, England: Palgrave Macmillan.

Pew Forum.org. 2013. "The Religious Affiliation of U.S. Immigrants: Majority Christian, Rising Share of Other Faiths." *Pew Research, Religion & Public Life Project,* May 17. Retrieved October 13, 2014 (http://www.pewforum.org/2013/05/17/the-religious-affiliation-of-us-immigrants/).

Singh, Gurnam and Stephen Cowden. 2011. "Multiculturalism's New Fault Lines: Religious Fundamentalisms and Public Policy." *Critical Social Policy* 31(3): 343-364.

Shirley R. Steinberg, ed. 2009. *Diversity and Multiculturalism: A Reader.* New York: Peter Lang.

Anna Triandafyllidou, Tariq Modood, and Nasar Meer, eds. 2012. *European Multiculturalisms: Cultural, Religious and Ethnic Challenges.* Edinburgh, Scotland: University of Edinburgh Press.

Williams, Rhys H. 2007a. "The Languages of the Public Sphere: Religious Pluralism, Institutional Logics, and Civil Society." *The Annals of the American Academy of Political and Social Sciences* 612: 42-61.

Williams, Rhys H. 2007b. " Liberalism, Religion, and the Dilemma of 'Immigrant Rights' in American Political Culture." Pp. 16-32 in *Religion and Social Justice for Immigrants,* edited by P. Hondagneu-Sotelo. New Brunswick, NJ: Rutgers University

Press.

Williams, Rhys H. 2011. "Creating an American Islam: Thoughts on Religion, Identity, and Place." *Sociology of Religion* 72(2): 127-153.

Williams, Rhys H. 2013. "Civil Religion and the Cultural Politics of National Identity in Obama's America." *Journal for the Scientific Study of Religion* 52(2): 239-257.

Williams, Rhys H. 2014. "Public Islam in the Contemporary World: A View on the American Case." *Studies in Contemporary Islam / Nordic Journal of Islamic Studies/Tidskrift for islamforskning* 8(1): 56-77.

Williams, Rhys H. and N. J. Demerath III. 1991. "Religion and Political Process in an American City." *American Sociological Review* 56(4): 417-431.

Williams, Rhys H. and Gira Vashi. 2007. "Hijab and American Muslim Women: Creating the Space for Autonomous Selves." *Sociology of Religion* 68(3): 269-287.

Wilson, John F. 2007. "Religion, Government, and Power in the New American Nation." Pp. 79-92 in *Religion and American Politics: From the Colonial Period to the Present*. 2nd ed., edited by M. A. Noll and L. E. Harlow. New York: Oxford University Press.

Wuthnow, Robert. 2005. *America and the Challenges of Religious Diversity*. Princeton, NJ: Princeton University Press.

Yamane, David. 2002. *Student Movements for Multiculturalism:*

Challenging the Curricular Color Line in Higher Education. Baltimore, MD: Johns Hopkins University Press.

Zolberg, Aristide R. 2006. *A Nation by Design: Immigration Policy in the Fashioning of America*. New York and Cambridge, MA: Russell Sage Foundation and Harvard University Press.

Rozhdestvensky, Andrey, 2012. "Multiculturalism and Us."*Philosophical Alternatives Journal*.

Williams, Rhys H., 2015. "Religion and Multiculturalism: A Web of Legal, Institutional, and Cultural Connections."*Sociological Quarterly*.

Alexander, H.A., 1995. "Religion and multiculturalism in education." *Religious Education*,

Phan, Peter C., 1995. "Multiculturalism, church and the university." *Religious Education*,

Ubani, Martin, 2013. "Threats and solutions: multiculturalism, religion and educational policy." *Intercultural Education*.

Correa, Sharal T.; Inamdar, Neeta, 2021. "Transculturalism: Exploring Beyond Multiculturalism and Interculturalism." *International Journal of Interdisciplinary Global Studies*.

Brym, Robert, 2025. "The Decline of Canadian Multicultu*ralism and the Rebirth of the Jewish Question."* Society.

Thahir, Abdullah , 2023. "The Need for a Comprehensive Approach: Integrating Multiculturalism and National Identity in Indonesian Education." *British Journal of Philosophy, Sociology & History*.

Durante, Chris, 2012. "Religious Liberty in a Multicultural Society." *Journal of Church & State.*

KARAYANNI, MICHAEL, 2018. "Multiculturalism as Covering: On the Accommodation of Minority Religions in Israel." *American Journal of Comparative Law.*

Yumitro, Gonda; Abhiyoga, Nurdiana, 2022. "Multiculturalism Education as the Social Approach for Deradicalization Program in Indonesia." *Technium Social Sciences.*

Hoon, Chang-Yau, 2017. "Putting Religion into Multiculturalism: Conceptualising Religious Multiculturalism in Indonesia." *Asian Studies Review.*

Campigotto, Nicola; Rapallini, Chiara; Rustichini, Aldo, 2022. "School friendship networks, homophily and multiculturalism: evidence from European countries." *Journal of Population Economics.*

Carle, Robert, 2006. "DEMISE OF DUTCH MULTICULTURALISM." *Society.*

Mandair, Arvind, 2004. "The Unbearable Proximity of the Orient: Political Religion, Multiculturalism and the Retrieval of South Asian Identities." *Social Identities.*

Kurien, Prema A. 2006. "Multiculturalism and "American" Religion: The Case of Hindu Indian Americans." *Social Forces.*

Ikeke, Mark Omorovie, 2021. "The Ideological Challenges of Religious Pluralism and Multiculturalism for Globalized Societies." *Journal of Humanistic & Social Studies.*

Errington, Andrew Ross, 2014. "Between Justice and Tradition: Oliver O'Donovan's Political Theory and the Challenge of Multiculturalism." *Studies in Christian Ethics.*

Zavos, John 2009. "Negotiating Multiculturalism: Religion and the Organisation of Hindu Identity in Contemporary Britain."*Journal of Ethnic & Migration Studies.*

Casarella, Peter, 2008. "Recognizing Diversity after Multiculturalism." *New Theology Review.*

Meer, Nasar; Modood, Tariq, 2009. "The Multicultural State We're In: Muslims, 'Multiculture' and the 'Civic Re-balancing' of British Multiculturalism." *Political Studies.*

Frederiks, Martha, 2009. "World Christianity: A Training School for Multiculturalism." *Exchange.*

Macdonald, Gregory Keith, 2020. "Australian Multiculturalism and the Problem of the Religious "Other"." *International Journal of Religion & Spirituality in Society.*

Cavaggion, Giovanni, 2018. "Western Constitutional Pluralism: An Unkept Promise to Cultural Minorities?" *Journal of Church & State.*

2. Muslim Cultural Identity

JAISUDA, THANAKIT, 2024. "Unveiling the Intricate Tapestry:

Malay (Melayu) Wood Carving Patterns of Southern Thailand as Reflections of Muslim Cultural Identity." *International Journal of Islamic Thought.*

Wang, Siyi, 2024. "Who Am I? Exploring the Role of Religious Beliefs in Shaping the Ethnic Identity of Tibetan Muslims: A Case Study in Hebalin, Lhasa, Tibet."*Religions.*

Allerton, Catherine, 2024. "Being and Not Being Filipino: Children of Refugees, Muslim Belonging and Multiple Refusals in Sabah, Malaysia."SOJOURN: *Journal of Social Issues in Southeast Asia.*

Ryan, Caoimhe; Hopkins, Nick; Ahluwalia-McMeddes, Amrita; Dobai, Anna; Pehrson, Samuel; Reicher, Stephen 2023. "On the Misrecognition of Identity: Muslims' Everyday Experiences in Scotland."*Political Psychology.*

Shahvar, Soli, 2023. "Agha Musa Naghiev Karbala'i—The Man and His Multiple Identities: Between National-Azerbaijani, Shi'i Muslim, and Bahá'í Religious Identities." *Religions.*

Kapinga, Laura; van Hoven, Bettina; Bock, Bettina B.; Hopkins, Peter, 2023. "Young Muslims' religious identities in relation to places beyond the UK: a qualitative map-making technique in Newcastle upon Tyne." *Children's Geographies.*

Shin, Jiwon, 2024. "Religion, Age, and Sexuality: An Empirical Approach to the Regulation of Female Sexuality through Dress among Indonesian Muslims." *Religions.*

Yucel, Salih; Whyte, Shaheen, 2023. "Muslim Identity Formation in Contemporary Societies." *Religions.*

Budak, Bahaeddin, 2022. "The Contribution of the Non-Muslim Teacher to the Ideal Identity of the Islamic Primary School." *Religions.*

Whyte, Shaheen; Yucel, Salih, 2023. "Australian Muslim Identities and the Question of Intra-Muslim Dialogue." *Religions.*

Hussain, Zakir; Mishra, Binod, 2022. "Transformations of the Liminal Self: Deconstructing Muslim Identity in Tariq Ali's The Stone Woman." *Journal of Muslim Minority Affairs.*

Jamal, Aamir; Baldwin, Clive; Ali, Wasif; Dhingra, Swati, 2022. ""I Am Not Who You Think I A": Multiple, Hybrid and Racialized Identities of Canadian Muslim Youth in the Negotiation of Belonging and Citizenship." *Journal of Muslim Minority Affairs.*

Musahadi, Musahadi; Junaidi, Akhmad Arif, 2024. "Becoming Europeanized Muslims: Religious Identity Formation among Millennials in the Indonesian Muslim Diaspora in the Netherlands." *Journal of Muslims in Europe.*

Pribadi, Yanwar, 2022. "Sekolah Islam (Islamic Schools) as Symbols of Indonesia's Urban Muslim Identity." *TRaNS: Trans-Regional & National Studies of Southeast Asia.*

Belhaj, Abdessamad, 2022. "Loyalty and Identity Formation: Muslim Perceptions of Loyalty in France." *Religions.*

Mian, Ali Altaf, 2024. "The Muslim Difference: Defining the Line between Believers and Unbelievers from Early Islam to the Present By Youshaa Patel." *Journal of Islamic Studies.*

Shams, Tahseen, 2025. "Revisiting the Muslimness of the Asian gang: locating British Bangladeshis in a changing global geopolitical context." *Ethnic & Racial Studies.*

Nurdin, Ali; Novriansyah, Brenny; Ridwan, M.; Sulaeman, Sulaeman, 2022. "Balinese Muslim Identity Construction: Symbol of Harmonious Communication Among Religious Adherents in Indonesia." *Technium Social Sciences Journal.*

Pathan, Shofiul Alom; Jha, Munmun, 2022. "Miya Muslims of Assam: Identity, Visuality and the Construction of 'Doubtful Citizens'." *Journal of Muslim Minority Affairs.*

Kabir, Nahid Afrose, 2021. "A Study of Young Yemeni-American Muslims' Identity, 2010-2021." *Journal of Muslim Minority Affairs.*

DeLong-Bas, Natana J., 2024. "Across the Worlds of Islam: Muslim Identities, Beliefs, and Practices from Asia to America." *Journal of Religious History.*

Hunter, Alistair; McCallum Guiney, Fiona, 2023. "Misrecognised as Muslim: the racialisation of Christians of Middle Eastern heritage in the UK." *Journal of Ethnic & Migration Studies.*

Zhao, Liang, 2024. "Identity negotiation of Han women in Han-Hui-Muslim intermarriage in China: A dialogical-self theory approach." *Culture & Psychology.*

Iqbal, Hamid; Akhtar, Shaheen, 2021. "Muslims' Search for Identity in the Subcontinent: A Post-Structuralist Account." *Pakistan Journal of History & Culture.*

Susilo, Daniel; Sugihartati, Rahma; Santos, Roberto Rudolf T., 2023. "MUSLIM MINORITY IN MANILA: Ethnographical Studies of Minority Expression on the Archipelago." *Al-Jami'ah: Journal of Islamic Studies.*

Kudo, Masako, 2025. "Multinational migration and post-return identity negotiation: an intersectional study of Japanese-Pakistani Muslim youths." *Ethnic & Racial Studies.*

Islam, Maisha, 2020. "Reflection note: confessions of a Muslim researcher - considering identity in research." *International Journal of Social Research Methodology.*

Hammond, Timur, 2023. "Conjunctions of Islam: rethinking the geographies of art and piety through the notebooks of Ahmet Süheyl Ünver." *Cultural Geographies.*

QODIR, ZULY; JUBBA, HASSE; MUTIARIN, DYAH; HIDAYATI, MEGA, 2021. "Muhammadiyah Identity and Muslim Public Good: Muslim Practices in Java." I*nternational Journal of Islamic Thought.*

Baysu, Gülseli; Swyngedouw, Marc, 2020. "What Determines Voting Behaviors of Muslim Minorities in Europe: Muslim Identity or

Left–Right Ideology?" *Political Psychology.*

Crossouard, Barbara; Dunne, Máiréad; Durrani, Naureen, 2020. "Understanding agency differently: female youth's Muslim identities." *Social Identities.*

Dunne, Máiréad; Durrani, Naureen; Fincham, Kathleen; Crossouard, Barbara, 2020. "Pluralising Islam: doing Muslim identities differently." *Social Identities.*

Fincham, Kathleen; Dunne, Máiréad, 2020. "Fracturing the nation: Muslim youth identities in multi-religious states." *Social Identities.*

Guntoro, Guntoro; Hasan, Noorhaidi, 2023. "Religious culture reflection of young Muslims community." *IBDA: Jurnal Kajian Islam dan Budaya.*

Chandio, Muhammad Tufail; Sangi, Muhammad Khan, 2019. "NEGOTIATING THE PRE-9/11 MUSLIM IDENTITY IN RELUCTANT FUNDAMENTLIST AND HOME BOY." *Grassroots.*

Sagir Ali, SK, 2022. "The Muslim Problem: A Majoritarian Concern in India." *Journal of Muslim Minority Affairs.*

Zahoor, Muhammad Abrar; Gujjar, Munir, 2019. "Colonialism and the Construction of Religious Identities in Punjab: The Case of Muslims." *Journal of History, Culture & Art Research* / Tarih Kültür ve Sanat Arastirmalari Dergisi.

Ab Razak, Muneerah, 2019. "'World-class Muslims': Examining the

Discursive Construction of a Singapore Muslim Identity." *Muslim World.*

Rajina, Fatima, 2024. "British Muslim men and clothes: the role of stigma and the political (re)configurations around sartorial choices." *Identities.*

Rajina, Fatima, 2024. "'You Mean the Transition from bhai to akhi?': How Bengali and Arabic Intersect in the Lives of British Bangladeshi Muslims in the East End of London." *Journal of Muslims in Europe.*

Lin LING, 2020. "The Girl in the Tangerine Scarf: Constructing Diasporic Muslim Identities in a Coming-of-Age Narrative." *Cultural Intertexts.*

Grit, Kor, 2019. "'Religion Teaches Peace and Harmony': Navigating Christian and Muslim Identities in Interreligious Dialogue in Pakistan."*Exchange.*

Ahmed, Sidra, 2019. "THE CRISIS OF MUSLIM IDENTITY IN SECULAR FRANCE: CHALLENGES AND A WAY FORWARD."*New Horizons.*

Cheikh Husain, Sara; Mansouri, Fethi, 2023. "Australian Muslims' Visibility: The Politics of Oppression and Recognition." *Religions,*

Okpaleke, Ikenna Paschal, 2022. "Transformational Dialogue and Christian Identity in a Multi-Religious Context: Nigeria in Focus." *Religions,*

Ibrahim, Musa, 2022. "Being Muslim at the Intersection of Islam and Popular Cultures in Nigeria." *Journal of African Cultural Studies.*

Freidenreich, David M.; Pipes, Daniel, 2024. "Jewish Muslims: How Christians Imagined Islam as the Enemy." *Middle East Quarterly.*

Imtiyaz, A.R.M.; Mohamed Saleem, Amjad, 2023. "Some Critical Notes on Sri Lankan Muslim Religious Identity Formation, Conservatism, and Violent Extremism." *Journal of Asian & African Studies* (Sage Publications, Ltd.)

Chua Hang-Kuen, 2020. "The Making of A Gay Muslim: Religion, Sexuality and Identity in Malaysia and Britain." *Kajian Malaysia: Journal of Malaysian Studies.*

Muttaqin, Ahmad; Noor, Nina Mariani, 2022. "Local Islam and Javanese Culture Penetration: Muslim Alif Rebo Wage (Aboge) Negotiations in Identity Formation." *IBDA: Jurnal Kajian Islam dan Budaya.*

Linge, Marius; Larsson, Göran, 2022. "Sunni-Shia identities among young Norwegian Muslims: the remaking of Islamic boundaries." *Journal of Contemporary Religion.*

GALYON, DEREK R., 2017. "The End of a Nation: Warithuddin Muhammad and Muslim Identity in the Nation of Islam." *The Journal of Undergraduate Research at the University of Tennessee.*

Jamil, Uzma, 2021. "Multiculturalism and the Muslim Question." *ReOrient.*

Foster, Marjorie Anne, 2021. "NEGOTIATING ISLAMOPHOBIA: COLLEGE-AGE MUSLIMS IN NORTH CAROLINA." *Journal of Theta Alpha Kappa*

Nickl, Benjamin, 2021. "Muslim like us: mobilizing minority identities in popular Australian entertainment media as sites of transnational representation."*Media, Culture & Society.*

Dazey, Margot, 2021. "Pan-Islamic ideals and national loyalties: Competing attachments amongst early Muslim activists in France." *Nations & Nationalism.*

Harmakaputra, Hans A., 2020. "Say "No" to Christmas? An Analysis of the Islamic Fatwa on the Prohibition against Wearing Non-Muslim Symbols in Indonesia." *World.*

쟁점별 담론의 대표적인 연구를 살펴보면 다음과 같다.

3. 공교육의 장에서 다문화 종교교육의 실천 쟁점

우선, 니콜레타 마리아 굴랴(Nikoletta Maria Gulya)와 아니코 페에르바리(Anikó Fehérvári)가 연구한 "Multiculturalism in the curriculum: a comparative analysis of the Finnish, Irish and Hungarian national core curricula"[1]는 유럽의 다문화사회 중 헝가

1 Nikoletta Maria Gulya and Anikó Fehérvári, Multiculturalism in the curriculum: a

리와 핀란드, 아일랜드 등 3개국의 국가교육과정(NCC: National Core Curriculum)을 통해서 다문화교육을 실천하는 질적 사례 연구이다. 이 연구에서는 각국의 교육과정 내에 포함된 다문화주의 개념을 담화분석 하였는데, 다문화주의가 다양한 관점을 통해서 어떻게 묘사되고 있는지를 보여주었고, 상황에 따른 의미와 틀을 강조하였다. 다만, 다문화교육의 강조 정도는 3개국이 비슷하였지만, 헝가리 국가교육과정에서는 국가적 가치를 강조하는 차이점을 밝혀냈다. 이와 달리 아일랜든 국가교육과정에서는 관용 지향적인 특징으로, 다른 문화에 대한 이해뿐만 아니라 그들을 받아들이는 것의 중요함을 강조하였음을 분석하였다. 그리고 핀란드의 국가교육과정은 글로벌 관점을 반영하여, 다원주의적 접근 방식으로 다양한 문화와 소수자 집단을 존중하는 태도를 강조함을 드러냈다.

이 연구는 유럽 3개국의 국가교육과정 내의 다문화주의 담론에 대한 이해뿐만 아니라, 3개국을 비교함으로써 유사점과 차이점에 대한 이해를 도모하고 있다. 나아가 한국의 다문화 종교교육이 국가교육과정에 어떻게 반영될 수 있는지에 대한 시사점을 얻을 수 있다.

함자 르불(Hamza R'boul)의 "Alternative theorizing of multicultural education: an Islamic perspective on interculturality and social

comparative analysis of the Finnish, Irish and Hungarian national core curricula, *Journal for Multicultural Education, vol. 18 no. 4, 2024.*(DOI: https://doi.org/10.1108/JME-10-2023-0113)

justice"[2]는 상호문화와 사회정의에 대한 이슬람의 관점을 다문화교육의 대안 이론으로 수용 가능성에 대해서 논한다. 요컨대, 서구의 사상이 교육과 학문 전반에 지배적인 영향을 미치고 있지만, 대안적 인식론으로서 이슬람 윤리를 제시하고 있다. 다문화교육에서 이슬람은 사회정의를 촉진하지만, 교사와 학생 사이의 교리적 차이 때문에 발생할 수 있는 갈등에 대해서는 주의가 필요하다. 이 논문은 이슬람교가 다문화교육의 새로운 관점을 제시할 수 있는 가능성에 대해서 제언하고 있다는 점에서, 현재 한국 국가교육과정 내 '세계사' 서술 방향에서 일부 보수진영에서 제기하고 있는 쟁점[3]에 시사점을 제공할 수도 있다.

모니카 C. 가비노(Monica C. Gavino), 존 E. 에버(John E. Eber), 데이비드 벨(David Bell)의 "Celebrating our diversity: creating an inclusive climate in a US university"[4]는 미국 대학가의 포용적인 분위기를 조성하기 위해서 '다문화 조직 개발(MCOD)' 모델의 백서이다. 이 백서는 대학이 다양한 노력을 구현하고 측정하기 위해서 고려할 수 있

---

2 Hamza R'boul, Alternative theorizing of multicultural education: an Islamic perspective on interculturality and social justice, Journal for Multicultural Education, vol. 15 no. 2, 2024. (DOI: https://doi.org/10.1108/JME-07-2020-0073)

3 "현 세계사 교과서, '이슬람 사회 구현' 추구하는 꼴", 〈크리스천투데이〉, 2024.6.20; "한국 다문화 사회라더니, 이슬람 포용만 강요?"〈크리스천투데이〉, 2023.2.25.; "세계사 교과서인가, 이슬람 교리서인가?", 〈크리스천투데이〉, 2022.11.16. 등.

4 Monica C. Gavino, John E. Eber and David Bell, Celebrating our diversity: creating an inclusive climate in a US university, ***Equality, Diversity and Inclusion: An International Journal, vol. 29 no. 4, 2010.*** (https://doi.org/10.1108/02610151011042439)

는 데이터 중심적인 증거 기반 프로세스를 제공한다는 점에서 시사점이 있다. 그러나 대학 내 팀 구성원의 사회적 정체성(인종, 성별, 종교, 성적 취향 등)과 종립학교 환경에서의 다문화 조직 개발은 도전적인 성격을 가진다.

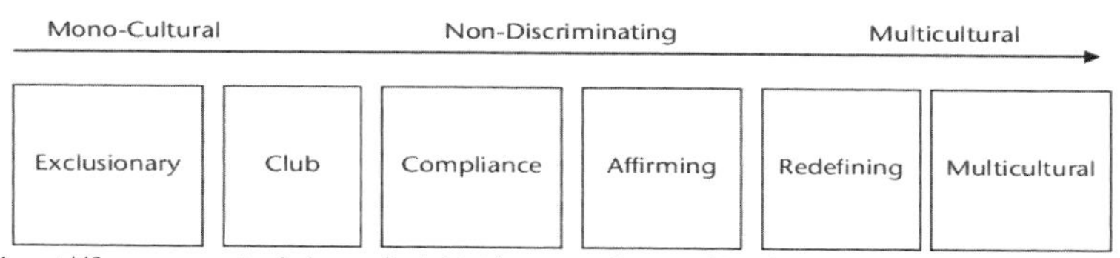

Mono-Cultural → Non-Discriminating → Multicultural

Exclusionary	Club	Compliance	Affirming	Redefining	Multicultural

https://figures.semanticscholar.org/bcde39c0f18288e95f312e2acf641af3bcacd380/6-Figure9.1-1.png

위의 도식은 다문화 조직 개발의 의미를 보여주는 것으로, '단일문화에서 차별금지, 다문화'로 진행하는 가운데, 단일문화는 배타적, 동호회의 특징을 나타내며, 차별금지는 규정 준수, 긍정의 특징을 보이며, 다문화는 재정의, 다문화 특징을 보이는 것으로 보여준다. 국내 대학에서도 이와 같은 다문화 조직 개발은 활발히 활동 하고 있지만, 이 활동이 팀 구성원들의 다양한 사회적 정체성과 어떻게 조화시킬 수 있는지에 대한 대학의 가이드라인이 마련될 필요가 있다.

숀 콜버트-루이스(Sean Colbert-Lewis)와 드린다 E. 벤지(Drinda E. Benge)의 "An analysis of the presentation of Sikhism in social studies textbooks"[5]는 미국 시크교 연합(Sikh Coalition of America)과 미국 사

5 Sean Colbert-Lewis and Drinda E. Benge, An analysis of the presentation of Sikhism in

회연구위원회(National Council for the Social Studies)가 시크교 미국인에 대한 이슬람 혐오 범죄가 증가하면서, 사회 교과서 내 시크교를 표현하는 내용을 분석한 글이다. 분석한 결과 현재 사용하고 있는 사회 교과서에 시크교를 소개하는 내용은 이슬람 혐오를 부채질할 가능성이 높지만, 예비 교사들은 종교 문해력이 낮다는 것을 설문조사에서 찾아냈다. 이 연구는 예비 교사가 학교 현장에서 이슬람 혐오를 어떻게 해결할 수 있는지, 시크교에 대한 종교적 이해를 어떻게 얻을 수 있는지에 대해서 시사점을 제공한다.

이 연구는 시크교와 같은 한국 사회에서 낯선 종교에 대해서 종교 문해력의 중요성을 자각하는 데 시사점을 제공할 수 있으며, 중등학교 사회과 및 종교학(삶과 종교) 교과에서, 대학의 종교 관련 교과에서 종교 문해력을 통한 다문화 종교문화 갈등을 해소하는 데 도움을 준다.

4. 이주자의 종교 정체성 쟁점

Marco Rizzo는 "Religione e identità multiculturali nelle seconde generazioni di musulmani in Italia"[6]에서, 이탈리아의 2세대 무슬림

---

social studies textbooks, Social Studies Research and Practice, vol. 13 no. 2, 2018. (https://doi.org/10.1108/SSRP-09-2017-0051)

6 Rizzo, Marco, Religione e identità multiculturali nelle seconde generazioni di musulmani in

이민자들이 겪는 종교 정체성 문제를 다루었다. 요컨대, 이들은 부모의 문화와 그들이 자란 서구 문화라는 이중적인 문화적 소속감으로 기반으로 정체성을 형성하는 데 어려움을 겪고 있다. 그리고 젊은 남성 무슬림은 자신의 종교적 정체성을 전승된 문화적 관습으로 생각하는 반면에, 젊은 여성 무슬림은 자신의 종교적 정체성을 선택하여 습득한 다문화적 정체성으로 파악하고 있다고 분석하였다.

이 연구에서는 젊은 여성 무슬림이 '베일'을 착용하는 것은 의식적인 선택을 의미하며, 종교적 정체성을 드러내어, 남성에 종속된 형태라는 인식에 도전한다고 분석한다. 하지만 베일을 착용하는 젊은 여성 무슬림은 공공 장소에서 차별과 언어 및 물리적 공격을 당하는 경우가 많다. 왜냐하면 비무슬림들은 베일을 억압의 상징으로 인식하는 경향이 많기 때문이다.

이 연구는 한국 사회 내 젊은 여성 무슬림을 이해하는 데 시사점을 제공한다. 특히 대학 내 여성 무슬림 학생들의 학교생활과 종교생활을 이해하고 '다문화 조직 개방'을 하는 데 시사점을 제공할 수 있다.

파딜라 그린(Fadila Grine)과 무나짜 사이드(Munazza Saeed)의 "Is Hijab a fashion statement? A study of Malaysian Muslim women"[7]

Italia, *Ricerche di Psicologia* Vol. 43, Issue 1, 2020.(https://doi.org/10.3280/rip2020-001006)

7 Fadila Grine and Munazza Saeed, Is Hijab a fashion statement? A study of Malaysian Muslim women, *Journal of Islamic Marketing*, vol. 8 no. 3, 2017.(DOI: https://doi.org/10.1108/JIMA-04-2015-0029)

은 위의 논문처럼 젊은 여성 무슬림의 히잡 행동의 동기를 분석하였다. 말레이시아에서 히잡 착용은 종교적 의미 또는 패션의 한 행동이기도 하다. 이 연구를 위해서 말라야 대학에 재학 중인 히잡을 쓴 여대생 100명을 대상으로 설문조사를 하였다. 연구 결과 대부분의 젊은 여성 무슬림들은 히잡을 패션에 대한 동기가 아니라 종교적 의무로 받아들이고 있다는 사실을 도출하였다. 즉 무슬림 여성들은 히잡을 스타일링 하는 종교적 의무를 다하고 있다는 것이다. 이 연구는 앞선 연구에서처럼 히잡을 착용하는 행위를 종교적 선택을 하는 능동적 행위로 보았다는 점에서 연구의 결과가 비슷하다고 볼 수 있다.

케이티 베이시(Katie Vasey)와 레노어 맨더슨(Lenore Manderson)의 "The Paradox of Integration: Iraqi Women and Service Support in Regional Australia"[8]는 호주 빅토리아의 작은 마을에서 이라크 난민들의 일상 경험을 민족지학적으로 고찰한 연구이다. 이 글은 난민과 이주자들이 경험하는 일반적인 형태의 차별과 배제에 영향을 미치는 구조적 불평등에 대해서 문제를 제기한다.

이 연구는 한국 사회에서 이주자가 인구 대비 5%를 넘어서는 상황에서 난민을 비롯한 다양한 이주자들의 문화적 차이가 사회통합을 결정하는 데 편견과 고정관념에 사로잡히지 않아야 함을 교훈적

---

8 Katie Vasey and Lenore Manderson, The Paradox of Integration: Iraqi Women and Service Support in Regional Australia, ***International Journal of Migration, Health and Social Care,*** vol. 4 no. 4, 2008. (DOI: https://doi.org/10.1108/17479894200800021)

으로 제시하고 있다.

Belhaj, Abdessamad의 "Loyalty and Identity Formation: Muslim Perceptions of Loyalty in France."[9]는 프랑스에서 활동하는 개혁주의 무슬림 지도자 세 명((T. Ramadan, A. Mamoun, M. Zenati)의 충성심에 대한 담론을 검토한다. 이 연구는 무슬림의 충성도가 상호 인정, 다양성, 감사와 형제애에 기반한다는 사실을 확인한다. 연구 결과, 일반적으로 개혁주의 무슬림이 비무슬림에 대한 충성을 금지하는 살라피 교리를 무시하는 것을 시사한다. 이 연구에서 분석한 세 명의 무슬림에 대한 기록은 충성심이 프랑스에서 무슬림 정체성 형성에 필수 요소이며, 다양한 정체성과 충성심을 조화시키고, (프랑스 정부가 승인한 불공정한 정책에 대해) 비판적 충성심의 태도를 취함으로써 프랑스인과 무슬림 사이의 긴장을 해결하려고 시도하고 있다는 것을 나타낸다. 이 결과는 전통주의적이고 온건한 정치적 이슬람인 개혁주의 이슬람에만 일반화될 수 있다. 살라피즘(Salafism)과 이슬람에 대한 다른 극단적인 해석은 비무슬림 국가와 사회에 충성을 적용하지 않기 때문이다.

Yucel, Salih와 Whyte Shaheen의 "Muslim Identity Formation in Contemporary Societies."[10]는 다양한 상황에 놓여있는 무슬림들이

---

9 Belhaj, Abdessamad. 2022. "Loyalty and Identity Formation: Muslim Perceptions of Loyalty in France." Religions 13 (11): 1060. doi:10.3390/rel13111060.

10 Yucel, Salih, and Shaheen Whyte. 2023. "Muslim Identity Formation in Contemporary

종교적, 문화적 정체성을 협상하고 발전시키는 방법을 탐구하면서, 무슬림 공동체 내에서의 다양한 경험을 다룬다. 영국과 프랑스와 같은 서구 국가에서 소수의 무슬림들이 직면한 어려움과 이러한 문제를 해결하는 방법에 대해서도 다룬다. 궁극적으로 이 논문은 종교적, 문화적, 국가적 정체성 사이의 복잡한 상호작용과 현대 사회에서 무슬림의 정체성 형성의 문제 해결을 위해서는 상호 이해와 화해의 정신이 필요함을 제안한다.

Societies." Religions 14 (10): 1296. doi:10.3390/rel14101296.

제6장

나오며:
한국 다문화사회 속
종교문화 담론의 특징과 전망

한국의 다문화 종교문화 담론은 2009년을 기점으로 개신교 진영과 한국종교학회가 학문의 장에서 '다문화'를 다루기 시작하면 형성되어, 2024년 11월 현재는 다양한 학문 분야와 미디어 속에서 담론이 형성되어 있다. 담론의 내용적 특징을 살펴보면, 다문화사회를 선교 및 포교의 장으로 활용하고자 하는 내용과 그에 대한 비판적 담론이 있었으며, 서구에서처럼 다문화 · 다종교사회에서 발생할 수 있는 종교간 갈등을 방지할 수 있는 분석과 대안 중심의 담론이 나타났으며, 다문화정책 또는 외국인정책(이민정책)과 연계한 다문화 종교문화 담론의 제안 등이 제시되었다.

2012년에 문화체육관광부에서는 '바람직한 다문화 공동체 형성을 위한 종교의 역할 연구'라는 보고서를 발표함으로써 한국 다문화사회에서 종교문화 담론의 형성 주체로서 종교계의 역할에 대해서 적극적인 역할을 주문하였다. 이 보고서는 정부의 다문화 지원 정책을 세 가지 차원에서 다루었다.[11]

11 문화체육관광부, 『바람직한 다문화 공동체 형성을 위한 종교의 역할 연구』, 문화체육관광부, 2012.

> "첫째, 균형 잡힌 다문화 정책의 추진이라는 관점에서 새로운 민족 정체성의 확립 분야에서도 상황에 적합한 접근이 필요하다. 일방적인 다문화적 정체성 확립을 강요할 것이 아니라, 이주민의 범주별 특성을 반영할 필요가 있다. 둘째, 분담 체계 및 통괄 체계의 마련이라는 관점에서, 다문화 지원 정책을 구현하는 '민관 거버넌스(governance)' 수립을 사회적으로 모색할 필요가 있다. 셋째, 종교조직의 적극적인 활용 차원에서, 종교 조직의 가장 큰 장점 중의 하나인 인적 네트워크 형성 기능을 적극적으로 정책으로 구현하는 것이 필요하다."

위의 제안처럼, 한국 사회의 다문화 종교문화 담론에서 정부의 역할은 무엇보다 중요하다. 서구에서의 다문화 종교문화 쟁점이 공교육의 장에서 다문화 종교교육의 실천 쟁점과 이주자의 종교 정체성 쟁점은 국가가 정책적으로 실행에 옮길 때 파급효과가 크기 때문이다.

한국 다문화 종교문화 담론에서 연구가 미진한 부분은 이주민의 종교 현황과 같은 양적 연구, 이주민과 선주민의 종교공동체의 공존, 갈등에 관한 사례 연구, 다문화 종교문화 현상에 대한 학제간 연구 등과 같은 질적 연구가 요청되고 있다. 2023년부터 5년간 시행되고 있는 제4차 외국인정책기본계획에 맞춰서 한국 이민정책의 세부 원칙과 내용으로서 종교 관련 이슈가 정책에 반영된 연구가 요청된다.

참고문헌

1. 연구저서

Andrea Semprini, 『다문화주의: 인문학을 통한 다문화주의의 비판적 해석』(이산호 · 김휘택 옮김), 도서출판 경진, 2010.

Banks, J. A., 『다문화교육 입문』(모경환 외 옮김), 아카데미프레스, 2008.

Banks, J. A., 『다문화교육의 세계동향』(박명애, 김혜인 옮김), 시그마프레스, 2014.

Christine I. Bennett, 『다문화교육: 이론과 실제』(김옥순 외 옮김), 학지사, 2009.

Jacques. Attali, 『호모 노마드 유목하는 인간』(이효숙 옮김), 웅진닷컴, 2005.

공론동인회, 『다문화사회의 상생과 평화』, 한누리미디어, 2017.

교육과학기술부, 『2008년도 다문화가정 학생 교육 지원계획』, 교육과학기술부, 2008.

교황청 이주사목위원회 훈령, 『이민들을 향한 그리스도의 사랑』, 한국천주교중앙협의회, 2006.

구정화 외, 『다문화교육 이해』, 동문사, 2009.

국가인권위원회 차별판단지침연구 태스크포스, 『차별판단지침』, 국가인권위원회 차별판단지침연구 태스크포스, 2008.

국경없는마을 다문화사회교육원, 『이주민 공동체의 문화다양성에 대한 조사연구: 다문화지도제작』, 문화관광부, 2007.

김남국, 『문화와 민주주의』, 이학사, 2019.
김상섭, 『인종주의 민족차별: 아직 끝나지 않은 잔혹한 인류사』, 삶과 지식, 2013.
김선규 외, 『문화다양성과 문화 다시 생각하기』, 경진출판, 2023.
김선미, 『다문화교육의 이해』, 한국문화사, 2008.
김영길, 『인권의 딜레마: 인권의 기원과 실체: 인간은 존귀하지만 인권의 남용은 인간을 파기한다』, 보담, 2021.
김영호, 『종교다원주의와 세계종교: 지구촌 다문화 시대의 교양』, 동연, 2021.
김용환 외, 『혐오를 넘어 관용으로: 관용, 혐오주의에 대항하는 윤리』, 서광사, 2019.
김윤정, 『다문화교육과 공생의 실현: 재일한국인을 통해 본 다문화시대의 교육』, 일조각, 2010.
김은미 · 양옥경 · 이해영, 『다문화사회, 한국』, 나남, 2009.
김이선 외, 『여성결혼이민자의 문화적 갈등 경험과 소통증진을 위한 정책과제』, 한국여성개발원, 2006.
김종서, 『종교사회학』, 서울대학교출판부, 2005.
김헌식, 『영화로 읽는 문화다양성의 코드』, 평민사, 2012.
김현미, 『글로벌시대의 문화번역』, 또 하나의 문화, 2005.
니니안 스마트, 『현대 종교학』(강돈구 옮김), 청년사, 1986.
니시카와 나가오, 『국경을 넘는 방법: 문화 · 문명 · 국민국가』(한경구 · 이목 옮김), 일조각, 2001.
데이비드 J. 보쉬, 『변화하고 있는 선교』(김병길 · 장훈태 옮김), 기독교문서선교회, 2000.
문화체육관광부 편, 『이주민 공동체의 문화다양성에 대한 조사연구: 다문화지도제작』, 문화체육관광부, 2007.
문화체육관광부 편, 『학교 내 종교차별 기준 설정 연구』, 문화체육관광부, 2010.
문화체육관광부 편, 『바람직한 다문화 공동체 형성을 위한 종교의 역할 연구』, 문화체육관광부, 2012.
박근태, 박지은, 성경숙, 『유럽지역 다문화정책 관련 이슈』, 한국문화관광연구원, 2011.
박성혁 외, 『다문화교육정책 국제 비교연구』, 교육과학기술부, 2008.
박종수, 『한국 다문화사회와 종교』, 한국학술정보, 2019.
박천응, 『다문화교육의 탄생』, 국경없는마을 출판사, 2009.
사모바, 레리 A. · 리처드 E. 포터, 『문화 간 커뮤니케이션』(정현숙 외 옮김), 커뮤니케이션북스, 2007.
세계평화통일가정연합 엮음, 『문선명선생말씀 주제별정선1: 축복과 이상가정』, 성화출판사, 1998.
안경식 외, 『다문화 교육의 현황과 과제』, 학지사, 2008.
여성가족부, 『(2018년) 국민 다문화수용성 조사』, 여성가족부, 2019.
오경석 외, 『한국에서 다문화주의』, 한울, 2007.
오현선, 『다름 · 다양성 · 관용: 기독교다문화교육』, 꿈꾸는터, 2014.
윌리엄 페이든, 『종교를 읽는 여러 가지 방법: 성스러움의 해석』(이민용 옮김), 청년사, 2005.
유네스코한국위원회 엮음, 『유네스코와 문화 다양성』, 집문당, 2008.

이순형, 최연실, 진미정, 『북한이탈주민의 종교경험』, 서울대학교출판문화원, 2015.

이준일, 『차별금지법』, 고려대학교출판부, 2007.

이진경, 『(함께 사는 세상) 단일문화는 없다』, 코레드, 2022.

이찬수, 변진홍, 박현도, 정혜성, 『국내외 종교간 화합사례와 효과연구』, 문화체육관광부, 2010.

이혜승 · 김난영, 『다문화가족지원정책 성과평가』, 감사원 감사연구원, 2011.

최경순, 『(다문화 선교공동체로서의 교회를 위한) 기독교교육과정』, 패스터하우스, 2014.

최일 외, 『다문화교육의 이론과 실제』, 학지사, 2009.

최충옥 외, 『다문화교육의 이해』, 양서원, 2010.

캐서린 벨, 『의례의 이해』(류성민 옮김), 한신대학교출판부, 2007.

통일신학교 말씀연구회, 『통일교회사 연구가이드』, 성화사, 1986.

피터 우드, 『다양성: 오해와 편견의 역사』, 해바라기, 2005.

한건수 · 설동훈, 『결혼중개업체 실태 및 관리방안 연구』, 보건복지부, 2006.

한국문화신학회 편, 『소수자의 신학』, 동연, 2017.

한국문화예술위원회 편, 『문화다양성 교육 커리큘럼 개발 연구』, 문화체육관광부 한국문화예술위원회, 2015.

한국여성신학회 엮음, 『다문화와 여성신학』, 대한기독교서회, 2008.

한국여성정책연구원, 『다문화주의의 이론적 패러다임과 국가별 유형비교』, 한학문화, 2008.

한국연합선교회 편, 『문화와 종교와 사회변동』, 미션아카데미, 2011.
한국이슬람정책연구회, 『(이슬람의 진출 앞에 선) 대한민국』, 한국이슬람정책연구회, 2012.
한국종교문화연구소 편, 『우리에게 종교란 무엇인가: cudsus을 위한 종교인문학 특강』, 들녘, 2016.

2. 연구 논문

강돈구, 「종교 상호 공존의 논의, 그 이후?」, 『종교연구』 34, 2004.
_____, 「한국의 종교정책과 종교교육」, 『종교연구』 48, 2007.
_____, 「현대 한국의 종교, 정치 그리고 국가」, 『종교연구』 51, 2008.
강휘원, 「한국 다문화사회의 형성 요인과 통합 정책」, 『국가정책연구』 20-2, 2006.
강희복, 「동양사상에서의 '같음'과 '다름'의 문제에 관해」, 『한국에서의 다문화주의』(오경석 외), 한울, 2007.
고대만, 「불교의 무아 · 연기 사상에 비추어 본 다문화주의」, 『윤리연구』 79, 2010.
고병철, 「중등학교 다문화교육 교과의 활성화 방향: 교육정책과 학교교육을 중심으로」, 『종교연구』 61, 2010.
고병철, 김철주, 「국가 교육과정 내의 다문화교육과 '종교'교과교육」, 『한국학연구』 36, 2011.
고형석, 「한국 다문화 사회의 '공존'을 위한 종교교육 방향 제안: 파커 팔머의 진리공동체 교육이론을 중심으로」, 연세대 교육대학원 석사학위논문, 2014.

곽준혁,「다문화 공존과 사회적 통합」,『대한정치학회보』 15-2, 2007.
곽준혁,「민족적 정체성과 민주적 시민성: 세계화시대 비지배 자유원칙」,『사회과학연구』 12-2, 2004.
권영설,「이주와 국적의 법과 다문화주의」,『미국헌법연구』 20-2, 2009.
김광억,「문화에 대한 인류학적 개념과 연구방법」,『문화의 다학문적 접근』, 서울대학교출판부, 1998.
김남국,「다문화시대의 시민: 한국사회에 대한 시론」,『국제정치논총』 45-4, 2005.
_____,「심의다문화주의: 문화적 권리와 문화적 생존」,『한국정치학회보』 39-1, 2005.
_____,「유럽에서 다문화의 도전과 대응」,『국회도서관보』 43-5, 2006.
김미나,「다문화 사회의 진행 단계와 정책의 관점: 주요국과 한국의 다문화정책 비교 연구」,『행정논총』 47-4, 2009.
김민정 외,「국제결혼 이주여성의 딜레마와 선택: 베트남과 필리핀 아내의 사례를 중심으로」,『한국문화인류학』 39-1, 2006.
김범수,「민주주의에 있어 포용과 배제」,『국제정치논총』 48-3, 2008.
김비환,「포스트모던 시대에 있어 합리성, 다문화주의 그리고 정치」,『사회과학』 35-1, 1996.
_____,「한국사회의 문화적 다양화와 사회통합: 다문화주의의 한국적 변용과 시민권 문제」,『법철학연구』 10-2, 2007.
김선임,「필리핀 이주노동자 공동체의 형성과정: 혜화동공동체와 가톨릭을 중심으로」,『종교문화연구』 14, 2010.
김성민,「한국 교회의 NGO를 통한 다문화 이주민 선교전략 연구」, 한세대 박사학위논문, 2015.
김성영, 「한국 개신교 목사의 다문화교육 인식에 관한 통합적 연구」, 인하대 대학원 박사학위논문, 2014.
김순희, 「한국 다문화교육의 실제: 정책 및 프로그램에 반영된 관점을 중심으로」, 『다문화교육의 이해를 위한 교양교재 저술』, 중앙다문화교육센터 편, 2007.
김영문, 「산업연수생의 노동법적 지위」, 『노동문제논집』 15, 1998.
김영옥, 「새로운 '시민들'의 등장과 다문화주의 논의」, 『아시아여성연구』 46-2, 2007.
김우선, 「다문화사회와 한국교회의 역할」, 『신학전망』 167, 2009.
김은미 · 김지현, 「다인종, 다민족 사회의 형성과 사회조직」, 『한국사회학』 42-2, 2008.
김이선 · 김민정 · 한건수, 「국제결혼 이주여성의 문화적 갈등경험을 통해 본 문화간 소통의 현실」, 『한국사회의 새로운 갈등구조와 국민통합 : 이념 및 문화 갈등과 국민통합』, 한국여성개발원, 2006.
김준환, 「한국 내 이주무슬림의 종교와 문화번역: 파키스탄 이주노동자를 중심으로」, 서강대 대학원 석사학위논문, 2010.
김창근, 「다문화 공존과 다문화주의: 다문화 시민성의 모색」, 『윤리연구』 73, 2009.
김태현, 「대북인식의 이중구조와 북한 핵문제」, 『국가전략』 2-2, 1996.
김현미, 「국제결혼의 전 지구적 젠더 정치학」, 『경제와 사회』 70, 2006.
김혜순 외, 『한국적 다문화주의의 이론화』, 동북아시대위원회, 2007.
김희정, 「한국의 관주도형 다문화주의」, 『한국에서의 다문화주의: 현실과 쟁점』, 한울아카데미, 2007.
노치준, 「한국교회의 개교회주의」, 『한국교회와 사회』(이원규 편저), 나단, 1996.
류성환, 「현장에서의 다문화 교육 사례」, 『한국에서의 다문화주의』(오경석 외), 한울, 2007.
모경환, 「다문화교육의 개념과 필요성」, 『다문화교육의 이해』, 양서원, 2010.
문경희, 「다문화주의, 그 차이의 정치」, 『부산여성정책연구』 3, 2005.
_____, 「호주 다문화주의의 정치적 동향」, 『국제정치논총』 48-1, 2008.
박경태, 「이주노동자를 보는 시각과 이주노동자 운동의 성격」, 『경제와 사회』 67, 2005.
박선춘, 「다문화 사회와 원불교 교화 방향 연구」, 원불교대학원대학교 석사학위논문, 2017.
박영진, 「한국과 일본의 다문화 담론에 관한 비교 연구: 다문화 관련 주요 이슈와 사례를 중심으로」, 동의대 대학원 석사학위논문, 2023.
박종수, 「다문화현상에 대한 한국개신교의 인식과 대응」, 『종교문화연구』 14, 2010.
_____, 「종교단체의 다문화교육에 대한 사례 연구」, 『종교연구』63, 2011.
_____, 「이태원 지역의 종교공간적 특성과 다문화공간으로의 이해」, 『서울학연구』29, 2013.
_____, 「한국사회의 이슬람혐오 현상과 쟁점-상호문화주의를 중심으로」, 『종교문화연구』63, 2017.
서동진, 「인권, 시민권, 그리고 섹슈얼리티: 한국의 성적 소수자 운동과

정치학」, 『경제와 사회』 67, 2005.
서현자, 「다문화 이주민의 사회적 지지를 매개로 한 한국생활적응 영향 요인 연구」, 대한신학대학원대학교 박사학위논문, 2017.
설동훈, 「선진 외국의 다인종 · 다문화정책 사례」, 『지방의 국제화』 113, 2006.
설동훈, 「외국인노동자 인권 및 연대를 위한 시민단체 조사연구」, 한국기독교사회문제연구소 편, 『외국인 노동자 단체조사보고서』, 한국기독교사회문제연구소, 2000.
신광철, 「다문화사회와 종교」, 『종교연구』 59, 2010.
안 신, 「다문화 종교교육을 위한 심리학적 모델: 제임스 디티스의 종교심리학을 중심으로」, 『종교교육연구』 27, 2008.
_____, 「세계종교 교수법을 통한 다문화 종교교육」, 『종교교육학연구』 30, 한국종교교육학회, 2009.
_____, 「영화의 상상력과 다문화 종교교육」, 『종교교육학연구』 32, 2010.
양영자, 「한국의 다문화교육 현황과 과제」, 『한국에서의 다문화주의』(오경석 외), 한울, 2007.
엄한진, 「한국사회 이주민 종교공동체의 실태와 성격」, 『종교문화연구』 14, 2010.
염지애, 「다문화사회에서의 종교의 자유에 관한 비교법적 연구」, 고려대 대학원 석사학위논문, 2015.
오경석, 「어떤 다문화주의인가?」, 『한국에서의 다문화주의: 현실과 쟁점』(오경석 외 엮음), 한울아카데미, 2007.
오수열 · 김주삼, 「새터민을 위한 정부와 지역사회의 역할」, 『대한정치학회보』 13-3, 2006.
오태균, 「다문화 사회 속에서의 기독교교육적 과제」, 『기독교교육정보』 15, 2006.
오현선, 「다문화사회와 개신교의 기독교교육」, 『종교교육학연구』36, 2011.
_____, 「한국사회 이주민 2세의 다중정체성 형성을 위한 기독교교육의 과제」, 『종교연구』 60, 2010
유정식, 「안산시 원곡동 외국이주민의 증가와 종교 공간의 형성」, 고려대 교육대학원 석사학위논문, 2009.
윤수종, 「소수자 운동의 특성과 사회운동의 방향」, 『경제와 사회』 67, 2005.
윤인진, 「탈북자의 사회적응실태와 지원방안」, 『한국의 소수자, 실태와 전망』(최협 외 엮음), 한울, 2004.
_____, 「한국적 다문화주의의 전개와 특성: 국가와 시민사회의 관계를 중심으로」, 『한국사회학』, 42-2, 2008.
윤형숙, 「국제결혼 배우자의 갈등과 적응」, 『한국의 소수자, 실태와 전망』 (최협 외), 한울아카데미, 2004.
이경화, 「세계평화통일가정연합의 축복의식에 대한 연구」, 『선문대학교 신학대학논문집』, 2000.
이내영, 「한국인의 북한과 통일에 대한 인식과 국가정체성」, 『한국인의 국가정체성과 한국정치』, 동아시아연구원, 2006.
이만석, 「이만석 칼럼: 이슬람의 한국내 활동」, 『크리스천투데이』, 2008.
이상지, 「이주민관련 종교NGO들의 지역사회 내 역학관계 연구: 천주교, 개신교, 불교단체를 중심으로」, 서강대 대학원 석사학위논문, 2015.
이석호, 「다문화시대의 문학교육」, 『영미문학교육』 14, 2000.
이선옥, 「한국에서의 이주노동운동과 다문화주의」, 『한국에서의 다문화주의: 현실과 쟁점』(오경석 외 엮음), 한울아카데미, 2007.
이슬기, 「다문화가정 자녀교육의 종교교육적 접근」, 연세대 교육대학원, 석사학위논문, 2009.
이정욱, 「프랑스의 사회갈등과 통합: 무슬림 이민자 차별과 배제를 중심으로」, 부경대학교 대학원 박사학위논문, 2010.
이종민, 「국내 이주노동자 자녀들을 위한 다문화 종교교육 가능성 연구」, 연세대 교육대학원 석사학위논문, 2007.
이진구, 「다문화 시대 한국 개신교의 이슬람 인식: 이슬람포비아를 중심으로」, 『다문화사회의 종교를 묻는다』, 한국종교문화연구소 · 한중연 종교문화연구소 공동 주관 심포지엄 자료집, 2010.
이찬수, 「문(文)-화(化), 그리고 '적(的)의 논리'」, 『종교연구』 59, 2010.
이철우, 「이중국적의 논리와 유형」, 『이중국적』, 도서출판 사람생각, 2004.
이혜경, 「이민정책과 다문화주의」, 『한국적 다문화주의의 이론화』, 2007.
이희수, 「종교에서 다문화 정신: 이슬람을 중심으로」, 『한국에서의 다문화주의』(오경석 외), 한울, 2007.
장지표, 「다문화 사회통합 프로그램 이수제」, 『다문화 사회통합 프로그램 구축방안 마련을 위한 공청회』, 법무부 출입국 외국인정책본부, 2008.

전우홍, 「한국의 다문화교육 정책」, 『다문화사회연구』 2-2, 2009.
전호진, 「하나님의 선교와 교회의 선교」, 『성경과 신학』 2, 한국복음주의 신학회, 1984.
정재진 · 전영평, 「동성애 소수자의 차별저항과 정책변동」, 『한국행정연구』 15-4, 2006.
정진경, 「다문화 사회 속 공적신앙을 위한 기독교교육」, 연세대 대학원 석사학위논문, 2020.
정진헌, 「탈분단 · 다문화 시대, 마이너리티 민족지: 새터민, '우리'를 낯설게 하다」, 『한국에서의 다문화주의: 현실과 쟁점』, 한울아카데미, 2007.
진병규, 「한국군 장병의 다문화 수용성에 관한 연구」, 대전대 대학원 박사학위논문, 2018.
차정식 외, 「다문화시대의 신학」, 『기독교사상』 606, 2009.
채수일, 「다문화와 그리스도교 신앙」, 『기독교사상』 606, 2009.
천선영, 「'다문화사회' 담론의 한계와 역설」, 『한 · 독사회과학논총』 14-2, 한 · 독사회과학회, 2004.
최춘식, 「다문화 목회사역 전략과 정책에 대한 연구: 기독교한국침례회 국내성교회 사역 중심으로」, 백석대 박사학위논문, 2009.
한건수, 「다민족사회의 종교갈등과 정체성의 정치: 나이지리아의 '위험한 깨달음'」, 『종교문화연구』 14, 2010.
______, 「비판적 다문화주의: 한국적 다문화주의의 모색을 위한 인류학적 성찰」, 『다문화사회의 이해』(유네스코 아시아 · 태평양 국제이해교육원 엮음), 동녘, 2009.

_____, 「타자만들기: 한국사회와 이주노동자의 재현」, 『비교문화연구』 9-2, 2003.
한경구, 「다문화 사회란 무엇인가?」, 『다문화 사회의 이해』(유네스코 아시아 · 태평양 국제이해교육원 엮음), 동녘, 2009.
_____, 「다민족, 다문화사회로의 전환」, 『젠더리뷰』 9, 2008.
한도현, 「민족주의와 이중국적의 불안한 동거」, 『정신문화연구』 26-4, 2003.
한영혜, 「일본의 다문화공생 담론과 아이덴티티 재구축」, 『사회와 역사』 71, 2006.
홍승표, 「종교를 매개로 형성된 한난동 이슬람 거리와 외국인 무슬림 커뮤니티의 문화적 피난처 역할」, 서울대 대학원 석사학위논문, 2008.
황종하, 「한국교회의 다문화 목회 유형 연구」, 개신대학원대학교 박사학위논문, 2020.

3. 외국 연구 문헌

Ab Razak, Muneerah, 2019. "'World-class Muslims': Examining the Discursive Construction of a Singapore Muslim Identity." *Muslim World.*
Ahmed, Sidra, 2019. "THE CRISIS OF MUSLIM IDENTITY IN SECULAR FRANCE: CHALLENGES AND A WAY FORWARD." *New Horizons.*
Alexander, H.A., 1995. "Religion and multiculturalism in education."

Religious Education,

Allerton, Catherine, 2024. "Being and Not Being Filipino: Children of Refugees, Muslim Belonging and Multiple Refusals in Sabah, Malaysia." SOJOURN: *Journal of Social Issues in Southeast Asia.*

Anna Triandafyllidou, Tariq Modood, and Nasar Meer, eds. 2012. *European Multiculturalisms: Cultural, Religious and Ethnic Challenges.* Edinburgh, Scotland: University of Edinburgh Press.

Bail, Christopher A. 2012. "The Fringe Effect: Civil Society Organizations and the Evolution of Media Discourse about Islam." *American Sociological Review* 77(6): 855-879.

Barbara Wilkerson(ed.), *Multicultural Religious Education*, Birmingham, Ala.: Religious Education Press, 1997.

Baumann, Gerd, *Contesting Culture: Discourses of Identity in Multi-ethnic*, London: Cambridge University Press, 1996.

Baysu, Gülseli; Swyngedouw, Marc, 2020. "What Determines Voting Behaviors of Muslim Minorities in Europe: Muslim Identity or Left-Right Ideology?" *Political Psychology.*

Belhaj, Abdessamad, 2022. "Loyalty and Identity Formation: Muslim Perceptions of Loyalty in France." *Religions.*

Brym, Robert, 2025. "The Decline of Canadian Multicultu*ralism and the Rebirth of the Jewish Question.*" Society.

Budak, Bahaeddin, 2022. "The Contribution of the Non-Muslim Teacher to the Ideal Identity of the Islamic Primary School."

Religions.

Buenker, John D. and Lorman A. Ratner. 2005. *Multiculturalism in the United States: A Comparative Guide to Acculturation and Ethnicity*. Revised and Expanded Edition. Westport, CT: Greenwood.

Campigotto, Nicola; Rapallini, Chiara; Rustichini, Aldo, 2022. "School friendship networks, homophily and multiculturalism: evidence from European countries." *Journal of Population Economics.*

Carle, Robert, 2006. "DEMISE OF DUTCH MULTICULTURALISM." *Society.*

Casarella, Peter, 2008. "Recognizing Diversity after Multiculturalism." *New Theology Review.*

Cavaggion, Giovanni, 2018. "Western Constitutional Pluralism: An Unkept Promise to Cultural Minorities?" *Journal of Church & State.*

Chandio, Muhammad Tufail; Sangi, Muhammad Khan, 2019. "NEGOTIATING THE PRE-9/11 MUSLIM IDENTITY IN RELUCTANT FUNDAMENTLIST AND HOME BOY." *Grassroots.*

Cheikh Husain, Sara; Mansouri, Fethi, 2023. "Australian Muslims' Visibility: The Politics of Oppression and Recognition." *Religions,*

Chua Hang-Kuen, 2020. "The Making of A Gay Muslim: Religion, Sexuality and Identity in Malaysia and Britain." *Kajian Malaysia: Journal of Malaysian Studies.*

Correa, Sharal T.; Inamdar, Neeta, 2021. "Transculturalism: Exploring

Beyond Multiculturalism and Interculturalism." *International Journal of Interdisciplinary Global Studies.*

Crossouard, Barbara; Dunne, Máiréad; Durrani, Naureen, 2020. "Understanding agency differently: female youth's Muslim identities." *Social Identities.*

Dazey, Margot, 2021. "Pan-Islamic ideals and national loyalties: Competing attachments amongst early Muslim activists in France." *Nations & Nationalism.*

DeLong-Bas, Natana J., 2024. "Across the Worlds of Islam: Muslim Identities, Beliefs, and Practices from Asia to America." *Journal of Religious History.*

Dunne, Máiréad; Durrani, Naureen; Fincham, Kathleen; Crossouard, Barbara, 2020. "Pluralising Islam: doing Muslim identities differently." *Social Identities.*

Durante, Chris, 2012. "Religious Liberty in a Multicultural Society." *Journal of Church & State.*

Eisenach, Eldon J. 2000. *The Next Religious Establishment: National Identity and Political Theology in Post-Protestant America*. Lanham, MD: Rowman & Littlefield.

Errington, Andrew Ross, 2014. "Between Justice and Tradition: Oliver O'Donovan's Political Theory and the Challenge of Multiculturalism." *Studies in Christian Ethics.*

Fincham, Kathleen; Dunne, Máiréad, 2020. "Fracturing the nation:

Muslim youth identities in multi-religious states." *Social Identities.*

Foner, Nancy and Richard Alba. 2008. "Immigrant Religion in the U.S. and Western Europe: Bridge or Barrier to Inclusion?" *International Migration Review* 42(2): 360-392.

Foster, Marjorie Anne, 2021. "NEGOTIATING ISLAMOPHOBIA: COLLEGE-AGE MUSLIMS IN NORTH CAROLINA." *Journal of Theta Alpha Kappa.*

Frederiks, Martha, 2009. "World Christianity: A Training School for Multiculturalism." *Exchange.*

Freidenreich, David M.; Pipes, Daniel, 2024. "Jewish Muslims: How Christians Imagined Islam as the Enemy." *Middle East Quarterly.*

GALYON, DEREK R., 2017. "The End of a Nation: Warithuddin Muhammad and Muslim Identity in the Nation of Islam." *The Journal of Undergraduate Research at the University of Tennessee.*

Grant H. Cornwell and Eve Walsh Stoddard, eds. 2001. *Global Multiculturalism: Comparative Perspectives on Ethnicity, Race, and Nation.* Lanham, MD: Rowman & Littlefield.

Grit, Kor, 2019. "'Religion Teaches Peace and Harmony': Navigating Christian and Muslim Identities in Interreligious Dialogue in Pakistan." *Exchange.*

Guntoro, Guntoro; Hasan, Noorhaidi, 2023. "Religious culture reflection of young Muslims community." *IBDA: Jurnal Kajian Islam dan Budaya.*

Haddock, Bruce and Peter Sutch, *Multiculturalism, Identity, and Rights*, London: Routledge, 2003.

Hammond, Timur, 2023. "Conjunctions of Islam: rethinking the geographies of art and piety through the notebooks of Ahmet Süheyl Ünver." *Cultural Geographies.*

Hansen, Kim Philip. 2012. *Military Chaplains and Religious Diversity.* New York: Palgrave Macmillan.

Harmakaputra, Hans A., 2020. "Say "No" to Christmas? An Analysis of the Islamic Fatwa on the Prohibition against Wearing Non-Muslim Symbols in Indonesia." *World.*

Haviland, W. A., *Cultural Anthropology*, Belmont, CA: Wadsworth, 2002.

Higham, John, "Multiculturalism and Unversalism: A History and Critiaue," *American Quarterly*, Vol. 45, No. 2, 1993

Hoon, Chang-Yau, 2017. "Putting Religion into Multiculturalism: Conceptualising Religious Multiculturalism in Indonesia." *Asian Studies Review.*

Hunter, Alistair; McCallum Guiney, Fiona, 2023. "Misrecognised as Muslim: the racialisation of Christians of Middle Eastern heritage in the UK." *Journal of Ethnic & Migration Studies.*

Hussain, Zakir; Mishra, Binod, 2022. "Transformations of the Liminal Self: Deconstructing Muslim Identity in Tariq Ali's The Stone Woman." *Journal of Muslim Minority Affairs.*

Ibrahim, Musa, 2022. "Being Muslim at the Intersection of Islam and

Popular Cultures in Nigeria." *Journal of African Cultural Studies.*

Ikeke, Mark Omorovie, 2021. "The Ideological Challenges of Religious Pluralism and Multiculturalism for Globalized Societies." *Journal of Humanistic & Social Studies.*

Imtiyaz, A.R.M.; Mohamed Saleem, Amjad, 2023. "Some Critical Notes on Sri Lankan Muslim Religious Identity Formation, Conservatism, and Violent Extremism." *Journal of Asian & African Studies* (Sage Publications, Ltd.)

Iqbal, Hamid; Akhtar, Shaheen, 2021. "Muslims' Search for Identity in the Subcontinent: A Post-Structuralist Account." *Pakistan Journal of History & Culture.*

Islam, Maisha, 2020. "Reflection note: confessions of a Muslim researcher – considering identity in research." *International Journal of Social Research Methodology.*

JAISUDA, THANAKIT, 2024. "Unveiling the Intricate Tapestry: Malay (Melayu) Wood Carving Patterns of Southern Thailand as Reflections of Muslim Cultural Identity." *International Journal of Islamic Thought.*

Jamal, Aamir; Baldwin, Clive; Ali, Wasif; Dhingra, Swati, 2022. ""I Am Not Who You Think I A": Multiple, Hybrid and Racialized Identities of Canadian Muslim Youth in the Negotiation of Belonging and Citizenship." *Journal of Muslim Minority Affairs.*

Jamil, Uzma, 2021. "Multiculturalism and the Muslim Question."

ReOrient.

Kabir, Nahid Afrose, 2021. "A Study of Young Yemeni-American Muslims' Identity, 2010-2021." *Journal of Muslim Minority Affairs.*

Kapinga, Laura; van Hoven, Bettina; Bock, Bettina B.; Hopkins, Peter, 2023. "Young Muslims' religious identities in relation to places beyond the UK: a qualitative map-making technique in Newcastle upon Tyne." *Children's Geographies.*

KARAYANNI, MICHAEL, 2018. "Multiculturalism as Covering: On the Accommodation of Minority Religions in Israel." *American Journal of Comparative Law.*

Kelly, Paul(ed)., *Multiculturalism Reconsidered*, Cambridge: Polity Press, 2005.

Kincheloe, Joe L. and Shirley R. Steinberg, *Changing Multiculturalism*, Bristol, Pa.: Open University Press, 1997.

Kivisto, Peter. 2014. *Religion and Immigration: Migrant Faiths in North America and Western Europe*. Malden, MA: Polity.

Kudo, Masako, 2025. "Multinational migration and post-return identity negotiation: an intersectional study of Japanese-Pakistani Muslim youths." *Ethnic & Racial Studies.*

Kumar, Deepa. 2012. *Islamophobia and the Politics of Empire.* Chicago, IL: Haymarket Books.

Kurien, Prema A. 2006. "Multiculturalism and "American" Religion: The Case of Hindu Indian Americans." *Social Forces.*

Kymlicka, Will and Baogang He(ed)., *Multiculturalism in Asia*, Oxford: Oxford University Press, 2005.

Kymlicka. Will, *Multicultural Citizenship*, Oxford: Oxford University Press, 1995.

Lin LING, 2020. "The Girl in the Tangerine Scarf: Constructing Diasporic Muslim Identities in a Coming-of-Age Narrative." *Cultural Intertexts.*

Linge, Marius; Larsson, Göran, 2022. "Sunni-Shia identities among young Norwegian Muslims: the remaking of Islamic boundaries." *Journal of Contemporary Religion.*

Lisee, Chris. 2012. "Air Force Academy: Proselytizing and Religious Freedom Debate on School Campus." *Huff Post Religion*, July 17. Retrieved December 17, 2014 (http://www.huffingtonpost.com/2012/07/17/air-force-academy-religion-proselytism_n_1678092.html).

Macdonald, Gregory Keith, 2020. "Australian Multiculturalism and the Problem of the Religious "Other"." *International Journal of Religion & Spirituality in Society.*

Macey, Marie. 2009. *Multiculturalism, Religion and Women: Doing Harm by Doing Good?* Houndmills, England: Palgrave Macmillan.

Mandair, Arvind, 2004. "The Unbearable Proximity of the Orient: Political Religion, Multiculturalism and the Retrieval of South Asian Identities." *Social Identities.*

Massey, Douglas S. and Monica Espinoza Higgins. 2011. "The Effect of Immigration on Religious Belief and Practice: A Theologizing or Alienating Experience?" *Social Science Research* 40: 1371-1389.

May, Stephen, *Critical Multiculturalism: Rethinking Multicultural and Antiracist Education*, London: Falmer Press, 1998.

McLaren, Peter, "White Terror and Oppositional Agency: Towards a Critical Multiculturalism," *Multiculturalism: A Critical Reader*, David Theo Goldberg(ed), Oxford: Basil Blackwell, 1994

Meer, Nasar; Modood, Tariq, 2009. "The Multicultural State We're In: Muslims, 'Multiculture' and the 'Civic Re-balancing' of British Multiculturalism." *Political Studies.*

Mian, Ali Altaf, 2024. "The Muslim Difference: Defining the Line between Believers and Unbelievers from Early Islam to the Present By Youshaa Patel." *Journal of Islamic Studies.*

Michael J. Cuyjet, Mary F. Howard-Hamilton, and Diane L. Cooper, eds. 2011. *Multiculturalism on Campus: Theories, Models and Practices for Understanding Diversity and Creating Inclusion*. Sterling, VA: Stylus Publishing.

Min, Pyong Gap. 2010. *Preserving Ethnicity through Religion in America: Korean Protestants and Indian Hindus across Generations.* New York: New York University Press.

Modood, Tariq 2014a. "Multiculturalism and Religion: A Three Part Debate. Part One-Accommodating Religions: Multiculturalism's

New Fault Line." *Critical Social Policy* 34(1): 121-127.

Musahadi, Musahadi; Junaidi, Akhmad Arif, 2024. "Becoming Europeanized Muslims: Religious Identity Formation among Millennials in the Indonesian Muslim Diaspora in the Netherlands." *Journal of Muslims in Europe.*

Muttaqin, Ahmad; Noor, Nina Mariani, 2022. "Local Islam and Javanese Culture Penetration: Muslim Alif Rebo Wage (Aboge) Negotiations in Identity Formation." *IBDA: Jurnal Kajian Islam dan Budaya.*

Nickl, Benjamin, 2021. "Muslim like us: mobilizing minority identities in popular Australian entertainment media as sites of transnational representation." *Media, Culture & Society.*

Nurdin, Ali; Novriansyah, Brenny; Ridwan, M.; Sulaeman, Sulaeman, 2022. "Balinese Muslim Identity Construction: Symbol of Harmonious Communication Among Religious Adherents in Indonesia." *Technium Social Sciences Journal.*

Nye, Malory, "The Challenges of Multiculturalism", *Culture and Religion*, 8:2, 2007.

Okpaleke, Ikenna Paschal, 2022. "Transformational Dialogue and Christian Identity in a Multi-Religious Context: Nigeria in Focus." *Religions,*

Parekh, Bhikhu, *Rethinking Multiculturalism: Cultural Diversity and Political Theory*, Cambridge, Mass: Harvard University Press, 2000.

Parekh, Bhikhu. 2006. *Rethinking Multiculturalism: Cultural Diversity and Political Theory*. 2nd ed. Houndmills, England: Palgrave Macmillan.

Pathan, Shofiul Alom; Jha, Munmun, 2022. "Miya Muslims of Assam: Identity, Visuality and the Construction of 'Doubtful Citizens'." *Journal of Muslim Minority Affairs.*

Peter Kivisto and Georganne Rundblad, eds. 2000. *Multiculturalism in the United States: Current Issues, Contemporary Voices.* Thousand Oaks, CA: Pine Forge Press.

Pew Forum.org. 2013. "The Religious Affiliation of U.S. Immigrants: Majority Christian, Rising Share of Other Faiths." *Pew Research, Religion & Public Life Project,* May 17. Retrieved October 13, 2014 (http://www.pewforum.org/2013/05/17/the-religious-affiliation-of-us-immigrants/).

Phan, Peter C., 1995. "Multiculturalism, church and the university." *Religious Education,*

Pribadi, Yanwar, 2022. "Sekolah Islam (Islamic Schools) as Symbols of Indonesia's Urban Muslim Identity." *TRaNS: Trans-Regional & National Studies of Southeast Asia.*

QODIR, ZULY; JUBBA, HASSE; MUTIARIN, DYAH; HIDAYATI, MEGA, 2021. "Muhammadiyah Identity and Muslim Public Good: Muslim Practices in Java." I*nternational Journal of Islamic Thought.*

Rajina, Fatima, 2024. "'You Mean the Transition from bhai to akhi?': How Bengali and Arabic Intersect in the Lives of British Bangladeshi Muslims in the East End of London." *Journal of Muslims in Europe.*

Rajina, Fatima, 2024. "British Muslim men and clothes: the role of stigma and the political (re)configurations around sartorial choices."*Identities.*

Ramachandra, Vinoth, *Faiths in Conflict?: Christian Integrity in a Multicultural World*, Downers Grove: InterVarsity Press, 2000.

Rhys H. Williams, 2015. "Religion and Multiculturalism: A Web of Legal, Institutional, and Cultural Connections." *the sociological quarterly* 56(4): 607-622.

Rozhdestvensky, Andrey, 2012. "Multiculturalism and Us."*Philosophical Alternatives Journal.*

Ryan, Caoimhe; Hopkins, Nick; Ahluwalia-McMeddes, Amrita; Dobai, Anna; Pehrson, Samuel; Reicher, Stephen 2023. "On the Misrecognition of Identity: Muslims' Everyday Experiences in Scotland." *Political Psychology*.

Sagir Ali, SK, 2022. "The Muslim Problem: A Majoritarian Concern in India." *Journal of Muslim Minority Affairs.*

Salili, Farideh and Rumjahn Hoosain(ed)., *Religion in Multicultural Education*, Greenwich, Conn.: Information Age Publishing, 2006.

Schlesinger, Arthur, *The Disuniting of America: Reflections on a Multicultural*

Society, New York: Norton & Company, 1998.

Shahvar, Soli, 2023. "Agha Musa Naghiev Karbala'i-The Man and His Multiple Identities: Between National-Azerbaijani, Shi'i Muslim, and Bahá'í Religious Identities." *Religions.*

Shams, Tahseen, 2025. "Revisiting the Muslimness of the Asian gang: locating British Bangladeshis in a changing global geopolitical context." *Ethnic & Racial Studies.*

Shin, Jiwon, 2024. "Religion, Age, and Sexuality: An Empirical Approach to the Regulation of Female Sexuality through Dress among Indonesian Muslims." *Religions*.

Shirley R. Steinberg, ed. 2009. *Diversity and Multiculturalism: A Reader.* New York: Peter Lang.

Singh, Gurnam and Stephen Cowden. 2011. "Multiculturalism's New Fault Lines: Religious Fundamentalisms and Public Policy." *Critical Social Policy* 31(3): 343-364.

Susilo, Daniel; Sugihartati, Rahma; Santos, Roberto Rudolf T., 2023. "MUSLIM MINORITY IN MANILA: Ethnographical Studies of Minority Expression on the Archipelago." *Al-Jami'ah: Journal of Islamic Studies.*

Taylor, Charles(ed), *Multiculturalism: Examining the Politics of Recognition*, Princeton, N. J.: Princeton University Press, 1994.

Taylor, Charles, *Multiculturalism: Examining the Politics of Recognition*, ed. by Amy Gutmann, Princeton, N. J.: Princeton University

Press, 1994.

Thahir, Abdullah , 2023. "The Need for a Comprehensive Approach: Integrating Multiculturalism and National Identity in Indonesian Education." *British Journal of Philosophy, Sociology & History.*

Ubani, Martin, 2013. "Threats and solutions: multiculturalism, religion and educational policy." *Intercultural Education.*

Wang, Siyi, 2024. "Who Am I? Exploring the Role of Religious Beliefs in Shaping the Ethnic Identity of Tibetan Muslims: A Case Study in Hebalin, Lhasa, Tibet." *Religions.*

Whyte, Shaheen; Yucel, Salih, 2023. "Australian Muslim Identities and the Question of Intra-Muslim Dialogue." *Religions.*

Williams, Rhys H. 2007a. "The Languages of the Public Sphere: Religious Pluralism, Institutional Logics, and Civil Society." *The Annals of the American Academy of Political and Social Sciences* 612: 42-61.

Williams, Rhys H. 2007b. " Liberalism, Religion, and the Dilemma of 'Immigrant Rights' in American Political Culture." Pp. 16-32 in *Religion and Social Justice for Immigrants,* edited by P. Hondagneu-Sotelo. New Brunswick, NJ: Rutgers University Press.

Williams, Rhys H. 2011. "Creating an American Islam: Thoughts on Religion, Identity, and Place." *Sociology of Religion* 72(2): 127-153.

Williams, Rhys H. 2013. "Civil Religion and the Cultural Politics of

National Identity in Obama's America." *Journal for the Scientific Study of Religion* 52(2): 239-257.

Williams, Rhys H. 2014. "Public Islam in the Contemporary World: A View on the American Case." *Studies in Contemporary Islam / Nordic Journal of Islamic Studies/Tidskrift for islamforskning* 8(1): 56-77.

Williams, Rhys H. and Gira Vashi. 2007. "Hijab and American Muslim Women: Creating the Space for Autonomous Selves." *Sociology of Religion* 68(3): 269-287.

Williams, Rhys H. and N. J. Demerath III. 1991. "Religion and Political Process in an American City." *American Sociological Review* 56(4): 417-431.

Williams, Rhys H., 2015. "Religion and Multiculturalism: A Web of Legal, Institutional, and Cultural Connections." *Sociological Quarterly.*

Wilson, John F. 2007. "Religion, Government, and Power in the New American Nation." Pp. 79-92 in *Religion and American Politics: From the Colonial Period to the Present*. 2nd ed., edited by M. A. Noll and L. E. Harlow. New York: Oxford University Press.

Wuthnow, Robert. 2005. *America and the Challenges of Religious Diversity*. Princeton, NJ: Princeton University Press.

Yamane, David. 2002. *Student Movements for Multiculturalism: Challenging the Curricular Color Line in Higher Education*. Baltimore,

MD: Johns Hopkins University Press.

Yucel, Salih; Whyte, Shaheen, 2023. "Muslim Identity Formation in Contemporary Societies." *Religions.*

Yumitro, Gonda; Abhiyoga, Nurdiana, 2022. "Multiculturalism Education as the Social Approach for Deradicalization Program in Indonesia." *Technium Social Sciences.*

Zahoor, Muhammad Abrar; Gujjar, Munir, 2019. "Colonialism and the Construction of Religious Identities in Punjab: The Case of Muslims." *Journal of History, Culture & Art Research* / Tarih Kültür ve Sanat Arastirmalari Dergisi.

Zavos, John 2009. "Negotiating Multiculturalism: Religion and the Organisation of Hindu Identity in Contemporary Britain." *Journal of Ethnic & Migration Studies.*

Zhao, Liang, 2024. "Identity negotiation of Han women in Han-Hui-Muslim intermarriage in China: A dialogical-self theory approach." *Culture & Psychology.*

Zolberg, Aristide R. 2006. *A Nation by Design: Immigration Policy in the Fashioning of America.* New York and Cambridge, MA: Russell Sage Foundation and Harvard University Press.

4. 기타자료

「이중국적자 업무처리지침」(2009.8)

「출입국관리법」;「同 시행령 및 시행규칙」

「재한외국인 처우 기본법」

「재외동포의 출입국과 법적지위에 관한 법률」

「북한이탈주민교육지원지침」

「북한이탈주민보호 및 정착지원에관한법률」, 同「-시행령 및 시행규칙」

「병역법」

「세계인권선언」

「경제적, 사회적, 문화적 권리에 관한 국제규약」

이주노동자 방송 MNTV.

이주민방송 샐러드 TV.

웅진재단 다문화가족 음악방송.

세터민 인터넷방송 동행.

기독교방송 CBS.

가톨릭방송 PBC.

불교방송 BBC.

원불교 TV.

국경없는마을 www.bvillage.org

경기도다문화교육센터 www.cme.or.kr

다문화민족봉사센터 www.multicsc.org

안산외국인근로자지원센터 www.afwc.or.kr

안산이주민센터 www.migrant.or.kr

여성인력개발센터 www.vocation.or.kr

유네스코 한국위원회 www.unesco.or.kr

이주민과 실무자를 위한 네트워크 migrant.kr

이주민방송 www.mntv.net

이주민선교를 위한 한국교회 네트워크 www.mmnk.kr

전국다문화가족사업지원단 mfsc.familynet.or.kr

출입국 외국인정책본부 www.immigration.go.kr

필리핀이주노동자 공동체 www.sambayanan.org

통계청(국가통계포털) www.kosis.kr

한국여성정책연구원 www.kwdi.re.kr

한국외국인근로자지원센터 www.migrantok.org

한국종교지도자협의회 www.kcrl.org

한국 다문화사회 속
종교문화 담론

초판인쇄 2024년 12월 31일
초판발행 2024년 12월 31일

지은이 박종수
펴낸이 채종준
펴낸곳 한국학술정보(주)
주 소 경기도 파주시 회동길 230(문발동)
전 화 031-908-3181(대표)
팩 스 031-908-3189
투고문의 ksibook1@kstudy.com
등 록 제일산-115호(2000. 6. 19)

ISBN 979-11-7318-254-9 93300

책에 대한 더 나은 생각, 끊임없는 고민, 독자를 생각하는 마음으로 보다 좋은 책을 만들어갑니다.